실감형
다시점 3차원 영상의
획득 및 처리 기술

호요성 강윤석 장우석 송윤석

JINSAEM
진샘미디어

머리말

3차원 입체 영상 제작 기술은 사용자들에게 더욱 생생하고 실감나는 장면을 제공하기 위하여 개발되어 왔다. 특히 2000년대 말 3차원 영화의 큰 성공은 전문가 뿐 아니라 일반 사용자들이 3차원 콘텐츠에 많은 호기심과 관심을 보여 입체 영상 제작 기술 발전을 더욱 가속화하는 계기가 되었다. 3차원 디스플레이에서 사용되는 콘텐츠는 기존의 방식으로 촬영되고 편집해서 사용하는데 한계가 있는데, 학계와 산업계에서는 이를 개선하기 위한 3차원 기술 및 콘텐츠 개발에 많은 노력을 기울이고 있다. 이에 따라 3차원 입체 영상은 이전에 수행하였던 양안식 방식에서 더 나아가 다시점 영상으로 발전되어 나가고 있다. 이를 위하여 영상의 깊이 정보를 추정하고 활용하는 기술이 중요한데, 최근 활발히 연구되고 있는 이런 기술들은 3차원 영상 산업의 활성화에 상당 부분 기여하고 있으며, 해당 분야에 대한 적극적인 연구와 관심이 어느 때보다 절실히 요구되고 있다.

이 책은 이전에 출판되었던 "3차원 입체 영상 처리 기술: 입체 영상 제작을 위한 다시점 색상 및 깊이 정보 처리 기술 분석(호요성, 강윤석 저)"의 확장판으로, 입체 영상의 기본 요소부터 시작하여 3차원 비디오 시스템 구성 방법, 다시점 획득, 처리 과정 및 응용분야, 또한 입체 영상의 품질 및 피로도 평가의 내용을 포괄적으로 담고 있다. 독자들에게 도움을 주기 위해서 각 장별의 구성을 다음과 같이 소개한다.

1장에서는 3차원 입체 영상의 원리와 역사 및 국내외 기술 동향에 대해 설명한다. 또한 3차원 입체 영상이 어떤 응용분야에 사용되는지를 살펴본다. 사용자에게 입체감과 몰입감을 줄 수 있는 3차원 입체 영상의 제작을 위해서는 일반적으로 평행형 다시점 카메라 배열을 많이 사용한다. 하지만 수렴형 배열이나 원형 배열 등 상황에 맞는 적합한 다시점 카메라 배열의 시스템을 구성할 수도 있다. 2장에서는 이와 같은 3차원 비디오 시스템 구성 요소 및 각종 3차원 디스플레이에 대해서 소개한다. 3장에서는 다시점 비디오의 획득 및 전처리 기술에 대해서 소개한다. 3차원 영상 처리를 위해서는 카메라 조정 기술을 이용하여 카메라 매개변수를 계산해야 한다. 이를 이용하여 다시점 영상에 존재하는 기하학 오차를 제거할 수 있다. 색상 보정을 포함한 전처리 과정도 3장에 포함되어 있다. 오차가 보정된 다시점 영상은 4장과 5장에서 소개되는 깊이 정보 및 중간 시점 생성과 처리 과정에 대해 복잡도를 줄이고 품질을 높이는 역할을 수행할 수 있다. 5장에서는 다시점 영상을 이용한 3차원 복원에 관한 내용도 포함한다.

머리말

6장에서는 국제 표준화 기구에서 다루는 다시점 및 3차원 영상의 표준화 작업을 설명한다. 7장에서는 3차원 비디오 기술을 이용한 응용기술의 하나로써, 화상회의에서의 시선맞춤 기술을 소개한다. 몰입감있는 실감형 화상회의를 위해서는 시선맞춤은 큰 역할을 한다. 8장에서는 3차원 입체 영상의 품질을 측정하는 방법을 소개하고, 입체 영상을 시청할 때 시청자가 느끼는 피로의 원인 및 측정 방법을 설명하였다.

이 책은 광주과학기술원 실감방송연구센터와 영상통신연구실에서 그동안 3차원 비디오 정보 처리에 대한 연구와 이에 관련된 프로젝트를 통해 축적한 기술을 포함하고 있다. 무엇보다 이 책을 집필하는데 많은 도움을 준 영상통신연구실 학생들에게 깊은 고마움을 전하며, 이 책의 출판을 맡아 수고해 주신 진샘미디어 관계자 여러분께도 감사를 표한다. 마지막으로, 이 책이 다시점 3차원 입체 영상에 관심이 있는 실무자들이나 학생들에게 3차원 비디오 처리 및 응용 기술을 이해하는데 조금이나마 도움이 되기를 기대한다.

2016년 10월

호요성, 강윤석, 장우석, 송윤석

차례

01 3차원 입체 영상

02 3차원 비디오 시스템

차례

06 3차원 비디오 처리 관련 국제 표준화

차례

07 3차원 비디오 기술을 이용한 화상회의 시선 맞춤 기술

08 3차원 입체 영상의 품질과 시각 피로

01

3차원 입체 영상

3차원 입체 영상은 두 개의 눈을 가진 인간의 시각 시스템(human visual system, HVS)에 기반하여 제작된 영상을 통해 실제와 유사한 깊이감을 느낄 수 있도록 하는 매체이다. 3차원 입체 영상의 시초는 기원전으로 거슬러 올라갈 정도로 오랜 역사를 가지고 있으며, 3차원 입체 영상의 제작 및 편집 기술은 오늘날의 전자정보통신 기술의 발전과 더불어 눈부신 성장을 이루며 큰 주목을 받고 있다. 이 장에서는 3차원 입체 영상의 원리와 역사, 그리고 관련된 기술의 발전 상황과 국내외 동향을 살펴본다.

1.1 3차원 입체 영상의 원리

인간이 어떤 장면이나 사물을 바라볼 때, 그 장면이나 사물에 대한 거리감 혹은 깊이감을 인지하는 것은 두 개의 눈을 통해 그 장면을 보는 것으로부터 시작된다. 일반적으로 인간의 두 눈은 최소 50mm부터 최대 70mm정도까지 떨어져있기 때문에, 두 눈을 통해 입력되는 영상은 수평 방향으로의 차이를 가지게 된다. 이것을 양안 시차(binocular disparity)라고 하며, 눈으로부터 가까운 곳에 있는 물체일수록 더 많은 시차가 발생하고, 반대로 눈으로부터 먼 곳에 있는 물체일수록 시차는 줄어들게 된다. 이러한 양안 시차로부터 장면의 거리감과 깊이감을 느낄 수 있는 입체시(stereopsis)가 가능하게 된다.

〈그림 1-1〉은 양안 시차의 발생과 정의를 조금 더 자세히 보여 준다 [1, 186]. 왼쪽 눈과 오른쪽 눈의 시선이 수렴하는 점인 주시점(fixation point)은 각 눈의 중심와(fovea)에 투영되며, 이 점은 시차가 발생하지 않는다. 주시점은 호롭터(horopter)라는 궤적 상에 위치하며, 호롭터 상의 모든 점은 0의 시차를 가진다. 따라서 호롭터 상에 위치하지 않는 모든 점은 〈그림 1-1〉의 오른쪽 그림과 같이 양안 시차를 가지게 되며, 주시점을 기준으로 음 또는 양의 방향과 크기를 가진다.

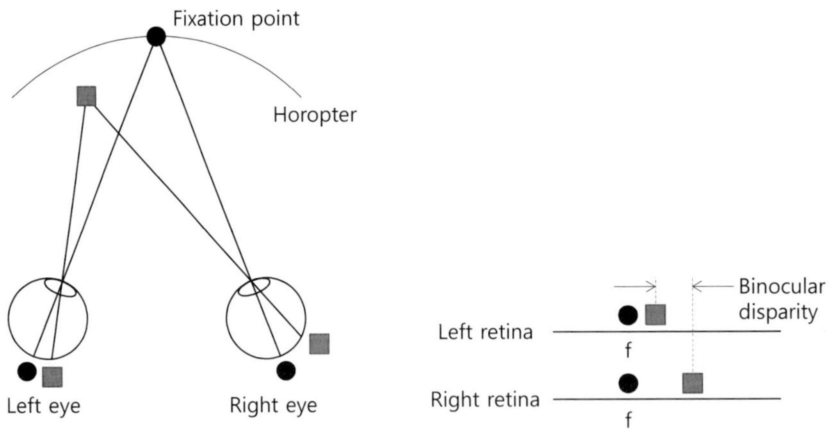

△ 그림 1-1 양안 시차의 발생과 정의

3차원 입체 영상의 원리는 양안 시차를 가지는 두 장의 영상을 각각 시청자의 왼쪽 눈과 오른쪽 눈에 보이도록 함으로써 실제와 유사한 깊이감을 느끼도록 하는 것이다. 따라서 3차원 입체 영상은 일반적인 TV 프로그램이나 영화처럼 시차가 없는 2차원 영상으로 촬영하는 것이 아닌, 두 대의 카메라를 이용하여 시차를 가지는 영상을 촬영해야 한다. 또한, 시차를 갖는 영상이 화면에 나타날 때 그것을 두 눈에 분리하여 입력할 수 있는 3차원 디스플레이를 이용해야 한다.

(a)

(b)

(c)

△ **그림 1-2** 양안식 영상과 안경식 디스플레이

이처럼 입체감을 줄 수 있는 양안 시차를 가지는 영상을 양안식(stereo) 영상이라고 한다. 양안식 영상의 촬영을 위해서는 동일한 모델의 카메라 두 대를 사용할 수도 있지만, 한 대의 카메라에 두 개의 렌즈가 장착된 양안식 전용 카메라로도 촬영이 가능하다. 이러한 양안식 영상을 〈그림 1-2(a)〉에 보였다. 촬영 이후에는 입체 영상의 화질 개선 및 다양한 부가적인 효과를 위해 기하오차 보정, 시점 간 색상 보정 등 많은 단계의 3차원 영상처리 과정이 필요하다. 〈그림 1-2(b)〉은 적청 방식으로 제작된 양안식 영상을 보여준다.

양안식 영상으로 제작된 3차원 입체 영상은 〈그림 1-2(c)〉와 같이 양안식 전용 디스플레이 장치를 통해 시청할 수 있는데, 앞서 설명했듯이, 시차를 가지는 좌우 영상을 두 눈에 분리하여 시청할 수 있도록 적청안경이나 편광안경, 혹은 셔터글라스를 착용하는 방식이 일반적으로 사용된다.

한편, 3대 이상의 카메라를 사용해서 양안식 영상보다 많은 시점을 제공할 수 있는 3차원 입체 영상을 다시점(multi-view) 영상이라고 한다. 〈그림 1-3(a)〉에 보인 것처럼, 다시점 영상은 양안식 영상보다 넓은 시야각을 가지므로 시청자의 위치에 맞는 입체 영상을 제공할 수 있으며, 장면 내 사물의 세밀한 표현도 가능하다. 장면에 대하여 정해진 각도 내에서 조밀한 간격의 많은 시점의 영상을 제공한다면 더 큰 입체감과 몰입감을 느낄 수 있다.

다시점 영상도 양안식 영상과 마찬가지로 촬영 이후 3차원 입체 영상으로 만들어지기까지 복잡한 과정의 3차원 영상처리가 필요하다. 한편, 다시점 영상을 위한 디스플레이는 렌

(a)

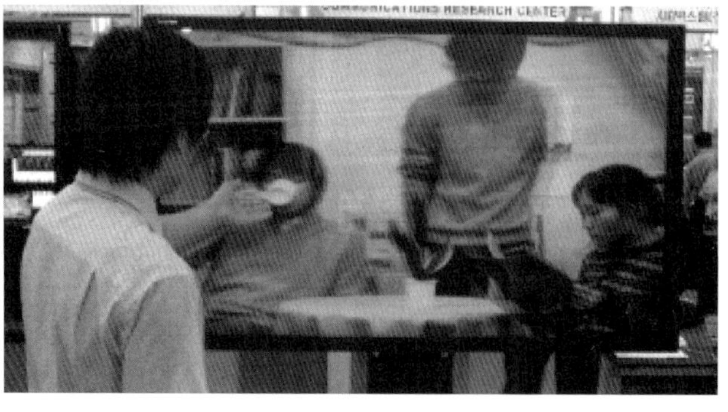

(b)

△ 그림 1-3 다시점 영상과 무안경식 디스플레이

티큘러(lenticular) 스크린 혹은 패럴랙스 배리어(parallax barrier) 방식을 이용하는데, 화면에는 여러 개의 시점이 재생되지만 시청자의 위치에 따라 두 시점의 영상이 각각 두 눈에 보여지도록 설계되어 있기 때문에 별도의 안경이 필요 없는 장점이 있다. 하지만 상대적으로 해상도가 떨어지고 시각 피로를 유발할 가능성이 있다. 〈그림 1-3(b)〉는 무안경식 다시점 디스플레이를 보여준다.

▼ **표 1-1** 3차원 디스플레이의 분류 및 비교

재현방식	구분	구현방식	장점	단점
양안식	안경식	편광	색 재현성 및 해상도 우수한 3D 품질 넓은 시야각 동시시청 관객 수 구현의 용이성	수평 해상도 저하 편광안경의 제조 비용 잔상 발생 영상이 어두움
		셔터글라스	넓은 시야각 우수한 3D 품질 저렴한 구현 비용	수직 해상도 저하 셔터글라스의 가격 동기화 관련 시각피로 밝은 화면의 화질열화
		광학입체	화질저하 없음	제품의 부피가 큼 높은 제품 가격
		적청방식	기존 디스플레이 이용 비용이 저렴	색감 왜곡 시각 피로 색상 표현에 부적합
	무안경식	렌티큘러	가장 대중화된 방식	수평해상도 저하 대형화가 어려움
		패럴랙스 배리어	2D/3D 겸용 제작 과정이 간단함	수평해상도 저하 밝기 변화 검은색 패턴 발생 시야각 분리 높은 콘텐츠 제작비용
다시점	다시점	다시점 패럴랙스	2D/3D 겸용	해상도 감소 수직시차 인지 불가
		다시점 렌티큘러	2D/3D 겸용	해상도 감소 수직시차 인지 불가
	체적형		전방향 시청가능 실제적 공간에 재생	높은 제품 가격
	홀로그래피		오류에 강인함 실제적인 입체감 제공	방대한 정보량 고가의 설비

한편, 가장 이상적인 다시점 영상의 재현 방식으로 여겨지는 홀로그래피(holography)는 빛의 회절과 간섭 현상을 이용하여 빛의 진폭 정보뿐만 아니라 위상 정보까지 기록하여 재생한다 [2]. 양안식이나 다시점 3차원 입체 영상은 영상이 재현되는 공간이 디스플레이에 해당하지만, 홀로그래피는 공간 자체에 영상을 재생함으로써 어떤 방향에서도 3차원으로 재현된 장면을 안경을 사용하지 않고 시청할 수 있다. 〈표 1-1〉은 양안식과 다시점 디스플레이, 그리고 홀로그래피의 특성과 장단점을 정리한 것이다 [3]. 자세한 각 디스플레이에 대한 원리는 2장에 소개할 것이다.

인간은 두 눈으로 장면 내 물체의 거리를 파악하고 깊이를 인지한다. 3차원 입체 영상은 이와 같은 원리로 시청자의 두 눈에 시차를 가지는 영상을 각각 보여줌으로써 입체감을 느끼게 한다. 이러한 복수 시점의 영상은 다시점 카메라를 이용하여 직접 촬영할 수 있으며, 컴퓨터 그래픽스 모델을 이용하여 제작할 수도 있고, 기존의 단일 시점 영상으로부터 인접 시점의 영상을 예측하여 인위적으로 만들 수도 있다.

1.2 3차원 입체 영상의 역사

앞서 소개한 3차원 입체 영상은 최근에 와서 큰 관심을 받는 것처럼 보이지만, 사실은 매우 오랜 역사를 가지고 있다. 기원전 300년경, 그리스의 수학자 유클리드(Euclid)는 인간이 양쪽 눈을 통해 서로 다른 장면의 시각 정보를 받아들이는 것을 발견했으며, 이로 인간 시각 시스템의 양안 시차와 3차원 영상에 대한 최초의 개념 정립이 되었다. 양안 시차의 개념을 최초로 구현한 사람은 영국의 물리학자인 찰스 휘트스톤(Charles Wheatstone)이다 [4]. 찰스 휘트스톤은 1832년에 〈그림 1-4(a)〉와 같이 거울을 이용한 입체경을 제작하여 왼쪽 눈과 오른쪽 눈에 서로 다른 영상을 인위적으로 보이게 했다. 〈그림 1-4(b)〉와 같이 시차를 가지는 두 장의 사진이나 그림을 입체경에 넣고 보게 되면 입체감을 느낄 수 있는 원리로 현재 사용되는 양안 시차를 이용한 3차원 입체 디스플레이 장치의 원조라고 할 수 있다. 1841년 영국의 화학자 윌리엄 탤벗(William Henry Fox Talbot)에 의해 사진술이 발명되자 카메라를 수평이동하며 입체경을 위한 양안식 입체 사진을 찍을 수 있었다. 1849년에는 스코틀랜드의 과학자 데이빗 브루스터(David Brewster)가 거울 대신 프리즘을 이용하여 보다 실용적인 입체경을 개발했고, 이것을 프랑스의 발명가 루이 뒤보스크(Louis Duboscq)가 제작함으로써 입체경의 보급이 확산되었다. 1860년에는 미국의 의사이자 교수

였던 올리버 홈즈(Oliver Wendell Holmes)에 의해 〈그림 1-5〉와 같은 간편한 입체경이 개발되었다.

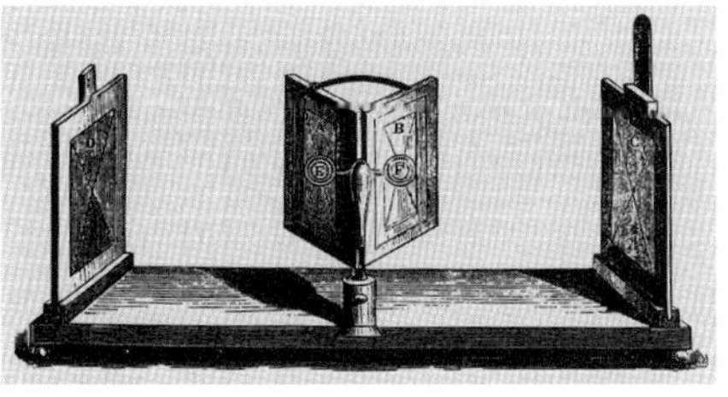

(a)

(b)

△ 그림 1-4 찰스 휘트스톤의 거울 입체경과 시차를 가지는 영상

△ 그림 1-5 올리버 홈즈의 입체경

입체경이 인기를 끌기 시작하면서, 양안식 입체 영상을 촬영하기 위한 스테레오 카메라의 개발도 이 시기부터 활발히 이루어졌다. 1853년, 영국의 전기공학자 라티머 클라크(Latimer Clark)는 〈그림 1-6(a)〉와 같이 카메라의 뒷판에 슬라이딩 홀더를 장착하여 1차 촬영 후 빠르게 카메라를 움직여 2차 촬영을 가능하게 함으로써 양안식 영상을 획득하는 방식을 제안했다. 1853년에는 2개의 렌즈를 이용한 최초의 스테레오 카메라도 개발되었는데, 영국의 광학업자 벤자민 댄서(Benjamin Dancer)에 의해 〈그림 1-6(b)〉와 같은 형태로 고안되었다. 1858년에는 영국에서 포켓 스테레오 카메라가 개발되기도 했다.

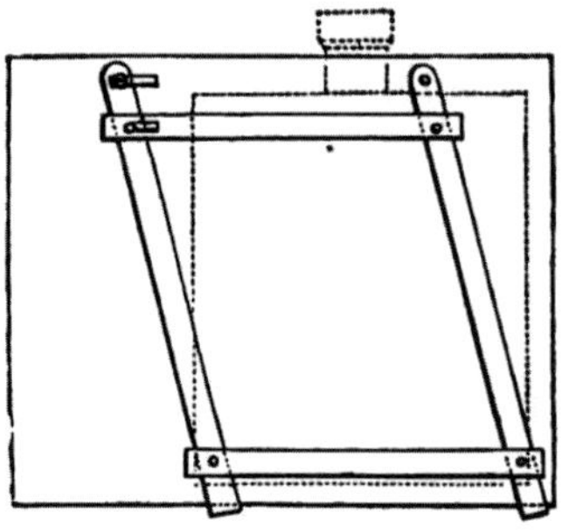

(a)

(b)

△ 그림 1-6 초기의 스테레오 카메라

20세기에 들어서면서 적청 필터 기반의 애너글리프(anaglyph) 기술과 편광 필터와 적청 필터의 발명, 그리고 스테레오 카메라 기술의 개발로 3차원 입체 영상의 대중화와 산업화가 본격적으로 시작되었다. 프랑스의 과학자 루이 뒤코 뒤 오롱(Louis Ducos du Hauron)은 1895년 애너글리프를 개발했다. 〈그림 1-2(b)〉에 보인 것과 같이, 각각 적색과 청색을 띠도록 편집된 양안식 영상을 적색필터와 청색필터가 한쪽씩 배치된 적청안경을 착용하고 보면, 적색과 청색 영역이 비슷한 색 안경에 흡수되어 두 눈에서 잘 보이지 않게 되어 결국 두 눈은 시차를 가지는 영상을 보게 되는 원리이다.

편광 필터는 미국의 발명가 에드윈 랜드(Edwin Herbert Land)에 의해 1937년에 개발되었다. 편광 필터는 한 방향으로 진동하는 빛만 통과시키는 유리 또는 플라스틱 재질의 필터로써, 편광의 방향이 서로 다르게 설정된 왼쪽과 오른쪽의 영상을 편광 필터가 부착된 입체 안경을 착용하여 보면, 왼쪽 눈에는 왼쪽 시점의 영상만 보이고, 오른쪽 눈에는 오른쪽 시점의 영상만 보이게 된다. 결과적으로 두 눈이 양안 시차를 가지는 영상을 분리하여 보게 된다.

스테레오 카메라 기술도 지속적으로 발전하여 두 개의 렌즈와 함께 뷰파인더가 장착되고, 싱글 렌즈 리플렉스(single-lens-reflex, SLR) 카메라의 원리가 적용되어 다양한 촬영이 가능하게 되었다. 〈그림 1-7〉과 같이 수많은 스테레오 카메라들이 지속적으로 개발되어 다양한 3차원 입체 영상과 영화 산업에까지 큰 영향을 끼쳤다.

Richard verascope camera (1894)

Guamont stereo camera (1900)

Kodak stereo brownie (1903)

Polyscop (1911)

Stereoflektoskop (1913)

Homeos (1914)

Duovex (1934)

Stereo realist (1947)

Kodak stereo (1954)

Stereo rocca (1955)

Sputnik (1960)

Nimslo (1979)

△ **그림 1-7** 다양한 스테레오 카메라의 개발

3차원 입체 영상을 촬영할 수 있는 카메라 기술의 발전은 수많은 3차원 입체 영화의 제작으로 이어졌다. 최초의 3차원 입체 영화인 'Bwana Devil'과 'House of Wax' 등은 편광 방식으로 제작되었다. 국내에서는 영화 후반부에 입체 영상이 조금 포함된 '천하장사 임꺽정'과 '몽녀' 등이 1968년에 제작되었다. 〈그림 1-8〉은 국내외에서 제작된 초기의 3차원 입체 영화 포스터를 보여준다. 그러나 1950년대의 3차원 입체 영화는 제작 및 영상 기술의 한계로 인해 많은 시청자들의 시각적 피로를 유발하면서 큰 인기를 끌지는 못했다. 국내에서도 '몽녀' 이후로 3차원 입체 영화는 거의 제작되지 않았다.

△ 그림 1-8 초기의 3차원 입체 영화

한동안 시들해졌던 3차원 입체 영화는 1980년대에 들어서 기존 영화 작품들이 3차원으로 만들어지면서 다시 흥행에 성공하는 듯 했으나 큰 인기를 얻지는 못하였다. 2000년대에 들어서면서 다양한 촬영기술과 영상처리 기술의 발전, 그리고 컴퓨터 그래픽스 기술이 발전하면서 3차원 입체 영화는 큰 부흥을 맞이할 준비를 한다. 'The Nightmare Before Christmas 3D', 'Beowulf 3D' 등의 영화가 제작되었고, 애니메이션 'Bolt 3D', 'Ice Age: Dawn of the Dinosaurs' 등 여러 편이 개봉되었다. 그러나 3차원 입체 영상 역사에서 최고의 황금기를 열어준 작품은 2009년에 개봉된 영화 'Avatar' 이다. 이후 새로운 3차원 입체 영화들이 지속적으로 제작되고, 'Titanic' 과 같은 명작 영화들이 3차원 입체로 재개봉되었다. 전 세계적으로 3차원 입체 스크린의 숫자는 점점 증가하여 관객들은 〈그림 1-9〉와 같이 입체 안경을 착용하고 영화관에서 다양한 3차원 입체 영상을 감상할 수 있게 되었다.

△ 그림 1-9 다양한 3차원 입체 영화

1.3 3차원 입체 영상 기술의 동향

3차원 입체 영상 기술은 오랜 시간을 거쳐 발전해왔으며, 앞서 소개한 3차원 입체 영화는 물론, 3차원 TV, 스마트폰, 가상현실과 증강현실 등의 기술과 접목되어 지금도 눈부신 성장을 이루고 있다. 또한, 3차원 TV 및 실감 방송의 핵심 기술인 3차원 비디오에 대한 연구는 국제 표준화 기구 MPEG(Moving Picture Experts Group)을 중심으로 미국과 일본, 그리고 유럽의 활발한 참여로 이루어지고 있다. 본 절에서는 국내를 비롯한 해외 선진국에서 3차원 입체 영상 기술이 어떻게 발전되어 왔으며, 어떤 성과가 있었는지 간단히 소개한다.

1.3.1 국내 3차원 입체 영상 기술의 동향

국내 3차원 입체 시장은 게임, 3차원 영화, 캐릭터 애니메이션, 광고 등 엔터테인먼트 분야를 중심으로 형성되어있다. 3DTV 분야의 국내 시장은 3차원 방송이 시작된 이후 본격적으로 형성되었으며, 2020년에는 연매출 2조 3천억원 규모에 이를것으로 전망된다 [5]. 삼성전자는 2010년 2월부터 3DTV 출시를 시작하여 업계 최초로 3DTV 풀 라인업 (LED, LCD 및 PDP TV)를 확립하였으며, LG 전자는 2010년 3월에 3DTV를 출시하였고, 편광형 방식에 주력하였다. LG 전자는 또한 10~25시점 영상을 표시할 수 있는 무안경식 다시점 3D 디스플레이를 구현하고 현재 광고용으로 상용화하였다. 〈그림 1-10〉은 LG전자의 3D OLED TV를 보여준다.

2011년 6월 국내 TV 시장에서 3DTV의 판매액이 온라인 판매 기준으로 53%를 차지하며 일반 TV의 매출액을 처음으로 주월하였다. 3차원 디스플레이 개발에 있어서 삼성전자와 LG전자뿐만 아니라, 현대아이티, 파버나인, 레드로버 등의 기업에서도 양안식 및 다시점 디스플레이 기술의 연구와 제품 출시에 힘을 쏟고 있다. 특히 파버나인은 17인치 안경식/무안경식, 19인치 무안경식 3D LCD 디스플레이를 판매 중이다. 〈그림 1-11〉은 CeBIT에서 전시한 파버나인 3D 디스플레이 부스 모습을 보여준다. 〈표 1-2〉는 국내 3차원 방송 시장의 전망을 보여준다 [5].

△ 그림 1-10 LG전자의 3D OLED TV

△ 그림 1-11 CeBIT에 소개된 파버나인 3D 디스플레이

▼ **표 1-2** 3차원 비디오 시스템의 입력 데이터 형식

(단위 : 억원)

구분	2013	2014	2015	2016	2017	2018	2019	2020
3DTV	8,979	10,475	12,716	15,098	17,647	20,125	22,091	23,470
3D 방송서비스	125	182	255	346	458	592	744	911

국내 기술 개발은 1990년대 중반부터 대학과 연구소를 중심으로 3차원 영상과 3차원 TV 및 실감방송에 관련된 영상신호 처리와 입체 디스플레이에 대한 연구가 활발히 진행되었다. ETRI, 삼성전자, LG 전자, 광주과학기술원, 광운대 등을 중심으로 3D 비디오를 부호화할 수 있는 알고리즘을 개발하고 있으며 다시점 카메라 시스템을 이용한 다시점 영상 획득에 관한 선행 기술 연구와 스테레오 영상 및 깊이 센서를 이용한 깊이 맵 생성 기술을 연구하고 있다. 기존의 2D 영상을 활용한 3D 변환 기술을 통하여 스테레오스코픽 영상을 구성하고, 깊이 맵 정보를 활용하여 중간 영상을 생성함으로써 다시점 영상을 얻는 기술 또한 추가로 연구하였다.

최근에는 정보통신 기술 발전을 위한 범부처 국책 사업으로 기가코리아(Giga Korea) 사업이 시작되었다. 기가코리아는 2013년부터 8년간 추진되며 약 5,500억원 규모의 연구비가 투입되어 다양한 정보통신기술 분야의 기술 발전과 완성을 목표로 하고 있다. 특히 기가코리아의 실감 콘텐츠 연구 컨소시움에서는 기가급 대용량 양방향 실감 콘텐츠 개발을 목표로 연구소와 기업, 대학이 공동 연구를 수행하고 있으며, 다시점을 넘어 수백 개의 시점을 가지는 초다시점(super multi-view) 콘텐츠의 실시간 획득과 처리, 저작과 관리, 그리고 초다시점 콘텐츠를 이용한 응용 서비스에 이르는 폭넓은 개발이 이루어지고 있다 [6, 7].

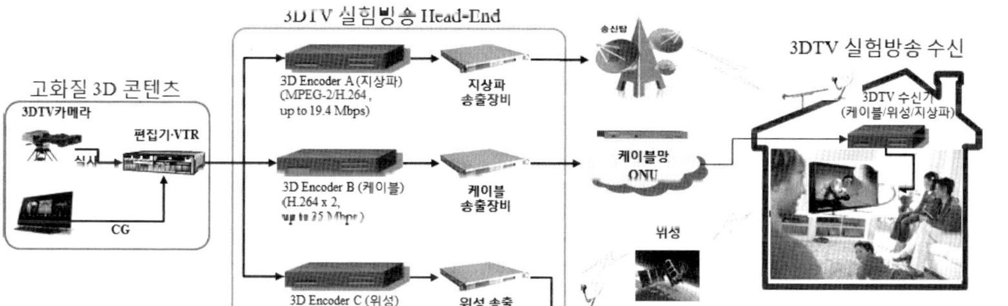

△ **그림 1-12** 3DTV 실험방송 시스템

한편 방송사가 중심이 되어 3차원 방송 표준을 만들고 이를 기반으로 지상파/케이블 방송용 고화질 3DTV 실험/시범방송을 위한 인코더 및 셋탑 기술이 개발되고 있다. 〈그림 1-12〉는 3DTV 실험방송 시스템의 구성도를 보여준다 [8].

지상파 방송국인 KBS는 3차원 입체 카메라를 직접 개발했으며, 기존에 방영되던 다양한 프로그램의 3차원 콘텐츠를 시험 제작했고, G20 정상회의를 3차원 중계하기도 하였다. MBC와 SBS도 기존 프로그램을 3차원으로 제작하여 방영하거나, 행사 실황을 3차원으로 중계하는 시연을 가졌다. 위성 TV채널 스카이라이프는 2010년부터 3D 전용 채널인 Sky3D를 통해 24시간 3차원 입체영상을 송출하고 있다 [9]. 이밖에도 CJ 헬로비전은 케이블 기반 프레임 호환 3D VoD 시범서비스를 제공하고 있으며 ETRI는 2011년부터 stereoscopic-to-multiview 3D 변환기술을 통해 다시점 3DTV 방송서비스 기술을 개발하고 있다. 〈그림 1-13〉은 CJ 헬로비전에서 제공한 3D VoD를 보여준다.

△ 그림 1-13 3D VoD 서비스

ETRI는 3DTV 콘텐츠 및 시청안정성에 영향을 미치는 파라미터 측정 기술을 개발하고 있다. 또한 한국전파진흥협회, 동의대, 고려대 등은 3DTV 시청에 대한 시각 피로 등에 대한 파라미터 측정 기술을 개발하고 있다. 이들은 3D 콘텐츠 제작에 시청자 측면에서의 편안함까지 고려할 수 있게 한다.

3차원의 궁극적인 지향점이라 여겨지는 디지털 홀로그램은 미래 3차원 입체 영상의 가장 강력한 후보로써 세계적으로 연구되어 왔으며, 주로 미국과 유럽, 일본을 중심으로 이론 및 실험의 양 측면에서 상당한 발전이 이루어졌다. 하지만 디스플레이를 목적으로 하는 디지털 홀로그래피 기술은 하드웨어 기술의 한계로 인하여 아직 사용화가 가능한 수준으로 도달하기까지 많은 문제를 가지고 있다. 디지털 홀로그램에서 기술적인 부분의 주요 이슈로는 홀로그램 계산을 위한 방대한 계산량과 큰 용량의 홀로그램 데이터, 그리고 이를 디스플레이하기 위한 광 변조소자의 성능 한계 문제를 꼽을 수 있다. 특히 광 변조소자의 경우, 상용화가 가능한 수준의 시야각을 위해서 적어도 $1\mu m$ 이하의 회소 크기가 요구되는데, 이는 현재 기술의 수준으로 볼 때 상당한 시간이 걸릴 것으로 예상된다 [5].

이전에는 디지털 홀로그램 연구가 서울대, 충북대, 광운대 등의 대학을 중심으로 연구중심적 기술 개발이 이루어져 왔으나, 2011년에는 문화체육관광부와 지식경제부에서 각각 디지털 홀로그래피 기술 개발 과제를 기획, ETRI에서 주관하여 국가 차원의 연구가 본격적으로 시작되었다. 문화체육관광부 기획, ETRI 주관의 디지털 홀로그래피 과제의 경우, 디지털 홀로그램 디스플레이에 사용될 콘텐츠 제작 및 편집 영역에 초점을 맞추어 연구개발이 이루어지고 있다. 이는 직관적 사용자 인터페이스 기반 고속/고해상도 디지털 홀로그램 생성 소프트웨어 자작 시스템을 중심으로 3차원 데이터 획득, 광학 재생 기술, 화질평가/휴먼팩터에 이르기까지 디지털 홀로그래피 관련 전반적 기반 기술 개발이 이루어졌다. 지식경제부 기획, ETRI 주관의 과제의 경우는 20인치 급의 단일 사용자 홀로그래픽 디스플레이를 개발했으면, 이를 위한 디지털 홀로그램 생성 및 관련 핵심 원천 기술을 개발한다.

2013년도부터 미래창조과학부의 기가코리아 사업 및 디지털 콘텐츠 사업을 통해 홀로그래픽 디스플레이 시스템 및 전자부품연구원이 주관한 홀로그래픽 콘텐츠 저작도구에 관한 연구가 진행되고 있다. 〈그림 1-14〉와 〈그림 1-15〉는 각각 기가코리아 국회 포럼에서 전시된 홀로그래픽 시스템과 전자부품연구원에서 개발한 홀로그래픽 콘텐츠 저작도구를 보여준다. 또한 한교아이씨를 비롯한 국내 중소기업에서는 아날로그 홀로그램을 중심으로 서비스 모델 발굴 및 사업화가 진행 중이다.

2014년 신정부의 청사진으로 제시된 창조경제 실현계획에서는 실감형 콘텐츠가 '13대 미래성장동력 분야'로 신정되있고, 한국정보통신기술협회(TTA)에서도 실감형 콘텐츠 및 실감방송이 '2016년 25개 중점기술'로 선정할 정도로 국내에서 입체 영상에 대한 관심이 뜨겁다 [187]. 국가적인 차원에서 2019년까지 실감형콘텐츠 서비스 시장에 대한 사업모델 발굴, 고품질 실감방송서비스 조기 활성화 및 표준화를 통한 국제경쟁력 강화를 위해 실감 콘텐츠 개발, UHDTV 비디오 코딩 및 다시점 3DTV 기술 개발을 진행한다.

△ 그림 1-14 홀로그래픽 디스플레이 전시

△ 그림 1-15 홀로그래픽 콘텐츠 저작

1.3.2 해외 3차원 입체 영상 기술의 동향

1.3.2.1 미국의 기술 동향

3차원 입체 영상 기술을 선도하고 있는 미국에서는 1990년대부터 3차원 TV에 대한 연구와 개발이 기업체와 연구소, 대학을 중심으로 활발히 진행되어 왔다. 대표적인 연구과제로 미국의 마이크로소프트 연구소는 2004년 가상시점 비디오 프로젝트를 통해 다시점 영상으로부터 고품질의 가상시점 영상을 생성하여 3차원 영상의 부드러운 시점 전환을 가능하게 하였다. 이 프로젝트에서는 3차원 영상의 촬영 시스템과 촬영, 부호화와 실시간 렌더링에 이르는 방대한 기술을 제안했다. 미국의 MERL(Mitsubishi Electric Research Laboratories) 연구소에서도 다시점/자유시점 비디오 및 깊이영상에 대한 압축 기술이 개발 중이다. 미국 돌비(Dolby)에서는 고화질의 프레임 호환 3DTV 방송서비스를 제공하기 위한 프레임 호환 Full Resolution 3DTV 방송시설을 개발 중이다 [5]. 또한 MERL도 2004년 3DTV 프로젝트를 통해 3차원 영상을 획득하고 처리하여 재현하는 시스템에 대한 연구를 진행했다. 이와 같은 핵심 요소기술의 개발은 MERL, MSR(Microsoft Research)이나 NASA와 같은 연구소에서는 물론, MIT, CalTech, 일리노이 대학교, 스탠포드 대학교와 같은 대학 연구소에서도 활발히 진행되고 있다 [10-12]. 특히 MSR에서 개발한 Kinect는 3차원 정보를 깊이의 형태로 취득하고, 이로부터 사용자의 3차원 자세를 뼈대 형태로 추정할 수 있는 기술이 탑재되어 있다 [188]. 추정한 사용자 뼈대 정보는 게임을 포함하는 다양한 콘텐츠를 위한 사용자의 신체, 자세 및 동작을 분석 가능하게 해주는 데이터로써의 기능을 한다. 이러한 데이터는 동작인식 기반 피트니스 및 스포츠 체험을 가능하게 해준다. 〈그림 1-16〉은 Kinect를 사용한 Fitness 게임을 보여준다.

△ 그림 1-16 3차원 자세 뼈대 추정을 통한 Fitness 체험

한편 미국은 3차원 TV의 상용화와 보급을 위해서도 많은 노력을 기울이고 있다. 3D@Home 컨소시움과 영화/TV 기술인협회(SMPTE), ATSC 등을 주축으로 3DTV 방송서비스의 표준화 작업이 진행 중이며, 방송국에서도 앞다투어 3차원 방송 서비스를 제공하고 있다. ESPN은 2010년 남아공 월드컵의 개막에 맞추어 3D 전용 채널을 개설하여 스포츠 중계의 3차원 서비스를 제공했고, 위성방송 DirecTV도 다큐멘터리, 액션, 콘서트, 영화 등의 다양한 3차원 콘텐츠를 방영했다.

또한, SMPTE와 Hollywood를 중심으로 3차원 영화를 제작하여 보급하는데 앞장서고 있으며, International 3D & Advanced Imaging Society는 2010년부터 매년 우수한 3차원 입체영상 기술에 대한 시상식을 개최하고, 〈그림 1-17〉과 같이 우수한 3차원 영화를 선정하는 3D Creative Arts Awards를 개최하여 3차원 영상 제작자들의 큰 관심을 모으고 있다 [13].

초다시점 기술에 대해서, 미국 Arizona 대학에서는 70개의 피코프로젝터를 활용한 초다시점 영상 프로젝션 디스플레이 기술을 제안한 바 있으며 [189], 상용화를 위해 지속적인 연구를 진행하고 있으며, USC 대학에서는 SIGGRAPH 2015에 Emerging Technology 세션에서 실제 사람 크기의 무안경 다시점 디스플레이를 216개 프로젝터를 활용하여 135도 수준의 디스플레이 시청각을 구현한 것을 전시하였다 [190].

△ 그림 1-17 3D Creative Arts Awards 현장

1.3.2.2 일본의 기술 동향

일본은 총무성 산하의 TAO(Telecommunications Advancement Organization of Japan)를 통해 아시아에서 가장 먼저 3차원 TV에 대한 개발을 시작하였다. '고도 입체 동영상 통신', '입체 하이비전 프로그램 제작 기술', '고도 3차원 동화상 원격표시' 프로젝트 등을 수행하면서 3차원 방송에 대한 기반기술을 확보했다. 일본의 NHK 연구소는 1960년대부터 3차원 영상에 대한 연구를 시작하여 풍부한 기술력을 보유하고 있으며, 3차원 카메라와 디스플레이, 그리고 3차원 방송 시스템에 대한 활발한 연구를 진행하고 있다. 특히, 일본은 인간의 시각 특성을 고려한 휴먼 팩터에 대한 연구를 활발히 진행하고 있으며, 이와 관련하여

Advanced Telecommunications Research Institute에서 휴먼 팩터를 고려한 3차원 디스플레이 장치를 개발하기도 했다 나고야대학교와 동경대학교 등 학계에서도 3차원 영상 처리를 위한 핵심 요소기술의 연구와 국제표준화 등에 지속적으로 참여하고 있다 [14].

1998년 나가노 동계올림픽 당시에는 NHK를 통해 동계올림픽 경기가 양안식 입체영상으로 중계되었고, 같은 해에 통신위성을 사용한 입체영상의 생방송 시험도 성공했다. 한편, 시험방송 수준에 머물러 있던 3차원 입체 영상의 첫 상용화는 일본의 위성방송 채널인 BS11을 통해 이루어졌다. 2007년 12월 최초의 3D채널 BS11은 15분씩 하루 4번, 뉴스와 다큐멘터리, 스포츠, 애니메이션 등의 3차원 입체 콘텐츠를 〈그림 1-18〉과 같이 방영했다 [15]. 또한 3D IPTV 기술 실용화에도 성공하여 IPTV 서비스 분야에도 3차원 입체 영상 시장을 개척했다. KDDI에서는 스포츠 중계에 대한 자유시점 생성을 연구하고 있으며, 2020년 도쿄 올림픽의 실시간 자유시점 중계를 위한 기술 개발에 착수했다.

△ **그림 1-18** BS11의 3차원 방송

일본의 기업체들도 3차원 디스플레이와 관련 제품의 개발에 박차를 가하고 있다. 파나소닉, 히타치, 미쓰비시, 뷰소닉 등의 회사들이 'M-3DI'라는 진영을 구축하고 3차원 관련 제품에 대한 기준을 통일하여 3차원 영상의 상업화에 힘쓰고 있다. 미쓰비시는 화면 내에 셔터링 정보를 삽입하여 좌우 영상과 입체 안경 간의 동기를 맞추는 Laservue 기술을 탑재한 3차원 디스플레이를 출시했다. 파나소닉은 다양한 3차원 입체 카메라를 출시했으며, 240Hz 셔터 방식의 PDP 3DTV를 개발했다. NHK 연구소는 40인치와 70인치의 렌티큘러 방식 대화면 입체 디스플레이를 제작했다. 이밖에 소니와 도시바, Sharp, JVC와 같은 기업, 그리고 NICT와 같은 연구소에서도 3차원 디스플레이와 카메라 등 관련 제품들을 개발하고 있다.

1.3.2.3 유럽의 기술 동향

유럽에서는 1991년의 COST230 프로젝트, 1994년의 DISTIMA(Digital Stereoscopic Imaging and Application) 프로젝트, 1995년의 PANORAMA(Packages for New Operational Autostereoscopic Multi-view Systems and Application) 프로젝트, 2002년의 ATTEST(Advanced Three-dimensional Television System Technologies), 2008년의 3D4YOU 프로젝트 등 여러 나라의 여러 기관들이 참여한 굵직한 과제들을 중심으로 3차원 입체 영상 기술을 개발해 왔다 [16-18]. COST230 프로젝트는 산학연 연계과제로 양안식 영상의 획득과 처리, 부호화와 디스플레이, 그리고 휴먼 팩터에 대한 연구를 진행했다. DISTIMA 프로젝트는 영국의 BBC가 중심이 되어 입체영상의 획득, 편집, 압축, 전송, 재현에 이르는 모든 과정에 대한 연구가 수행되었다. PANORAMA 프로젝트는 DISTIMA의 연속으로 3차원 TV의 구현을 위한 핵심 기술들이 개발되었다.

ATTEST 프로젝트는 필립스와 독일의 HHI 등의 8개 기관이 연합하여 3차원 TV 시스템의 연구와 개발을 수행했다. ATTEST 프로젝트는 3차원 TV의 상용화를 목적으로 기존의 2차원 방송 시스템과 호환성을 가질 수 있도록 영상의 깊이 정보를 이용하는 방법을 채택했다. 즉, 디스플레이 환경에 따라 셋톱박스를 통해 2차원 혹은 3차원 영상을 선택하여 재생할 수 있도록 하였다.

최근에는 EC Framework ICT Programme의 지원 하에 3DTV NoE(Network of Experience)와 3D4YOU 등 다양한 3차원 TV 관련 프로젝트가 진행되어 기존의 3차원 관련 기술은 물론이고, 모바일, 홀로그래피에 이르기까지 다양한 분야의 연구를 활발히 진행하고 있다 [19, 20]. 2004년부터 진행된 3DTV NoE 프로젝트는 총 19개 기관이 참여하여 3차원 TV 서비스 전반에 대한 연구를 폭넓게 수행하고 3차원 TV를 이용한 응용 서비스의 개발에 주력하였다. 2008년 시작된 3D4YOU는 BBC와 Philips 등 7개 기관이 참여하였고, 무안경식 다시점 디스플레이를 위한 콘텐츠 제작과 깊이 정보 획득, 전송과 렌더링 등의 연구를 수행하였다. 〈그림 1-19〉는 3D4YOU 프로젝트에서 3차원 입체 카메라 시스템을 이용하여 장면을 촬영하는 모습을 보여준다.

△ 그림 1-19 3D4YOU 프로젝트의 입체 영상 카메라 시스템을 이용한 촬영 현장

유럽 FP7 프로그램에서는 2010년부터 MUSCADE, 3D VIVANT, FINE 과제 등을 통해 무안경 다시점 3D 방송, 집적 영상 방송, 자유시점 방송을 위한 핵심기술을 개발 중이며, 이탈리아 시스벨은 기존 H.264/AVC 방송과 호환성을 제공하면서 고화질의 3DTV 서비스를 제공하기 위한 서비스 호환 패킹(servico-compatible packing) 3DTV 방송기술을 개발 중이며, 이탈리아 Media set은 지상파 기반 3D 콘텐츠를 비실시간으로 다운로드 및 재생하는 3D NRT 방송기술을 개발 중이다 [5].

유럽 내에서도 영국은 가장 활발하게 3차원 TV의 상용화를 위해 노력하고 있다. 영국의 BBC는 2008년 개최된 캘커타컵 럭비대회를 양안식 HD 영상으로 실시간 중계하는데 성공하였다. 또한, 영국 SKY방송은 유럽 최초의 3D 채널인 BSkyB를 통하여 Side-by-side 방식의 영화, 게임, 스포츠 중계 등의 서비스를 제공하였다 [21]. 또한 프랑스의 Alioscopy, 네덜란드의 Dimenco, 헝가리의 Holografika 등의 회사에서 우수한 3차원 디스플레이 장치를 개발하여 출시하고 있다.

1.4 3차원 입체 영상의 응용분야

3차원 입체 영상의 제작과 전송, 재현 등에 대한 연구는 앞서 살펴본 것처럼 아직도 활발히 진행되고 있지만, 이미 다양한 응용분야에서 3차원 영상을 활용하여 서비스의 질을 높이고 사람들의 많은 관심을 끌고 있다. 이 절에서는 3차원 입체 영상이 실제로 활용되고 있는 응용분야를 간단히 소개한다.

1.4.1 문화 및 예술 분야

3차원 입체 영상이 가장 큰 규모로 활용되고 있는 곳은 문화 예술 분야이다. 먼저 2009년 개봉한 영화 'Avatar' 이후 3차원 영화들이 지속적으로 제작되고 있으며, 입체 스크린의 수도 전 세계적으로 증가하고 있는 상황이다. '아바타'는 국내 수입이 8천 8백만 달러에 이르렀고, 국내 관객 수가 1300만 명을 돌파할 정도로 인기를 끌었다. 이후, 국내에서는 5%에 불과하던 입체 스크린의 비율을 20%까지 끌어올릴 정도로 3차원 영화가 인기를 끌고 있다. 미국의 경우, 2010년에 약 7000개이던 입체 스크린의 수가 2012년 15000개로 두 배 이상 증가하였다. 3차원 영화의 제작 뿐 아니라 기존에 많은 인기를 끌었던 명화들이 3차원으로 제작되어 재개봉될 정도로 3차원 영화에 대한 관심이 매우 뜨겁다.

영화에 비해 특수효과의 사용이 제한적인 연극이나 공연에서도 3차원 입체 영상이 활용된다. 관객과 배우가 한 공간에서 만나는 무대는 세트의 한계로 인해 실감나는 배경이나 사물의 묘사가 불가능하다. 따라서 3차원 입체 영상 기술이 무대에 접목되면 공연의 현장감과 몰입도를 높일 수 있다. 〈그림 1-20〉은 2010년 유네스코 세계문화예술교육대회의 개막식에서 선보인 4D Digilog Art Performance의 한 장면으로, 무대 위의 배우들과 홀로그래픽 영상들이 함께 움직이며 입체감 있는 무대를 선보였다 [22]. 또 2010년 KBS 3D 생방송 축하공연에서는 가수 '비스트'가 3차원 공연을 선보였고, 2011년 뉴욕 프린지 페스티벌에서도 3차원 영상과 함께하는 춤 공연이 펼쳐졌다. 최근에는 클라이브(Klive)에서 설립한 세계 최초의 K-pop 홀로그램 전용관인 홀로그램 극장에서 홀로그램 기술과 K-pop 공연을 접목한 홀로그램 콘서트가 정기적으로 개최되고 있어 많은 관심을 받고 있다 [23].

△ 그림 1-20 전통문화와 3차원 입체 영상의 합동 공연

이 밖에도 유적지나 박물관에서 문화유산을 3차원으로 복원하여 관람할 수 있는 서비스나 과거의 생생한 현장을 재현한 3차원 입체 영상 상영으로 문화유적 관람의 질을 높일 수 있는 서비스도 가능하다. 소실된 유적들을 입체 영상으로 복원하는 기술도 제안되었는데, 2010년 세계대백제전에서 사라진 백제의 유적인 사비도성, 정림사, 왕흥사, 웅진성, 대통사, 임류각 등 등 여섯 곳에 대한 3차원 모델이 공개되었다. 이는 문헌을 통한 고증과 전문가들의 평가를 거친 후 3차원 입체 영상 기술을 이용하여 사라진 문화재가 복원된 것으로, 전통문화를 바탕으로 한 인문학과 전자 및 정보통신기술이 융합된 문화기술(culture technology)이 실현된 좋은 사례이다 [24].

1.4.2 교육 및 훈련 분야

3차원 입체 영상은 교육과 훈련 분야에도 다양하게 활용될 수 있다. 3차원 입체 영상을 이용한 영어 수업이 이미 국내 한 중학교에서 시행되었다. 〈그림 1-21〉과 같이 교실에는 대형 3DTV가 설치되었고, 이 화면을 통해 학생들은 외국인과 대면한 상황에서 자연스럽게 대화하며 영어 표현을 익힐 수 있다. 3차원 입체 영상은 이와 같은 교육 콘텐츠에 다양하게 활용될 수 있으며, 학교에서의 교육 뿐 아니라 골프나 발레, 야구 등과 같은 운동의 교육에도 이용된다.

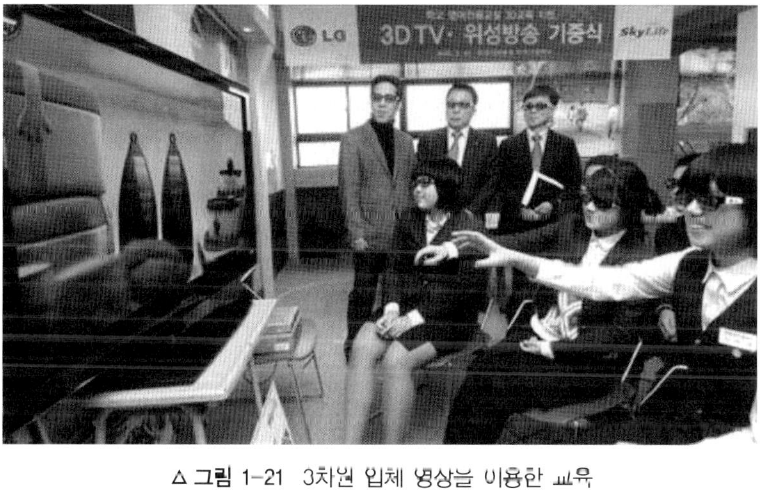

△ 그림 1-21 3차원 입체 영상을 이용한 교육

교육과 비슷한 맥락으로, 훈련 분야에도 3차원 입체 영상이 활용된다. 여기서 훈련은 시뮬레이션(simulation)을 의미하며 항공 운항 시뮬레이션, 선박 운항 시뮬레이션, 차량 운행 시뮬레이션 등에 3차원 입체 영상을 사용하면 실제 항공기나 선박을 운항하지 않고도 많은 시간 실제와 비슷한 환경에서 훈련이 가능한 효과를 볼 수 있다. 의료 분야에서도 수술에 대한 훈련이나 교육 등에 3차원 입체 영상이 활용된다.

1.4.3 원격 업무 분야

원격 회의는 통신 기술이 발달하면서 자주 이용되는 기술로, 회의 참석자들이 한 장소에 직접 만나지 않고도 인터넷 상의 공간에서 만나 화면을 통해 서로의 얼굴을 보면서 대화한다. 기존의 원격 회의는 참석자들의 시선이 아래를 향하고 있는 것과 같은 어색함이나 얼굴 이외의 다른 물건이나 자료 등을 보여주기가 어려운 환경이었다. 하지만 3차원 입체 영상이 원격 회의에 사용되면, 회의 참석자들이 앉아 있는 모습을 양안식 혹은 다시점으로 촬영하고 부호화하여 다른 참석자에게 전송한다. 전송된 3차원 입체 영상은 시선 보정과정을 거친 후 재현되어 좀 더 실감나는 회의를 진행할 수 있으며, 결과물을 화면상에 제시하기도 용이하다 [25]. 〈그림 1-22〉는 HP에서 개발한 원격회의 시스템인 'Halo'를 보여준다 [26].

△ 그림 1-22 3차원 원격 회의 시스템 'Halo'

의료 분야에서도 원격 업무가 가능하다. 원격 진료는 오지 마을 주민들과 같이 의료기관으로부터 멀리 떨어진 사람들을 위한 서비스이다. 원격 회의 시스템과 동일하게 의사와 환자가 원격 진료 시스템 앞에서 상담을 하며, 의료 영상 분야에서 이미 큰 역할을 담당하고 있는 3차원 입체 영상을 이용하면 환자의 상태를 더 정확하게 진단하고 치료할 수 있다. 〈그림 1-23〉은 원격 의료 시스템을 이용한 원격 진료 예를 보여준다 [27].

△ **그림 1-23** 원격 의료 시스템을 이용한 원격 진료

원격 수술은 환자의 몸속에 로봇을 넣고, 로봇이 전송하는 3차원 입체 영상을 환자와 떨어져 있는 의사가 받아보면서 실시간으로 로봇을 조종하며 수술을 집도한다. 원격 수술은 사람의 눈과 손보다 정교한 입체 영상과 로봇의 움직임을 사용하기 때문에 수술의 성공률을 높일 수 있을 뿐만 아니라 수술 시간도 줄일 수 있는 장점이 있다.

02 3차원 비디오 시스템

3차원 입체 영상의 제작과 전송, 재현과 활용을 위해서는 이러한 일련의 과정을 하나로 정리할 수 있는 시스템이 필요하다. 본 장에서는 3차원 비디오 시스템의 구성을 설명하고, 3차원 비디오 시스템에서 사용될 수 있는 다시점 카메라 배열들을 소개한다. 또한 다시점 비디오의 촬영을 위한 다양한 카메라 시스템의 각 구성에 따른 특성을 소개하고, 본 장의 마지막에는 3차원 시스템을 재현하는 디스플레이 기술에 대해서 소개한다.

2.1 시스템 구성 요소

3차원 비디오 시스템의 기술 개발 및 표준화 작업은 MPEG을 중심으로 진행 중이다. 〈그림 2-1〉은 3차원 비디오 시스템의 개념도를 보여준다 [28]. 3차원 비디오 시스템은 여러 시점에서의 색상 및 깊이 영상 획득, 획득된 영상의 전처리, 색상과 깊이 정보의 부호화 및 전송, 그리고 3차원 입체 영상의 재현을 포함한 모든 기술을 말한다. 본 절에서는 3차원 비디오 시스템의 각 구성 요소를 간단히 살펴본다.

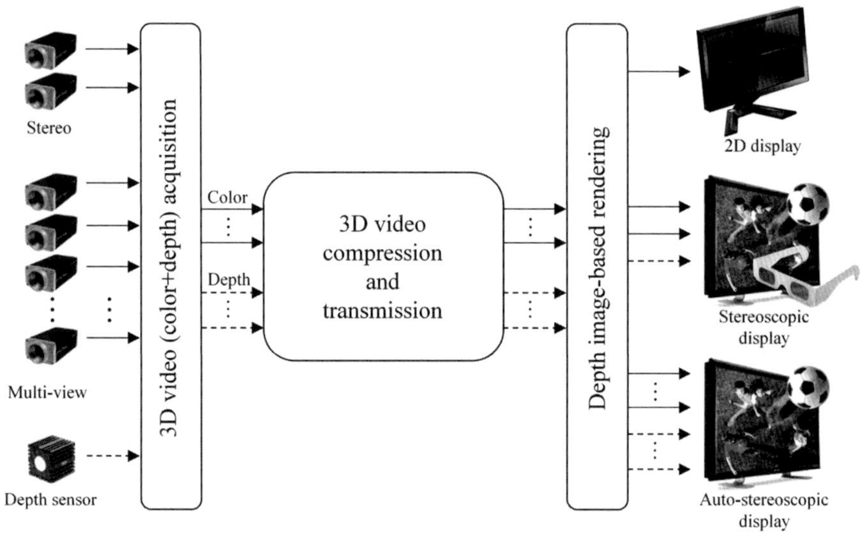

△ 그림 2-1 3차원 비디오 시스템

3차원 비디오 시스템은 〈그림 2-1〉과 같이 양안식 혹은 다시점 카메라로 촬영된 양안식 및 다시점 영상과 해당 시점의 깊이 정보를 입력으로 취한다. 깊이 정보는 깊이 획득 센서를 이용하여 직접 획득할 수도 있고, 촬영된 색상 영상을 기반으로 계산하여 구할 수도 있다. 〈표 2-1〉은 3차원 비디오 시스템의 입력 데이터 형식에 대한 요구사항을 보여준다 [29].

▼ 표 2-1 3차원 비디오 시스템의 입력 데이터 형식

항목	상세내용
비디오 데이터	최소 두 시점 이상으로 양안식 및 다시점 디스플레이에 재현가능해야 하며, 영상 내 잡음 및 왜곡이 적어야 함
보조 데이터	부호화 된 시점보다 많은 시점을 재현할 수 있도록 하는 깊이 정보, 깊이의 신뢰도, 영상 분할 정보, 객체의 반사 정보, 폐색 영역 정보 등
데이터 볼륨	복호기에서 복원된 데이터의 총량은 한 시점의 비디오 데이터 양의 4배 이상이어야 함
메타 데이터	카메라 매개변수 정보, 깊이 정보에 대한 설명 등
낮은 복잡도	임의 화면 접근을 위한 낮은 복잡도
응용성	실제영상과 컴퓨터 그래픽스 영상에 모두 적용할 수 있어야 함

이렇게 획득된 색상과 깊이 정보는 전처리 과정을 거치게 되는데, 전처리 과정에서는 영상 내에 존재하는 잡음이나 왜곡 등을 제거하고, 시점 간 상관도를 높이는 작업을 수행한다. 전처리를 통해 깊이 정보 획득은 물론 부호화의 효율도 높일 수 있다.

색상 영상의 촬영, 깊이 정보의 획득, 그리고 촬영된 영상의 전처리 과정을 거친 색상 및 깊이 영상 데이터는 3차원 비디오 부호화(3D video coding)를 통해 압축된다. 기본적으로 단일시점 비디오나 양안식 비디오에 비해 깊이 정보까지 포함하는 3차원 비디오는 정보량이 매우 많기 때문에 시공간적 중복성과 시점 간 중복성은 물론, 색상과 깊이의 유사성까지도 고려한 부호화 기술이 필요하다.

MPEG 산하의 3차원 비디오 부호화 그룹에서는 3차원 비디오의 데이터 형식을 정의하고, 색상과 깊이를 효율적으로 부호화하는 기술과 그 표준화 활동을 수행하고 있다. 〈표 2-2〉는 MPEG에서 발표한 3차원 비디오 부호화의 요구사항을 보여 준다 [29]. 2011년 3월 스위스 제네바에서 열린 제96차 MPEG 회의에서는 3차원 비디오 부호화의 표준을 만들기 위한 제안요청서(call for proposal)가 배포되었다 [30]. 이때부터 국내외 많은 연구소와 기업 및 대학들이 본격적으로 3차원 비디오 부호화 방식의 연구를 통해 표준화 작업을 수행하고 있다. 2012년 2월 미국 산호세에서 열린 제99차 MPEG 회의에서는 여러 기관에서 제안한 기술을 정리하여 8개의 핵심 실험(core experiment, CE) 그룹을 구성하고, 공통 실험 조건을 발표하며 많은 실험을 통해 제안된 기술들을 평가했다 [31-34]. 이들에 대한 자세한 설명은 6장에서 이어진다.

▼ 표 2-2 3차원 비디오 부호화의 요구사항

기술분야	부호화 기술
부호화 효율	한 시점에 대한 색상 및 깊이 영상의 비트율이 다른 표준을 사용하여 해당 시점의 색상 영상만을 부호화한 비트율보다 두 배 이상 높지 않아야 함
합성의 정확도	3차원 비디오 부호화는 비트율을 조절하여 합성 영상의 화질을 조절할 수 있어야 함
전방향 호환성	부호화된 3차원 비디오는 기존의 2차원 비디오 코덱(AVC)을 이용하여 양안식 혹은 단일 시점 비디오로 복호할 수 있어야 함
시점 계위성	3차원 비디오 비트스트림의 복호 시 사용자가 원하는 시점의 영상을 복원할 수 있어야 함

3차원 비디오 부호화를 통해 압축된 색상 및 깊이 영상은 전송되어 재현단에서 〈표 2-1〉에 소개한 다양한 디스플레이의 특성에 따라 여러 가지 방법으로 재현될 수 있다. 만약 3차원 입체 디스플레이 장치가 없는 경우에는 전송된 여러 시점 중 한 시점의 비디오만 선택하여 재생할 수 있으며, 양안식이나 설정된 시점 수에 따른 다시점 영상도 재생할 수 있다.

양안식 및 다시점 영상의 재현은 단순히 영상을 재생하는 것에 그치지 않고, 디스플레이의 크기나 특성, 시청자의 위치와 재현 환경 등을 고려하여 3차원 장면을 재생한다. 예컨대, 시청자에게 최적의 입체감을 제공할 수 있는 크기의 시차를 가지는 두 시점을 선택하여 양안식 디스플레이 장치에 제공하든지, 전송된 시점보다 많은 입력 시점 수를 가지는 다시점 디스플레이의 경우에는 중간 시점의 영상을 합성하여 시점을 맞출 수 있다. 〈표 2-3〉은 3차원 비디오의 재현에 대한 요구사항을 보여 준다 [29].

▼ 표 2-3 3차원 비디오의 재현에 대한 요구사항

기술분야	부호화 기술
재현성	기존의 부호화 표준보다 재현되는 영상의 화질이 더 좋아야 하며 재현 범위를 변경할 수 있어야 함
낮은 복잡도	실시간 복호화 및 중간 영상 합성이 가능해야 함
재현 장치의 종류	재현 장치에 적합한 영상을 제공해야 함
카메라 간격의 가변성	사용자가 카메라 간 간격 혹은 시점 간 거리를 조정함으로 3차원 영상의 입체감을 조절할 수 있어야 함
깊이의 범위	디스플레이의 크기를 고려한 깊이 범위를 제공하여 시청자의 시각 피로가 최소화되도록 해야 함

2.2 다시점 카메라 시스템

다시점 카메라 배열은 〈그림 2-2〉와 같이 다수의 카메라를 사용하여 장면을 촬영하는 시스템을 말한다. 촬영된 여러 시점의 영상으로부터 생성된 3차원 입체 영상은 시청자에게 입체감있고 몰입감있는 영상을 제공할 수 있다. 다시점 카메라 배열은 카메라의 개수 및 카메라가 배치된 형태에 따라 다양하게 구성할 수 있다. 평행형(parallel) 카메라 배열이 가장 일반적으로 사용되며, 수렴형(convergent) 카메라 배열이나 원형 혹은 돔(dome) 형태의 카메라 배열도 자주 사용된다. 그 외에도 평행-수렴형, 십자형, 2차원형 등 다양한 다시점 카메라 배열이 사용된다. 본 절에서는 다시점 카메라 배열의 구성에 따른 특성을 살펴보고, 여러 연구 기관에서 구성하여 사용하고 있는 다시점 카메라 배열과 촬영된 영상을 소개한다.

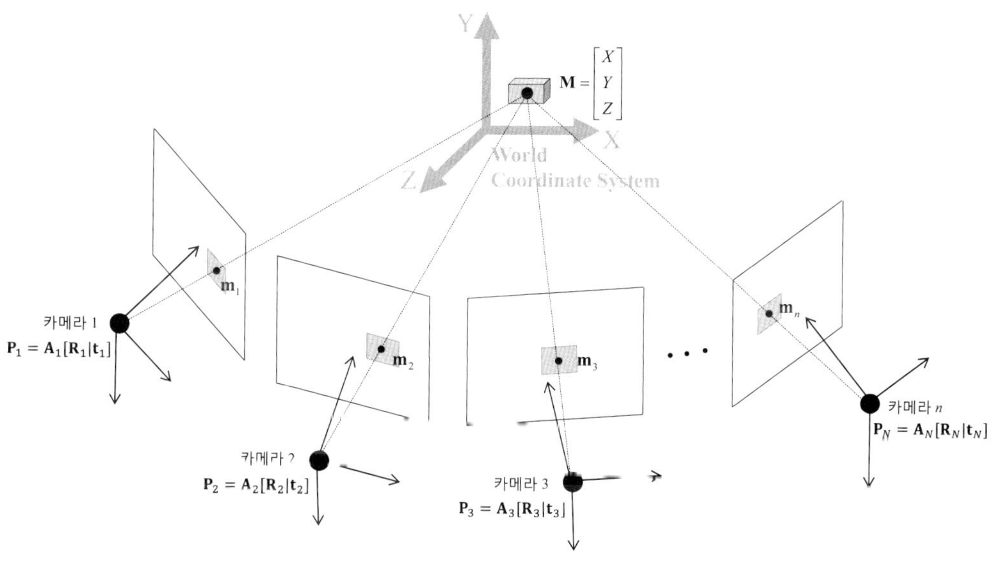

△ 그림 2-2 다시점 카메라의 기하학 구조

2.2.1 평행형 카메라 배열

앞서 언급했듯이, 평행형 카메라 배열은 가장 많이 사용되는 다시점 카메라 배열이다. 평행형 카메라 배열에서는 카메라들이 모두 같은 방향을 바라보도록 직선으로 배치된다.

정면으로 보이는 장면에 대하여 넓은 영역을 촬영할 수 있고, 깊이 정보 생성 및 중간시점 합성과 같은 3차원 영상처리 수행이 용이하여 3차원 입체 영상을 생성하기에 알맞은 카메라 배열이다. 하지만 시점 간의 시차가 크지 않아 장면 내 객체에 대한 자세한 묘사 등은 어려운 단점이 있다.

〈그림 2-3〉은 이상적인 평행형 카메라 배열의 기하학 구조를 보여준다. 카메라들은 모두 정면을 바라보고 있으며, 카메라 사이의 간격이 모두 동일하고, 카메라의 3차원 위치도 균일하게 분포되어 있다. 즉, 모든 카메라 좌표계는 X, Y, Z축의 방향을 공유하고 있으며, X축 방향으로의 일정한 간격을 가지며 분포되어 있다. 또한, 카메라의 초점 거리와 주점의 좌표도 동일하여, 영상 평면들이 같은 높이에 일정한 간격을 가지면서 같은 평면상에 존재한다. 그러나 카메라 배열을 구성할 때 카메라의 위치와 방향에서 많은 오차가 발생하고, 카메라의 내부특성도 각각 다르게 나타나기 때문에 이와 같은 이상적인 평행형 카메라 배열을 실제로 구현하는 것은 매우 어렵다.

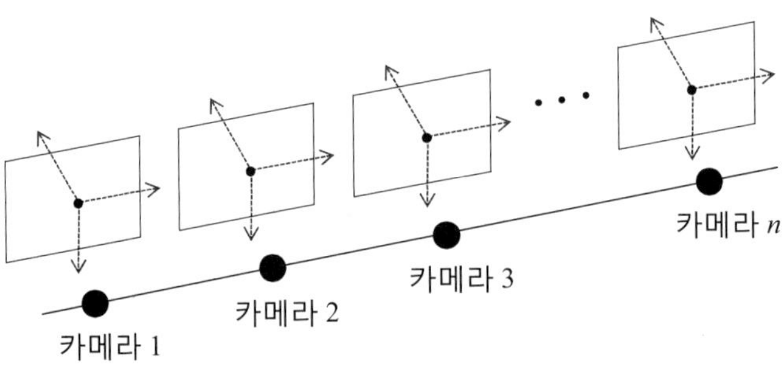

△ 그림 2-3 이상적인 평행형 카메라 배열

〈그림 2-4〉은 광주과학기술원(GIST) 실감방송연구센터(Realistic Broadcasting Research Center, RBRC)에서 구성한 평행형 카메라 배열을 보여 준다 [35]. 9대의 소형 카메라가 약 5cm의 간격으로 평행하게 배열되어 있다. 각 카메라는 동기화 장치에 연결되어 30Hz의 동시촬영이 가능하다.

△ 그림 2-4 RBRC의 평행형 카메라 배열

이와 같은 평행형 카메라 배열을 이용하여 촬영된 다시점 영상 중 일부 시점들이 〈그림 2-5〉에 나타나 있다. 〈그림 2-5〉에서 보듯이, 좌측 시점에서 우측 시점으로 갈수록 장면이 새롭게 드러나거나 사라지는 현상이 발생하며, 이것은 곧 시점 간 시차가 존재한다는 것을 의미한다. 평행형 카메라 배열에서 시차는 한 방향으로만 발생하며, 카메라에서 가까운 객체일수록 큰 시차를, 카메라로부터 먼 배경 쪽은 작은 시차를 가진다.

△ 그림 2-5 평행형 카메라 배열에서 촬영된 다시점 영상

〈그림 2-4〉와 같이 카메라를 동일한 높이에서 동일한 간격으로 배치하였음에도 불구하고 〈그림 2-5〉에 나타난 영상에서는 시점 간 수직방향으로 영상 불일치가 나타나며, 시점 간 시차도 약간 다르게 나타난다. 이 경우 카메라 배열에서의 매우 작은 물리적인 오차가 촬영된 영상에서 화소 단위의 큰 오차로 이어지는 것이다. 물론 다시점 영상의 촬영 이후 보정 과정을 통해 이러한 오차를 바로잡을 수는 있지만, 카메라 배열 구성 시에 정밀한

마운트(mount)를 이용하여 카메라의 방향과 위치를 최대한 맞춘 후 촬영하는 것이 바람직하다.

촬영에 앞서 카메라 간 색상 차이도 고려하여 조절해야 한다. 〈그림 2-5〉에 나타난 것처럼, 같은 기종의 카메라를 이용하여 같은 장면을 촬영했음에도 시점 간 색상 차이가 많이 발생한 것을 볼 수 있다. 시점 간 색상 차이 역시 후보정을 통해 조절할 수 있지만, 촬영 전 카메라의 화이트 밸런스(white balance)와 이득(gain), 색상 별 응답특성 등을 세밀하게 조절할 필요가 있다.

2.2.2 수렴형 카메라 배열

수렴형 카메라 배열은 평행형 카메라 배열과는 달리 카메라의 방향, 즉 카메라의 광선(optical ray)들이 어느 한 수렴점에 모이는 형태로 카메라를 배열한다. 이러한 구조적인 특성에 의해 수렴형 카메라 배열은 평행형 카메라 배열에 비해 촬영 영역이 상대적으로 좁다. 촬영 이후의 깊이 정보 생성과 같은 3차원 영상 처리 과정도 조금 더 복잡하다. 그러나 카메라 배열의 수렴점 근처에 위치한 객체를 촬영하는 경우, 객체의 정면은 물론 양쪽 측면까지 촬영할 수 있는 장점을 가지고 있다.

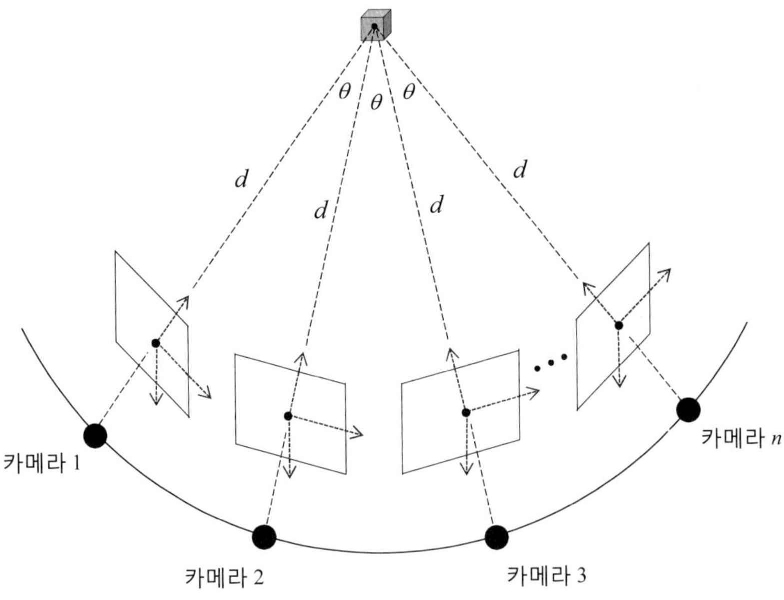

△ 그림 2-6 이상적인 수렴형 카메라 배열

〈그림 2-6〉은 이상적인 수렴형 카메라 배열의 기하학 구조를 보여 준다. 카메라들은 3차원 공간의 곡선 상에 위치하며, 카메라 간격은 모두 동일하다. 모든 카메라 좌표계는 Y축의 방향만 공유할 뿐, X축과 Z축은 각각 다른 방향을 가리킨다. 각 X축들 혹은 Z축들이 서로 이루는 각도가 일정하며, 각 주점들로부터 카메라 배열의 수렴점까지의 거리도 동일하다. 물론 평행형 카메라 배열과 마찬가지로 모든 카메라의 내부 특성도 동일한 상태이다. 이러한 이상적인 수렴형 카메라 배열 역시 실제로 구현하기는 매우 어려우며, 카메라 사이의 각도, 카메라의 위치, 내부 특성 등에서 발생된 많은 오차가 촬영된 영상으로 나타나게 된다.

〈그림 2-7〉의 수렴형 카메라 배열은 〈그림 2-4〉에서 보인 RBRC의 평행형 카메라 배열을 변형하여 수렴형 카메라 배열을 구성한 것이다 [35]. 카메라들을 프레임으로부터 분리하여 수렴형 구성이 가능한 새로운 프레임에 장착한 것으로써, 카메라 간 간격은 약 7cm, 카메라 사이의 각도는 약 4도이다.

△ 그림 2-7 RBRC 수렴형 카메라 배열

이와 같은 카메라 배열에서 촬영된 영상이 〈그림 2-8〉과 〈그림 2-9〉에 나타나 있다. 먼저 〈그림 2-8〉은 정면 내에 하나의 객체를 놓고 배경을 가린 채 촬영한 다시점 영상이다. 평행형 카메라 배열에서와 마찬가지로 카메라의 위치와 방향에 따른 수직방향의 불일치가 존재하며, 카메라 간 색상 차이도 많이 나타난다. 특히 수렴형 카메라 배열은 카메라의 방향이 서로 다르기 때문에 카메라의 방향에 조금만 오차가 발생하여도 객체 혹은 배경이 영상에 잡히지 않거나, 관심 객체가 영상의 가장자리에 촬영되는 일이 발생하기도 한다. 따라서 정밀한 각도를 조절할 수 있는 카메라 마운트가 필요하다. 〈그림 2-8〉에 나타난 영상을 보았을 때, 수렴형 카메라 배열의 특성을 고려하면 4도 정도의 카메라 각도로는 객체의 양측면까지 세밀하게 촬영하기에는 조금 부족한 면이 있다.

△ 그림 2-8 수렴형 카메라 배열에서 촬영된 다시점 영상(단일객체)

〈그림 2-9〉는 수렴형 카메라 배열에서 단일 객체가 아닌 일반적인 장면을 촬영한 다시점 영상을 보여준다. 영상의 특성을 자세히 분석하지 않으면 마치 평행형 카메라 배열에서 촬영한 것처럼 보일 수도 있다. 여기에서 나타나는 수렴형 카메라 배열의 특성은, 수렴점의 앞에 존재하는 객체나 수렴점의 뒤쪽에 놓인 객체 혹은 배경은 시차가 매우 크게 발생하며, 한 장면 내에서도 두 방향의 시차가 발생할 수 있다는 것이다. 따라서 수렴형 카메라 배열을 이용하여 장면 영상 촬영 시 수렴점과 시차를 고려할 필요가 있으며, 시차가 많이 발생하는 배경 부분은 시점 간 상관도가 매우 낮으므로 블루스크린이나 〈그림 2-8〉과 같은 단순 배경으로 대체하여 촬영하는 것이 효율적이다.

△ 그림 2-9 수렴형 카메라 배열에서 촬영된 다시점 영상

2.2.3 원형 카메라 배열

원형 카메라 배열은 수렴형 카메라 배열의 확장된 형태로써 원형으로 둘러싸인 카메라들 안으로 객체를 놓고 촬영하는 것이다. 따라서 촬영되는 객체의 모든 면에 대한 영상을 획득할 수 있고, 3차원 객체 복원을 위한 다시점 영상 촬영에 많이 활용되고 있다. 원형 카메라

시스템이 조금 더 확장된 형태가 돔형 카메라 배열로써 구(sphere)형이나 반구형의 구조물에 더 많은 카메라를 설치하여 객체의 위쪽에서도 원형 카메라 배열 형태의 촬영이 가능하도록 한 형태이다. 이러한 카메라 배열을 all-around형이라고 부르기도 한다.

〈그림 2-10〉은 중국 칭화대학의 Multi-camera Multi-lighting Dome (MCML)을 보여준다 [36]. MCML은 all-around 형태의 카메라 배열이며, 총 20대의 카메라와 29개의 광원이 설치되어 있다. 돔의 배경은 모두 녹색으로 처리하여 객체 추출이 용이한 구조로 되어 있다.

△ 그림 2-10 Multi-camera Multi-lighting Dome

중국 칭화대학에서는 아래의 웹사이트를 통해 MCML에서 촬영된 다시점 비디오를 카메라 매개변수와 함께 제공한다 [37]. 〈그림 2-11〉은 원형으로 촬영된 20시점의 영상이다. 〈그림 2-11〉에서 보듯이, 돔 내부에 있는 객체의 모든 면을 촬영할 수 있고, 객체의 분리가 용이하기 때문에 3차원 객체 복원이나 홀로그램 제작에 유용하게 사용될 수 있다.

http://media.au.tsinghua.edu.cn/dome.jsp

△ 그림 2-11 원형 카메라 배열에서 촬영된 20시점 영상

〈그림 2-12(a)〉는 미국 스탠포드 대학에서 개발한 카메라인 Stanford Spherical Gantry이다 [38]. 컴퓨터 비전 분야에서는 미들베리(Middlebury) 다시점 스테레오(multi-view stereo) 카메라 시스템으로 더 잘 알려져 있다. 카메라 한 대와 조명, 각도의 오차를 0.01도 수준까지 변경할 수 있는 프레임으로 카메라의 위치를 옮겨가며, 또 객체를 회전하면서 촬영함으로써 원형과 all-around형 배열의 촬영 효과를 얻을 수 있다. 카메라 한 대로 움직이며 촬영하기 때문에 비디오를 촬영할 수 없는 제한이 있지만, 정확한 카메라 위치의 구현을 통해 정밀한 원형 카메라 배열을 구축할 수 있는 것이 큰 장점이다. 이 시스템에서 촬영된 영상을 통해 가상의 카메라 배열을 구현해 보았을 때, 〈그림 2-12(b)〉와 같이 반지름 약 1 m의 돔 형태로 총 317개의 카메라를 가지고 있으며, 그 중 47개의 카메라가 원형 카메라 배열로 이루어져 있다.

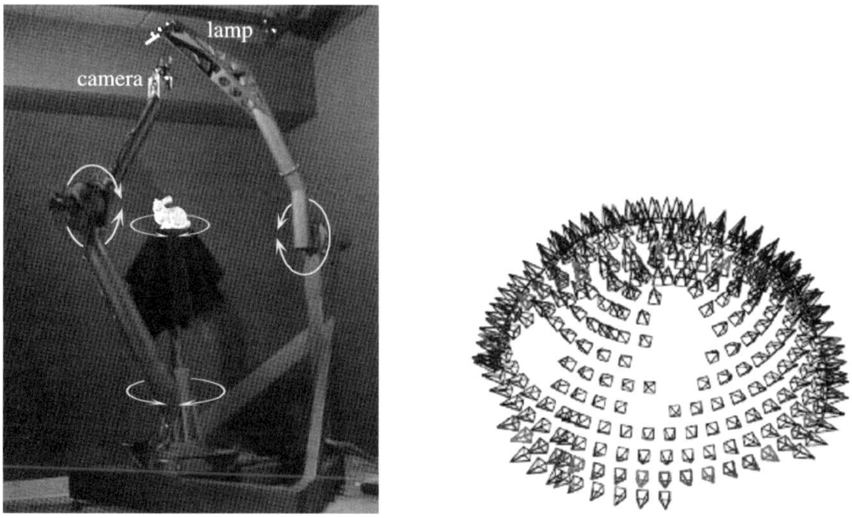

(a) (b)

△ **그림 2-12** Stanford Spherical Gantry

Stanford Spherical Gantry로 촬영한 다시점 영상 역시 아래의 웹사이트를 통해 제공된다 [39]. 〈그림 2-13〉와 같은 두 종류의 영상과 카메라 매개변수를 다운로드 할 수 있다. 최대 312개의 시점 영상, 원형 카메라 배열에서의 47시점 영상, 그리고 그 중에서 16시점을 추려낸 영상을 다운로드 받을 수 있다.

http://vision.middlebury.edu/mview/data

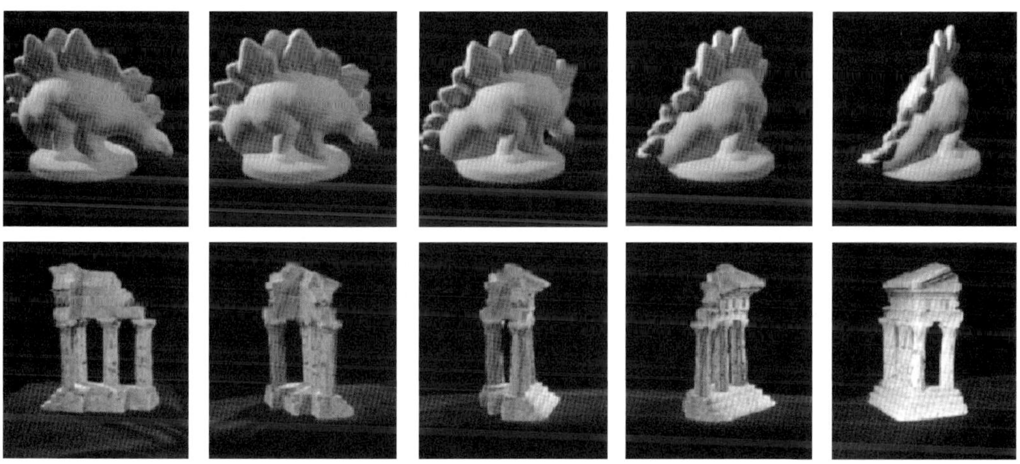

△ **그림 2-13** Stanford Spherical Gantry에서 촬영된 다시점 영상

2.2.4 다양한 형태의 다시점 카메라 배열

지금까지 소개한 평행형, 수렴형, 원형 카메라 배열 이외에도 다양한 형태의 다시점 카메라 배열이 존재한다. 2차원 카메라 배열은 카메라를 여러 줄로 쌓아 올린 것으로써, 넓은 방향의 수직 시야를 제공할 수 있다. 〈그림 2-14〉는 2차원 카메라 배열을 보여준다 [40, 41]. 하지만 2차원 배열의 경우 카메라의 대수가 늘어난 만큼 데이터 처리와 전송 등에 복잡도가 매우 높아진다.

△ 그림 2-14 2차원 다시점 카메라 배열

2차원 카메라 배열의 효과를 기대하면서 크기를 간소화시킨 것이 십자형 카메라 배열이다. 〈그림 2-15〉는 십자형 카메라 배열과 촬영된 영상을 보여준다 [42]. 평행-수렴형 카메라 배열은 하나의 프레임 안에 평행형 배열과 수렴형 배열 형태를 모두 갖추고 있다. 〈그림 2-16〉과 같이 전체적인 형태는 수렴형에 가깝지만, 평행형과 수렴형의 장점을 모두 가질 수 있도록 몇 대씩의 카메라들을 묶어서 평행하게 배열했다 [11].

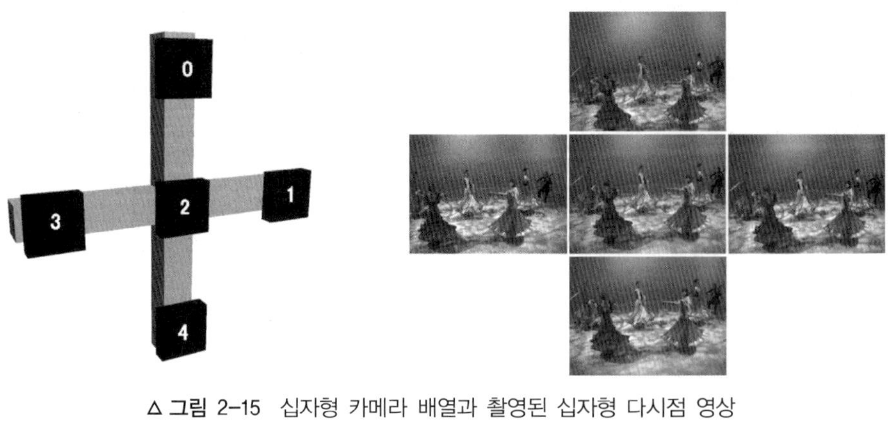

△ 그림 2-15 십자형 카메라 배열과 촬영된 십자형 다시점 영상

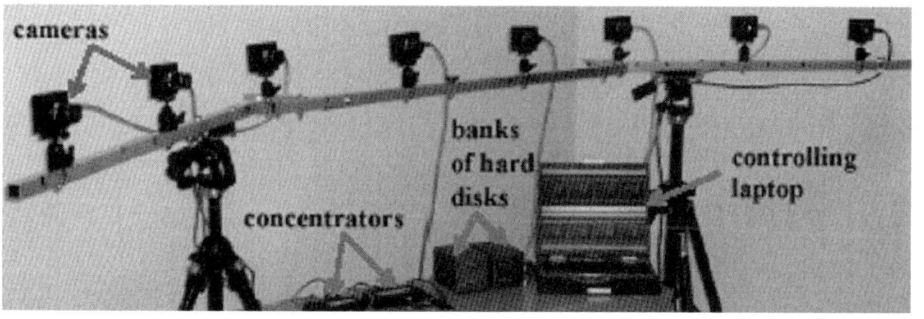

△ 그림 2-16 평행-수렴형 카메라 배열

2.2.5 다시점 카메라 배열의 카메라 보정

앞서 살펴본 객체 기반의 카메라 보정을 다시점 카메라 배열에 적용하기 위해서는 카메라를 움직이지 않고 동시에 카메라 보정 객체를 촬영해야 한다. 〈그림 2-17〉와 같이 모든 카메라에서 동시에 객체가 모든 코너 점을 포함하도록 촬영되어야 하며, 이것이 같은 순서로 입력되어 카메라 보정이 수행될 때 유효한 카메라 매개변수를 계산할 수 있다. 즉, 다시점 카메라 배열의 카메라 보정을 통해 하나의 세계좌표계가 생성되고, 그 안에 n개의 카메라와 카메라좌표계가 존재하게 되는 것이다.

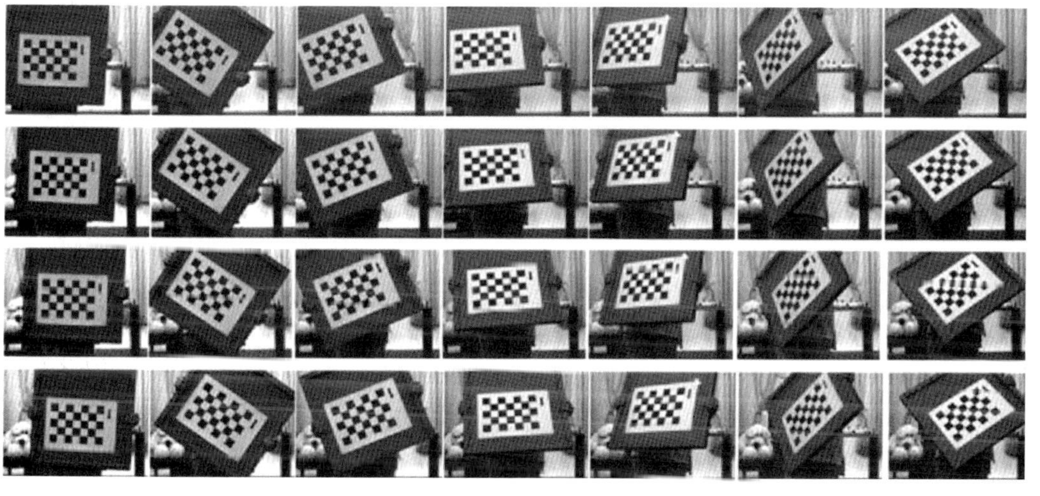

△ 그림 2-17 다시점 카메라의 카메라 보정을 위한 패턴 영상 촬영

평행형 카메라 배열에서는 〈그림 2-17〉과 같이 격자 패턴을 촬영하는 것은 어렵지 않다. 그러나 이러한 2차원 형태의 객체는 수렴형 카메라 배열에서는 배열의 크기가 커질수록 패턴 영상의 동시 촬영이 쉽지 않다. 원형 카메라 배열에서는 이런 형태의 패턴을 촬영하는

것 자체가 불가능하다. 따라서 수렴형 및 원형 카메라 배열 등 복잡한 다시점 카메라 배열에서는 카메라 보정을 위해 3차원 형태의 카메라 보정 객체를 사용한다.

〈그림 2-18〉은 소형으로 제작된 3차원 형태의 카메라 보정 객체를 보여준다 [43]. 특징점의 추출을 위한 18개의 면과, 면의 구분을 위해 알파벳 혹은 숫자가 표기된 8개의 면으로 구성되어 있다. 이 카메라 보정 객체의 크기는 36 cm이며, 수렴형 혹은 원형 카메라 배열 내부에 여러 위치를 옮기며 여러 장면을 촬영한다. 이때, 3차원 공간에는 세계좌표계와 함께 카메라 보정 객체도 좌표계를 가지고 있다고 가정하고, 세계좌표계와 객체좌표계 사이의 회전 및 이동을 먼저 고려한다. 그리고 객체가 촬영된 영상에서의 특징점 추출을 통해 객체좌표계와 카메라좌표계의 관계를 정의한 후, 순차적으로 세계좌표계와 각 카메라좌표계 간의 관계인 카메라 매개변수를 구할 수 있다 [43].

△ 그림 2-18 3차원 형태의 카메라 보정 객체

이 밖에도 〈그림 2-19〉와 같이 움직이는 명점(bright spot)을 카메라 보정 객체로 이용하는 방법과 [44] 객체 없이 실루엣의 움직임을 이용하는 카메라 보정 방법도 있다 [45]. 또한, 이미 획득된 카메라 매개변수에 대한 후보정을 통해 카메라 매개변수의 정확도를 높이는 방법도 다시점 카메라 배열에서 많이 사용된다 [46]. 이 방법에서는 촬영된 영상으로부터 3차원 점들을 역투영(back-projection)으로 구하고, 이 점을 카메라 매개변수를 이용하여 재투영하는 과정을 반복하며, 재투영 오차를 최소화하는 방향으로 카메라 매개변수를 최적화한다.

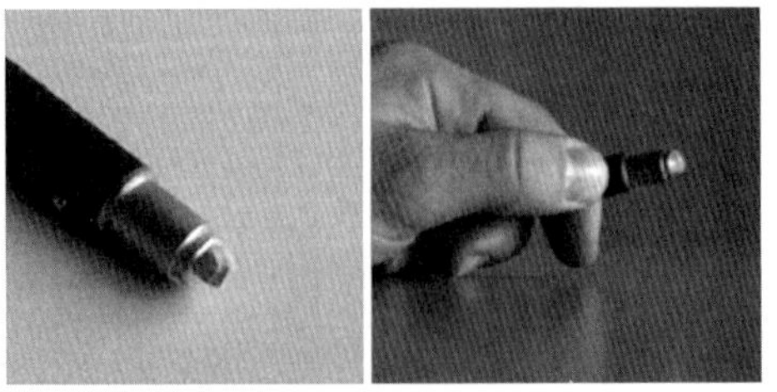

△ 그림 2-19 카메라 보정 객체로 이용되는 명점

2.3 3차원 비디오 재현

최근에 3차원 TV가 가정에 보급되고, 3차원 게임을 하는 일이 익숙한 풍경이 되었다. 최근에는 3차원 디스플레이를 장착한 스마트폰도 출시되있다. 이렇게 3차원 영상 산업이 커짐에 따라 3차원 영상을 인간에게 보여줄 수 있는 디스플레이의 중요성도 커지게 되었다.

디스플레이는 빛을 이용하여 인간의 시각을 자극함으로써 정보를 전달하는 방법을 통칭한다. 이는 디스플레이 기술의 목적이 인간이 현실에서 느끼는 것과 같은 공간 정보를 어떻게 보다 정확하고 자연스럽게 인간에게 전달하느냐에 있다는 것을 의미한다. 이를 위해서는 2차원 평면으로만 표시된 디스플레이로는 한계가 있다. 2차원 디스플레이에서는 다양한 거리에 있는 물체들이 모두 같은 거리에 있는 것처럼 표현이 될 수밖에 없다. 물론 인간은 이러한 상황에도 경험에 의해 멀고 가까운 거리에 대한 느낌을 얻을 수 있다. 하지만 입체감을 정확하고 자연스럽게 느끼지는 못한다. 최근에는 이러한 한계를 극복할 수 있는 다양한 3차원 디스플레이 기술이 개발되고 있고, 이는 UHDTV와 함께 차세대 디스플레이로 주목받고 있다.

2.3.1 3차원 디스플레이의 구조 및 원리

인간이 3차원 공간을 지각하는 요인은 크게 경험적 요인과 생리적 요인으로 나눌 수 있다 [47]. 경험적 요인은 지금까지 인간이 경험에 의해 축척해 온 여러 요인에 의한 것이며, 정확히 3차원 정보를 느끼거나 측정하는 것이 아닌, 경험에 의한 3차원적 착각이라고 할 수 있다. 운동 시차(motion parallax)는 대표적인 경험적 요인으로, 차에서 경치를 바라보면 가까이 있는 것은 빠르게, 멀리 있는 것은 움직이는 것을 보고 거리를 판단하는 현상이다. 이 외에도 직선원근, 물체의 가림 등이 경험적 요인에 해당한다.

생리적 요인은 3차원 거리 정보를 실제로 느끼거나 측정한다. 생리적 요인에는 양안 시차(Binocular parallax), 양안의 초점 조절, 양안의 수렴각 차이가 있다. 양안 시차는 양안 간격의 미소한 차이로 인하여 양안의 망막에 각각 대상물의 다른 상이 맺히게 되어 생긴다. 양안 시차는 가까운 곳에 위치한 사물을 볼 때 크고, 거리가 멀어질수록 시차는 작아진다. 양안의 초점 조절(accommodation)은 가까이 있는 물체를 볼 때 수정체가 두꺼워지고 멀리 있는 물체를 볼 때 수정체가 얇아지는 현상을 나타내고, 양안의 수렴각은 가까이 있는 물체를 볼 때 두 눈동자가 안쪽으로 많이 회적하여 수렴각이 커지고 멀리 있는 물체를 볼 때는 수렴각이 작아지는 현상을 나타낸다. 〈그림 2-20〉은 공간을 지각하는 요인들을 나타낸다.

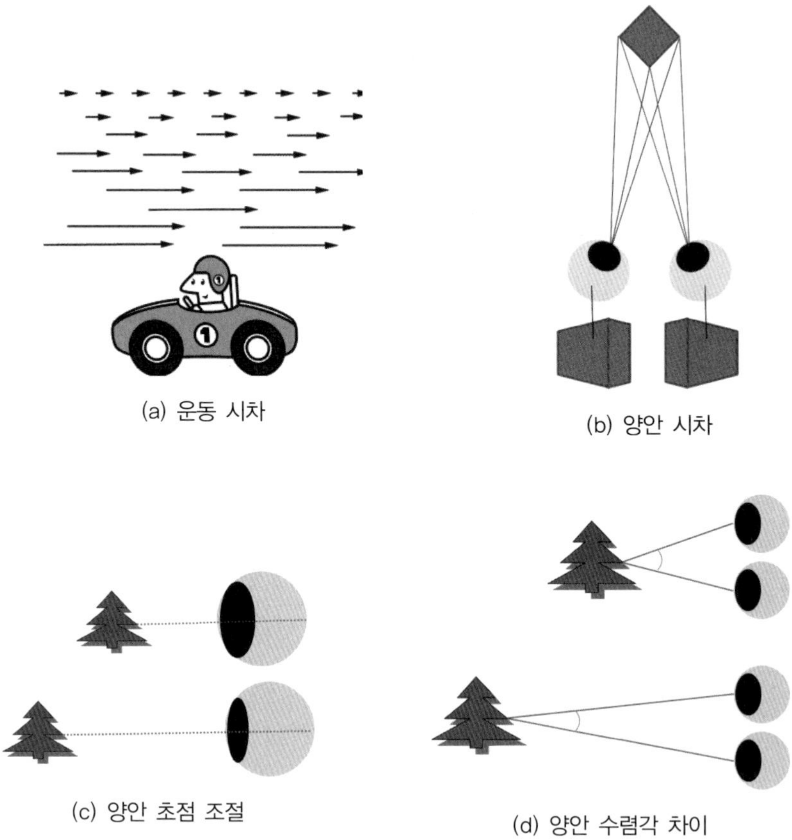

△ 그림 2-20 공간을 지각하는 요인

입체감을 일으키는 여러 요인 중, 우리들의 눈이 가로 방향으로 약 65 mm 떨어져서 존재하여 나타나게 되는 양안 시차가 입체감을 나타내는 가장 중요한 요인이다. 즉 입체 효과가 가장 큰 요인이다. 또한 양안 시차는 기술적으로 구현하기 쉽기 때문에, 홀로그램을 제외한 현재까지의 3차원 디스플레이 기술은 대부분 이와 같은 양안 시차를 이용하고 있다. 그러나 이는 시각적 피로도를 유발하고, 최근 들어 3차원 영상의 시각적 피로도를 감소시키기 위해 눈동자의 수렴점과 디스플레이 평면의 거리를 최소화하는 등 인간의 시각 특성을 모두 고려한 연구가 활발히 진행되고 있다 [48].

2.3.2 3차원 디스플레이의 분류

3차원 디스플레이는 크게 사용자가 특수한 안경을 착용하는 안경방식과, 안경 없이도 입체 영상을 볼 수 있도록 하는 무안경식 방법이 있다. 안경식 3차원 디스플레이 장치는 사용자가 특수 안경을 착용하여 좌영상과 우영상을 양쪽 눈에 보내주어 입체감을 느끼도록 한다. 안경식 입체영상 디스플레이는 일찍부터 실용화되어 기술의 성숙도가 높은 편이다. 반면에 무안경식 3차원 디스플레이는 안경을 착용하지 않아도 된다는 편리함은 있지만 안경식에 비해서 입체 영상의 화질이 떨어지고, 가격도 비싸다는 단점이 있다. 또한 보는 위치가 제한되어 있고, 동시에 여러 사람이 3차원 효과를 느끼기 힘들다. 이런 이유로 현재는 주로 휴대용 기기에 적용되고 있다.

2.3.2.1 안경식 3차원 디스플레이

안경식 3차원 디스플레이에는 편광안경, 적청안경, 시분할 방식 등이 있다. 편광안경 방식에서는 양안에 서로 다른 성질을 가진 성분만 통과시켜서 좌우안 상을 분리하는 방법이다. 수직 편광 필터는 빛의 수직 성분만을 통과시키고, 수평 성분은 통과하지 못하게 한다. 반대로 수평 편광 필터는 빛의 수평 성분만을 통과시키고, 수직 성분은 필터를 통과하지 못하게 한다. 이러한 편광 필터를 디스플레이 장치에 부착하고, 같은 종류의 편광 필터를 부착한 편광 안경을 사용자가 착용하면 입체감을 느낄 수 있다 [47]. 편광 방식은 디스플레이 장치가 비싸다는 단점이 있다. 〈그림 2-21〉은 편광 방식의 원리를 보여준다.

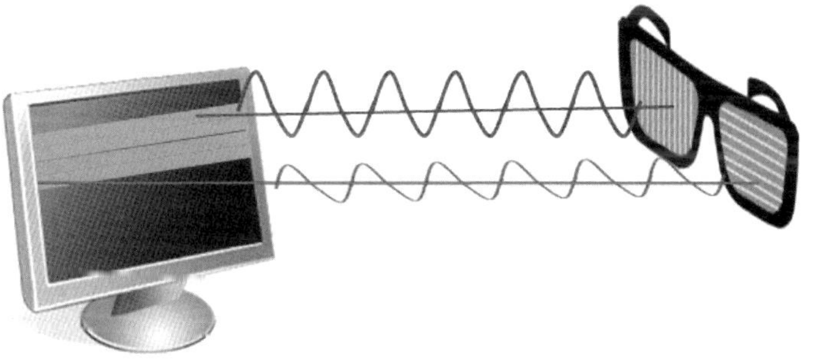

△ 그림 2-21 편광 안경 방식

적청 안경 방식은 〈그림 2-22〉와 같이 안경의 좌우측을 각각 적색 및 청색 필터를 장착하여, 서로 다른 영상을 보게 하는 방식이다. 이 방식은 간단하고 저렴하지만 두 색만 제시되기 때문에 색상의 선명함이 좋지 않다 [49].

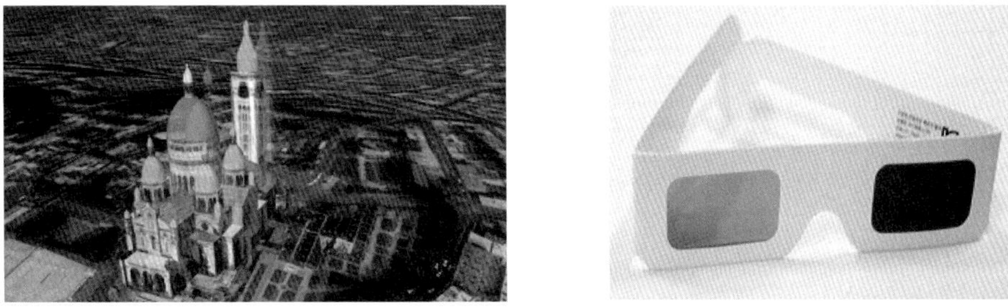

△ 그림 2-22 적청 방식을 위한 영상과 안경

시분할 방식은 필터를 부착하는 대신에 빠르게 반복적으로 열고 닫히는 셔터를 안경에 부착하고, 좌측 영상이 나타날 때는 좌측 셔터가 열리고, 우측 영상이 나타날 때에는 우측 셔터가 열리게 하여 입체감을 느끼게 하는 방식이다. 이 방식은 셔터가 번갈아가면서 닫히므로 그만큼 영상이 어두워지게 된다는 단점을 가지고 있다. 이를 보완하기 위해서 시분할 방식에서는 밝은 디스플레이를 사용해야한다. 〈그림 2-23〉은 Nvidia에서 개발한 시분할 방식 디스플레이의 안경을 보여준다.

△ 그림 2-23 Nvidia Geforce 3D vision

2.3.2.2 무안경식 3차원 디스플레이

무안경식 3차원 디스플레이에는 패럴랙스 배리어, 렌티큘러 렌즈 방식 등이 있다. 패럴랙스 배리어 방식은 좌우 영상이 번갈아 나오는 디스플레이 앞에 막을 놓아 각도에 따라 정해진 부분만 보이고, 나머지 부분은 막에 가려 보이지 않게 하는 방식이다. 그림 6에서는 패럴랙스 배리어 방식의 원리를 보여준다 [50]. 좌영상은 왼쪽 눈으로 볼 때 패럴랙스 배리어의 투명한 틈을 통해 보이게 하고, 우영상은 오른쪽 눈으로 볼 때 패럴랙스 배리어를 통해 보이게 한다. 결과적으로 디스플레이 소자의 영역을 각 분할하여 양쪽 눈에 입력시켜 입체감을 느끼게 한다 [47]. 패럴랙스 디스플레이의 단점은 사용자가 특정한 위치에 앉아있지 않는 순간에는 3차원 입체감을 느끼기 어렵고, 패럴랙스 배리어에 의해 대부분의 빛이 차단되기 때문에 밝은 화면을 얻을 수 없다는 것이다. 이러한 단점들을 극복하기 위한 노력도 계속 되고 있다. 먼저 사용자의 시점의 제한을 해결하기 위해서 사용자의 위치를 추적하여 그에 상응하는 영상을 보여주는 방법을 이용하기도 하고, 다시점 패럴랙스 배리어 타입을 이용하기도 한다 [51]. 또한 배리어를 액정 기술을 이용하여 스위칭이 가능하게 구현하면 배리어 차단 부분을 감소시켜 화면의 밝기를 좀더 높일 수 있고, 2차원과 3차원을 동시에 구현할 수 있다 [52]. 〈그림 2-24〉는 패럴랙스 배리어 방식의 원리를 보여준다.

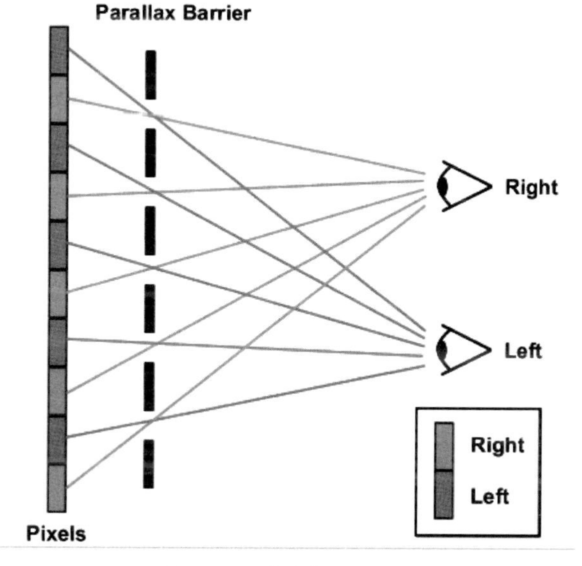

△ 그림 2-24 패럴랙스 배리어 방식

렌티큘러 렌즈 방식은 수많은 렌즈로 구성된 얇은 판을 이용하여 사용자의 좌우안에 서로 다른 영상이 투과되도록 하는 방법이다 [47, 50]. 렌티큘러 렌즈 방식에서는 배리어 대신 반구형의 볼록한 렌즈를 덮어 굴절을 통해 좌우안에 정해진 영상만 보여지게 한다. 렌티큘러 렌즈 방식은 배리어 방식에 비해 가려지는 부분이 없어 더 밝은 영상을 볼 수 있지만, 렌즈 설계가 복잡하고 제작 단가가 비싸다는 단점이 있다. 〈그림 2-25〉는 렌티큘러 렌즈 방식의 원리를 보여준다.

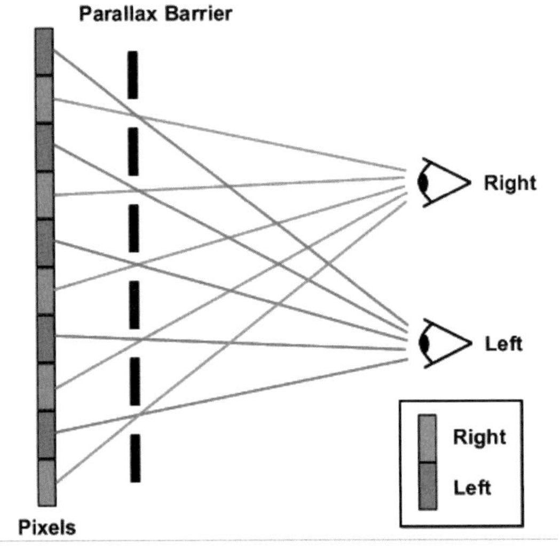

△ 그림 2-25 렌티큘러 렌즈 방식

2.3.2.3 홀로그래픽 디스플레이

홀로그램은 간섭이라는 광학적 원리를 이용하여 물체를 필름에 기록한다. 따라서 홀로그램을 위해서는 레이저와 같은 가간섭성이 높은 빛을 사용한다. 간섭무늬의 형태로 물체의 영상이 기록된 사진필름을 홀로그램이라 하며 홀로그램을 기록하여 입체영상을 복원하는 기술을 홀로그래피라고 한다 [53]. 간섭무늬에는 물체가 발산하는 산란 빛의 강도와 위상 정보가 포함되어 있고, 회절(diffraction)을 이용하여 실제 공간상에 3차원으로 재생시킨다 [54]. 홀로그래픽 디스플레이는 궁극적인 3차원 디스플레이로서의 기대가 높으나, 방대한 정보를 처리를 위해서 고밀도, 고속응답의 광변조 소자와 같은 재료, 소자 분야에서의 해결책이 요구된다 [55]. 〈그림 2-26〉은 영화 'Star Wars'에 나온 홀로그램 영상이다.

△ 그림 2-26 홀로그램 영상

03 다시점 비디오의 획득 및 처리 기술

다시점 비디오는 3차원 입체 영상 제작을 위한 이상적인 입력 영상으로써 앞서 소개한 3차원 비디오 시스템의 획득단에서 촬영된다. 다시점 비디오는 여러 대의 카메라를 사용하기 때문에 촬영 시스템도 복잡하고, 촬영된 영상도 단안식이나 혹은 양안식 비디오와는 다른 특성을 가진다. 본 장에서는 다시점 비디오의 특성을 이해하고 촬영과 편집을 위해 카메라 매개변수(camera parameters)를 설명하고, 카메라 매개변수를 예측하는 과정인 카메라 보정(camera calibration) 과정을 이해한다. 또한, 다시점 비디오 획득의 후처리 과정인 기하 오차 보정과 색상 보정을 설명한다. 또한 이러한 과정의 구현 및 실습을 위한 핵심 알고리즘의 소스 코드도 함께 실었다.

3.1 카메라 매개변수 및 카메라 보정

3.1.1 카메라 매개변수

영상신호처리 분야에서는 일반적으로 〈그림 3-1〉과 같은 핀홀(pinhole) 카메라를 기본적인 모델로 정의하여 사용한다. 핀홀 카메라는 바늘구멍 카메라로도 알려져 있는데, 렌즈 대신 작은 구멍을 통해 장면을 투영했을 때, 장면의 역상이 어두운 상자 안에서 영상으로 맺히는 구조를 가지고 있다.

이와 같은 핀홀 카메라의 동작을 3차원 공간에 도식화하면 〈그림 3-2〉와 같이 나타낼 수 있다. 〈그림 3-2〉를 설명하기 전 먼저 알아두어야 할 것은, 카메라와 영상이 놓여 있는 3차원 공간을 3차원 좌표계인 세계 좌표계(world coordinate system)로 표현하는 것과, 카메라 역시 3차원 좌표계인 카메라 좌표계(camera coordinate system)를 가지는 것이다. 또한 카메라는 세계 좌표계의 어느 한 점인 카메라 중심(camera center)에 위치하며, 상이 맺히는 영상 평면(image plane)은 원래대로라면 카메라 중심 뒤쪽으로 역으로 상이 맺히지만 편의상 카메라 중심 앞쪽으로 놓고 모델링한다. 카메라의 X, Y, Z축은 각각 수평축, 수직축, 광축(optical axis)이라고 부르는데, 광축은 카메라의 빛(ray)의 직진 방향으로써 주축(principal axis)이라고 부르기도 한다. 광축과 영상 평면이 만나는 점은 2차원 영상 평면 안의 한 점으로써 주점(principal point)이라고 하며, 카메라 중심으로부터 주점까지의 거리가 카메라의 초점거리(focal length)이다. 이제 카메라의 투영(projection)에 의해서 촬영하고자 하는 3차원 장면의 각 점은 2차원 영상 평면으로 투영된다.

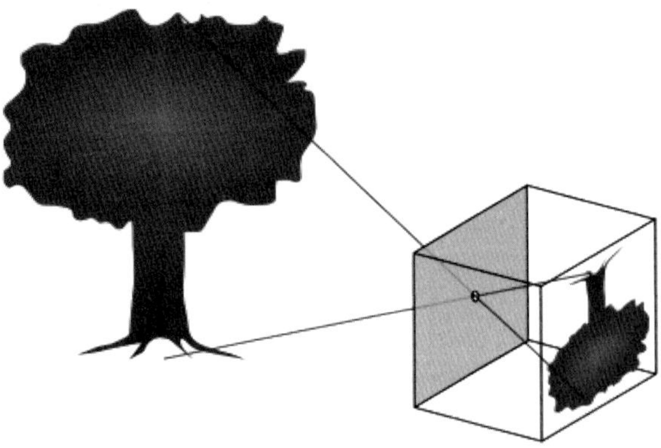

△ 그림 3-1 핀홀 카메라의 원리

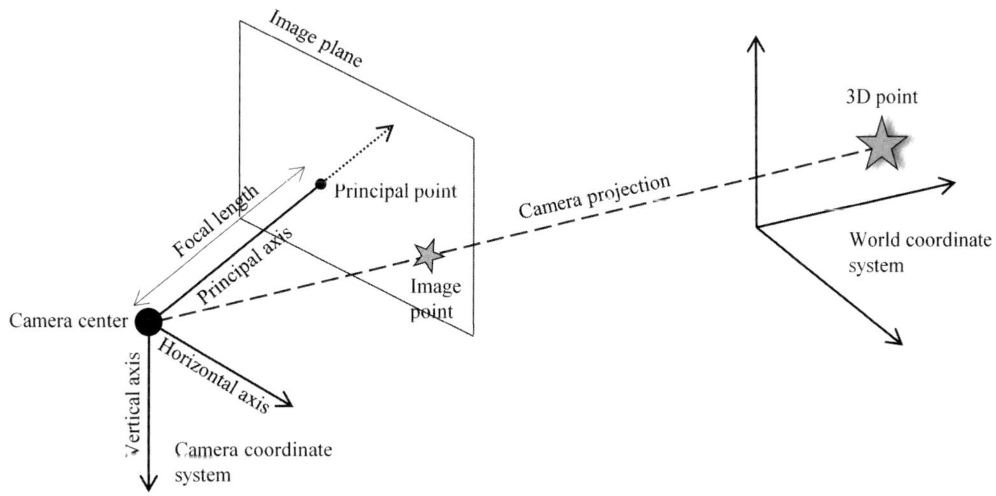

△ 그림 3-2 핀홀 카메라 모델

카메라의 투영 과정을 좀 더 자세히 살펴보기 위해 다음과 같은 가정이 필요하다. 먼저 카메라가 세계 좌표계의 원점에 세계 좌표계의 세 축과 동일한 축을 가지고 위치해 있고, 또 주점의 좌표가 $(0, 0)^{\mathrm{T}}$이라고 가정했을 때, 카메라 좌표계의 X축 방향에서 바라본 Y-Z 축이 이루는 평면은 〈그림 3-3〉과 같이 나타낼 수 있다.

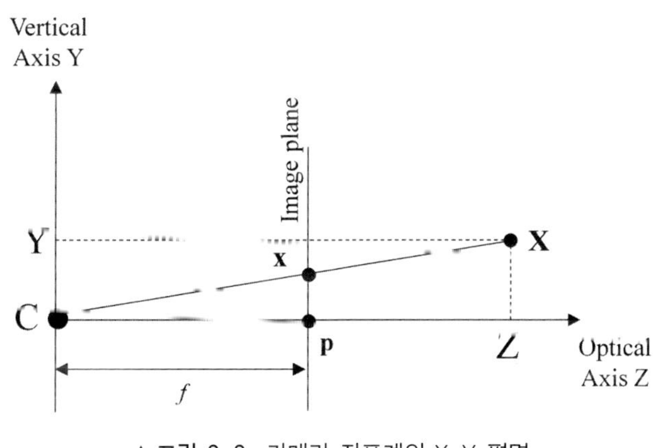

△ 그림 3-3 카메라 좌표계의 X-Y 평면

〈그림 3-3〉에서 f는 초점거리, p는 광축과 영상평면이 만나는 주점이며, 3차원 공간상의 한 점 $\mathbf{X} = (X, Y, Z)^{\mathrm{T}}$가 영상 평면의 한 점 $\mathbf{x} = (x, y)^{\mathrm{T}}$로 투영된다. 이때, y좌표는 거리 비율에 의해 fY/Z로 계산되며, 동일하게 x좌표는 fX/Z로 계산된다. 즉 카메라의 투영에 의해서 3차원 공간상의 점 **X**가 영상평면 위의 점 **x**로 투영되는 것을 동차 좌표계

(homogeneous coordinate)로 표현하면 식 (3-1)과 같다.

동차 좌표계는 영상의 투영 혹은 사영의 기하학에서 계산상의 편의를 위해 점의 좌표를 한 차원을 추가하여 표현하는 것을 말한다. 즉, 식 (3-1)에서 $(X,\ Y,\ Z,\ 1)^T$로 표현된 것은 3차원 공간상의 점 **X**가 4행에 1을 추가하여 동차 좌표계로 표현된 것이며, 이것을 다시 원래대로(비동차 좌표계, inhomogeneous coordinate)로 돌리기 위해서는 추가했던 차원의 숫자로 각 행을 나눠주며 원래의 차원으로 돌아간다. $(fX,\ fY,\ Z)^T$도 2차원 점 **x**가 동차 좌표계로 표현된 것이다.

$$\begin{pmatrix} X \\ Y \\ Z \\ 1 \end{pmatrix} \rightarrow \begin{pmatrix} fX \\ fY \\ Z \end{pmatrix} = \begin{bmatrix} f\,0\,0\,0 \\ 0\,f\,0\,0 \\ 0\,0\,1\,0 \end{bmatrix} \begin{pmatrix} X \\ Y \\ Z \\ 1 \end{pmatrix} \tag{31}$$

위 식에서 3×4행렬을 P라고 정의하고, 이것을 카메라 투영행렬(projection matrix)이라고 부른다. 따라서 3차원 공간의 점 **X**는 카메라 투영행렬 P를 통해 영상 평면의 점 **x**로 식 (3-2)와 같이 투영되며, 이것이 카메라의 촬영을 수학적으로 표현한 것이다.

$$\mathbf{x} = \mathbf{PX} \tag{3-2}$$

이제, 카메라 투영 행렬을 정의하기 위해 가정했던 내용들을 식 (3-2)에 반영한다. 먼저, 주점의 좌표가 $(0,\ 0)^T$이라고 가정하였는데, 실제로는 〈그림 3-2〉에 보인 것처럼 영상 평면 중앙 부근의 한 점에 위치한다. 이 점의 위치를 $(p_x,\ p_y)^T$라고 하면 **X**는 P에 의해 $\mathrm{x} = (fX/Z + p_x,\ fY/Z + p_y)^T$로 투영되므로, 식 (3-1)은 식 (3-3)과 같이 다시 쓸 수 있다.

$$\begin{pmatrix} X \\ Y \\ Z \\ 1 \end{pmatrix} \rightarrow \begin{pmatrix} fX + Zp_x \\ fY + Zp_y \\ Z \end{pmatrix} = \begin{bmatrix} f & 0 & p_x & 0 \\ 0 & f & p_y & 0 \\ 0 & 0 & 1 & 0 \end{bmatrix} \begin{pmatrix} X \\ Y \\ Z \\ 1 \end{pmatrix} \tag{3-3}$$

식 (3-3)의 P로부터 행렬 A를 식 (3-4)와 같이 분리해 내면, 식 (3-3)은 식 (3-5)와 같이 다시 쓸 수 있다. 행렬 A는 카메라의 고유특성(초점거리, 주점의 좌표 등)을 나타내는 변수들로 구성된 카메라 내부 행렬(intrinsic matrix)이다. 카메라의 투영에서 내부 행렬이 분리되면서 카메라 좌표계가 세계 좌표계와 동일한 위치와 동일한 방향에 존재한다는 〈그림 3-4〉와 같은 가정을 일반화하기 위해 X를 X와 X_{cam}으로 분리한다. 이 둘은 공간상에서는 같은 점이지만, X는 세계 좌표계로 표현된 점, X_{cam}은 카메라 좌표계로 표현된 점이다.

$$A = \begin{bmatrix} f & 0 & p_x \\ 0 & f & p_y \\ 0 & 0 & 1 \end{bmatrix} \tag{3-4}$$

$$x = A[I|0]X_{cam} = \begin{bmatrix} f & 0 & p_x \\ 0 & f & p_y \\ 0 & 0 & 1 \end{bmatrix} \begin{bmatrix} 1 & 0 & 0 & 0 \\ 0 & 1 & 0 & 0 \\ 0 & 0 & 1 & 0 \end{bmatrix} \begin{pmatrix} X \\ Y \\ Z \\ 1 \end{pmatrix} \tag{3-5}$$

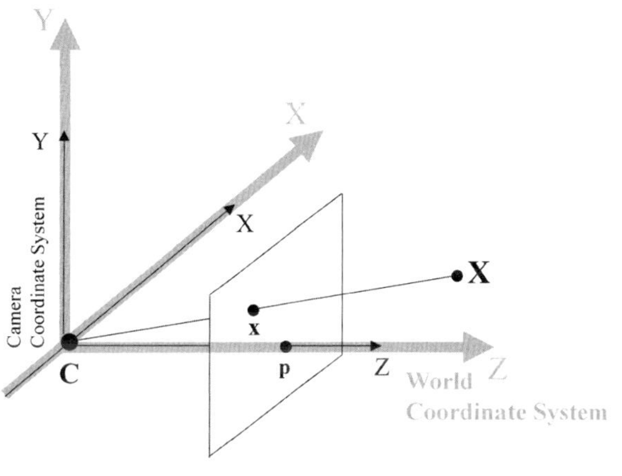

△ 그림 3-4 세계 좌표계와 카메라 좌표계가 동일한 경우

일반적인 경우 세계 좌표계와 카메라 좌표계는 위치도 방향도 서로 다르다. 〈그림 3-5〉와 같이, 카메라 좌표계는 세계 좌표계의 한 점 C에 위치하며, 축의 방향도 틀어져 있다 이때, X와 X_{cam}의 관계는 식 (3-6)과 같이 3×3 회전 행렬(rotation matrix) R과 카메라 중심의 위치 C에 의해서 표현된다. 비동차 좌표계로 나타내어진 식 (3-6)을 그대로 해석하면, 카메라 좌표계는 세계 좌표계로부터 C만큼 떨어져 있고, R만큼 회전된 것이다. 식 (3-6)의 ~표시는 비동차 좌표계로 표현되었음을 나타낸다.

$$\widetilde{X}_{cam} = R(\widetilde{X} - \widetilde{C}) \tag{3-6}$$

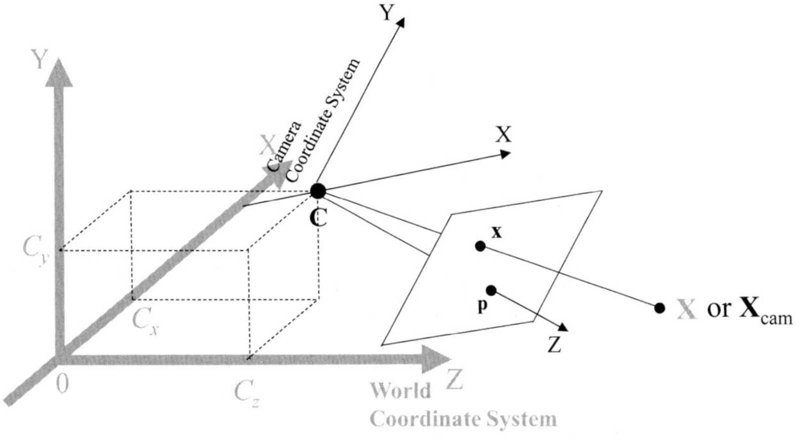

△ 그림 3-5 세계 좌표계와 카메라 좌표계의 관계

식 (3-6)을 동차 좌표계로 다시 나타내면, 식 (3-7)과 같이 $\mathbf{X}$와 $\mathbf{X}_{cam}$의 관계를 표현할 수 있다.

$$\mathbf{X}_{cam} = \begin{bmatrix} \mathbf{R} & -\mathbf{R}\widetilde{\mathbf{C}} \\ 0 & 1 \end{bmatrix} \begin{pmatrix} X \\ Y \\ Z \\ 1 \end{pmatrix} \tag{3-7}$$

이제 식 (3-7)을 식 (3-5)에 대입하면 식 (3-8)과 같은 결과를 얻게 되며, $-\mathbf{R}\widetilde{\mathbf{C}}$를 이동 벡터(translation vector) $\mathbf{t}$로 정의하면 카메라의 투영은 최종적으로 식 (3-9)와 같이 A, R, $\mathbf{t}$로 정리된다. 따라서 카메라 투영 행렬 P는 식 (3-10)과 같고, 내부 행렬 A의 값인 f와 $\mathbf{p}$를 카메라의 내부 변수(intrinsic parameters), 그리고 회전 행렬 $\mathbf{R}$과 이동 벡터 $\mathbf{t}$를 일컬어 카메라의 외부 변수(extrinsic parameters)라고 부른다. 또한, 내부 변수와 외부 변수 모두를 가리켜 카메라 매개변수라고 한다.

$$\mathbf{x} = \mathbf{A}[\mathbf{R} | -\mathbf{R}\widetilde{\mathbf{C}}]\mathbf{X} \tag{3-8}$$

$$\mathbf{x} = \mathbf{A}[\mathbf{R} | \mathbf{t}]\mathbf{X} \tag{3-9}$$

$$\mathbf{P} = \mathbf{A}[\mathbf{R} | \mathbf{t}] \tag{3-10}$$

여기서 카메라 내부 변수는 일반적으로 사용되는 CCD(Charged Coupled Device) 카메라에서 화소의 비직교성(non-othogonality)과 CCD의 화소의 개수를 고려해야 한다. 화소의 비직교성을 나타내기 위해서는 비틀림(skewness) 변수 s를 사용하며, 화소가 직교일 경우, 즉 영상 평면의 내각이 모두 직각일 때는 이 변수의 값이 0이 된다. 대부분의 카메라들은 비틀림 변수의 값이 0으로 근사화한다. 또한, 화소의 영상 평면의 x축과 y축으로 각각 m_x, m_y개의 화소가 존재할 때, 카메라 내부행렬은 식 (3-11)과 같이 나타낼 수 있다.

$$\mathbf{A}=\begin{bmatrix} fm_x & s & p_x m_x \\ 0 & fm_y & p_y m_y \\ 0 & 0 & 1 \end{bmatrix}=\begin{bmatrix} \alpha_x & s & x_0 \\ 0 & \alpha_y & y_0 \\ 0 & 0 & 1 \end{bmatrix} \tag{3-11}$$

3.1.2 카메라 보정

앞 절에서 소개한 카메라 매개변수는 3차원 입체 영상 제작을 위한 영상처리 과정에 없어서는 안될 중요한 정보이다. 하지만, 카메라는 촬영을 통해 영상만 제공할 뿐, 카메라 매개변수는 계산을 통해 예측하여 사용해야 한다. 카메라 매개변수의 정확도는 이후 카메라 매개변수를 이용한 모든 처리 과정에 영향을 미치기 때문에 정확한 카메라 매개변수를 구하는 것이 매우 중요하다. 카메라 매개변수를 계산하는 과정을 카메라 보정이라고 한다 [56]. 카메라 보정은 보정을 위한 객체가 없는 일반적인 영상에 적용하는 방법과, 카메라 보정용 객체를 따로 촬영한 영상을 기반으로 카메라 매개변수를 계산하는 객체 기반의 방법이 있다.

객체를 이용하지 않고 카메라 매개변수를 구할 때에는 카메라 내부 변수를 먼저 예측한다. 그리고 외부 변수인 카메라의 회전과 이동 위치를 예측된 3차원 정보와의 상관도를 이용하여 계산한다 [57]. 이 방법은 카메라 보정을 위한 객체의 영상이 필요 없기 때문에 간단하고, 기존에 촬영된 영상에 대해서도 적용할 수 있는 장점이 있으나, 객체 기반 방법에 비해 정확도가 떨어진다.

객체 기반 방법은 카메라가 고정된 상태에서 카메라 보정을 위한 객체를 촬영하고, 객체 상의 3차원 점들과 영상에 투영된 2차원 점들의 관계를 이용하여 카메라 매개변수를 계산한다. 특징점 추출의 용이성을 위해 카메라 보정 객체는 〈그림 3-6〉과 같이 다양한 모양과 무늬를 가지며, 이러한 객체를 다양한 위치에서 여러 각도로 촬영하여 카메라 보정에 이용한다. 본 절에서는 격자 패턴 객체 기반의 카메라 보정 방법에 대해 간단히 소개한다 [58].

△ 그림 3-6 카메라 보정을 위한 격자 패턴 객체의 촬영

먼저, 카메라 보정을 위한 격자 패턴 객체를 촬영한 후, 객체 위의 모든 코너점들을 추출한다. 추출시 객체의 판이 각각 세계 좌표계의 X, Y축이라고 가정하면, 추출된 점들의 좌표에서 모든 Z축의 값은 0이 된다. 또한, 추출된 점은 영상평면상의 2차원 좌표도 가지고 있다. 따라서, 식 (3-9)는 다음과 같이 다시 쓸 수 있다.

$$\mathbf{x} = \mathbf{A}[\mathbf{R}|\mathbf{t}]\begin{pmatrix} X \\ Y \\ Z \\ 1 \end{pmatrix} = \mathbf{A}[\mathbf{r}_1\ \mathbf{r}_2\ \mathbf{t}]\begin{pmatrix} X \\ Y \\ 1 \end{pmatrix} \tag{3-12}$$

이제, 식 (3-13)과 같이 호모그래피(homography) 행렬을 정의하여 추정함으로써 카메라 변수를 계산할 수 있다.

$$\mathbf{H} = \mathbf{A}[\mathbf{r}_1\ \mathbf{r}_2\ \mathbf{t}] \tag{3-13}$$

n개의 점에 대하여 식 (3-13)을 풀면 식 (3-14)와 같이 쓸 수 있다. 여기서 A는 $2n \times 9$ 행렬이 되며, 최종적으로 식 (3-15)를 최소화하는 최소자승법으로 호모그래피 행렬을 계산할 수 있다.

$$\begin{bmatrix} x_1 & y_1 & 1 & 0 & 0 & 0 & -x'_1x_1 & -x'_1y_1 & -x'_1 \\ 0 & 0 & 0 & x_1 & y_1 & 1 & -y'_1x_1 & -y'_1y_1 & -y'_1 \\ \vdots & \vdots & \vdots & \vdots & \vdots & \vdots & \vdots & \vdots & \vdots \\ x_n & y_n & 1 & 0 & 0 & 0 & -x'_nx_n & -x'_1y_n & -x'_n \\ 0 & 0 & 0 & x_n & y_n & 1 & -y'_nx_n & -y'_ny_n & -y'_n \end{bmatrix} \begin{bmatrix} h_{00} \\ h_{01} \\ h_{02} \\ h_{10} \\ h_{11} \\ h_{12} \\ h_{21} \\ h_{22} \\ h_{23} \end{bmatrix} = \begin{bmatrix} 0 \\ 0 \\ \vdots \\ 0 \\ 0 \end{bmatrix} \tag{3-14}$$

$$\|\mathbf{Ah} - \mathbf{0}\|^2 \tag{3-15}$$

이와 같은 카메라 보정에 가장 많이 사용되는 소프트웨어는 MATLAB에서 사용가능한 공개 소프트웨어인 Camera Calibration Toolbox이다 [59]. Camera Calibration Toolbox는 매우 유용한 툴로써, 격자 무늬 패턴 영상을 이용하여 카메라 매개변수를 계산하는 것은 물론 결과에 대한 다양한 분석 데이터와 그림을 제공한다. 또한, 렌즈 왜곡이 발생한 영상에 대해 렌즈 왜곡 보정까지 수행할 수 있다. Camera Calibration Toolbox는 Caltech에서 개발하여 제공하고 있으며, 아래의 웹사이트에서 다운로드 받을 수 있다.

http://www.vision.caltech.edu/bouguetj/calib_doc/

Camera Calibration Toolbox를 사용하여 카메라 매개변수를 구하기 위해서는 먼저 격자 무늬 패턴 영상을 촬영해야 한다. 〈그림 3-7〉은 10장의 패턴 영상을 촬영한 것을 보여준다. 영상을 촬영할 때에는 다양한 위치에서 다양한 포즈로 패턴 영상을 촬영해야 한다. 정확한 카메라 보정을 위해서는 최소 10장 내외의 촬영이 적당하다.

△ 그림 3-7 카메라 보정을 위한 격자 무늬 패턴 영상

이제 Camera Calibration Toolbox를 다운로드 받아서 압축을 해제한 뒤, 해당 폴더 내의 calib.gui 파일을 MATLAB에서 실행시킨다. 또한 〈그림 3-7〉의 패턴 영상들도 같은 폴더로 이동시킨다. Camera Calibration Toolbox를 실행시키면 〈그림 3-8〉과 같은 윈도우가 생성된다.

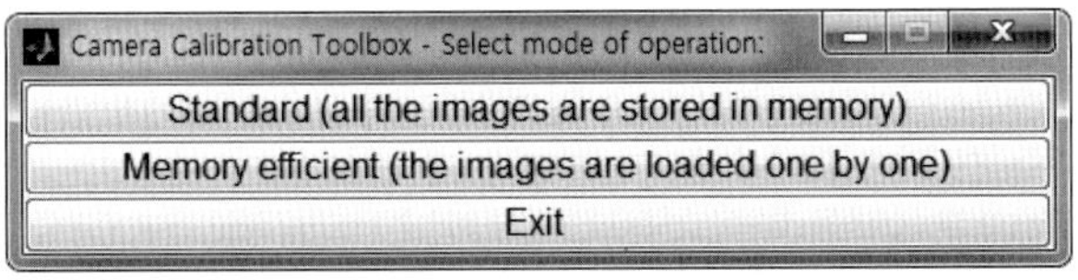

△ 그림 3-8 Camera Calibration Toolbox의 첫 실행화면

이때, 첫 번째 항목인 Standard를 선택하면, 〈그림 3-9〉와 같은 화면으로 넘어가면서 본격적으로 카메라 보정을 시작할 수 있게 된다. 첫 번째 단계는 패턴 영상을 읽어오는 것으로써, 〈그림 3-9〉의 Image names를 선택한다. 그러면 아래와 같이 불러올 영상의 Basename을 묻는 질문이 MATLAB 실행창(Command Window)에 나타난다.

```
Basename camera calibration images (without number nor suffix):
```

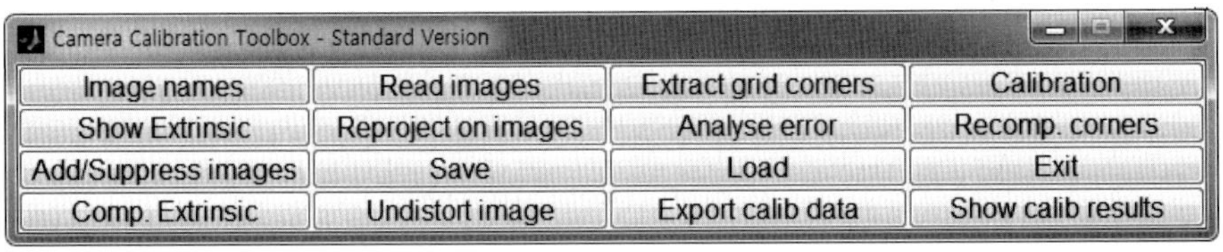

△ 그림 3-9 Camera Calibration Toolbox의 세부 메뉴

〈그림 3-9〉에서 Basename이라는 것은 일종의 접두사로써, 패턴 영상의 파일 이름의 형태를 Basename과 패턴영상 번호로 만들어주면, 해당 Basename과 번호를 가지는 폴더 내에 있는 영상을 순차적으로 불러오게 된다. 〈그림 3-7〉의 10장의 영상은 아래와 같은 파일 이름을 가지고 있다고 가정한다.

```
p01.bmp, p02.bmp, p03.bmp, ... , p10.bmp
```

그러면, 이와 같은 영상의 Basename은 p가 되므로 p를 입력해준다. 그러면 파일 확장자에 대한 질문이 아래와 같이 한번 더 나온다.

```
Image format: ([]='r'='ras', 'b'='bmp', 't'='tif', 'p'='pgm', 'j'='jpg', 'm'='ppm')
```

일반적으로 사용되는 bmp, jpg, tif, pgm, ppm 등을 지원하므로 사용할 파일 포맷에 맞게 명령을 입력해준다. 여기서는 비트맵 파일을 사용하므로 b를 입력해주면 10장의 영상을 모두 불러와서 〈그림 3-10〉과 같이 보여준다. 이것으로 카메라 보정을 위한 패턴 영상 입력은 끝났으므로, 〈그림 3-10〉의 창은 닫아도 된다.

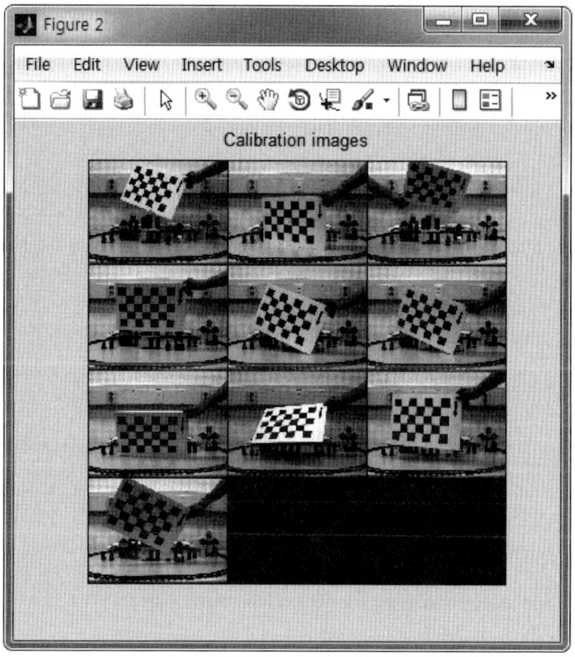

△ 그림 3-10 입력된 패턴 영상

이제 각 영상에서 코너점들을 추출하기 위하여 〈그림 3-9〉에서 Extract grid corners를 클릭한다. 그러면 코너점을 추출하기 이전에 다음과 같은 몇 가지의 질문이 나온다.

```
Extraction of the grid corners on the images
Number(s) of Image(s) to process ([] = all images) =
```

위 질문은 모든 패턴 영상들에 대해 코너점들을 추출할 것임을 묻는 질문이기 때문에, 모든 영상을 사용할 때에는 아무것도 입력하지 않고 넘기면 된다. 일부만 사용하고 싶을 경우에는 원하는 숫자를 입력하면 첫 장부터 입력한 숫자만큼 코너점 추출을 수행한다.

```
Window size for corner finder (wintx and winty):
wintx ([] = 8) =
winty ([] = 8) =
```

위 질문은 코너점 추출시 설정되는 윈도우의 크기에 대한 질문이다. 질문에서 제공되는 숫자는 입력된 영상의 해상도에 맞추어서 자동 제공된 크기이며, 화소 단위는 아니다. 수동 방식으로 수행되는 코너점 추출에 있어서 윈도우 크기가 너무 크면 윈도우 안에 여러 개의 코너점이 포함되어 제대로 추출이 되지 않을 수가 있고, 또한 윈도우 크기가 너무 작아서 윈도우 안에 코너점이 존재하지 않을 경우에도 문제가 될 수 있다. 일반적으로, 해상도에 맞게 제공되는 크기를 사용하거나, 아니면 한 단계나 두 단계 작은 윈도우를 사용하는 것이 적절하다.

```
Do you want to use the automatic square counting mechanism (0=[]=default)
  or do you always want to enter the number of squares manually (1,other)?
```

윈도우 크기를 결정하면 위와 같은 질문이 나오는데, 이것은 코너점 추출시 사용자가 선택한 영역 내에 몇 개의 사각형이 존재하는지 자동으로 계산할 것인지, 아니면 수동으로 입력할 것인지를 묻는 질문이다. 자동선택도 가능하지만, 오차가 발생할 수도 있기 때문에 수동으로 입력하는 것을 추천한다. 따라서 1, 아니면 혹은 다른 아무 문자를 입력한다. 그러면 〈그림 3-11〉과 같은 창이 생성되며, 첫 번째 패턴 영상에 대한 코너점을 입력받는다.

△ 그림 3-11 코너점 입력을 위한 윈도우

이제 마우스를 이용하여 네 귀퉁이의 코너점을 순서대로 선택한다. 앞서 지정한 크기의 윈도우를 이용하여 코너점 추출이 되기 때문에, 아주 정확한 지점이 아닌 추출하고자 하는 코너점의 근처를 선택하더라도 코너점이 잘 추출되는 것을 확인할 수 있다. 영상이 너무 작아 추출이 어려울 때에는 창을 크게 확대하면 좀 더 정확하게 선택할 수 있다. 점의 선택은 〈그림 3-12〉와 같이 보통 좌측 아래쪽의 점부터 시작해서 시계방향으로 선택한다. 첫 번째 찍는 점이 카메라 보정시 세계 좌표계의 원점이 되며, 네 개의 점으로 생성되는 평면이 세계 좌표계의 X-Y축 평면이 된다.

△ 그림 3-12 네 귀퉁이의 코너점 추출

네 개의 점을 찍으면 〈그림 3-12〉의 마지막 그림과 같이 원점과 X, Y축이 각각 표시되며, 각 축의 방향으로 몇 개의 사각형이 포함되어 있는지, 그 사각형의 한 변의 물리적 길이는 얼마인지 묻는 질문이 다음과 같이 나온다.

```
Number of squares along the X direction ([]=10) =
Number of squares along the Y direction ([]=10) =
Size dX of each square along the X direction ([]=30mm) =
Size dY of each square along the Y direction ([]=30mm) =
```

〈그림 3-7〉의 패턴은 X축 방향으로 7개, Y축 방향으로 5개의 사각형이 있으며, 사각형의 한 변의 길이는 37.5mm이므로 이를 각각 입력해주면, 마지막으로 렌즈 왜곡 보정이 필요한지를 묻는 질문이 나온다. 여기에서는 필요 없으므로 그대로 넘어가면 〈그림 3-13〉과 같이 첫 번째 장에 대한 코너점 추출 결과가 창으로 띄워짐과 동시에 두 번째 영상의 코너점 추출을 위한 창이 뜬다. 두 번째 패턴 영상부터는 네 개의 점을 찍어주는 작업만 필요하고, 나머지 정보인 사각형의 개수나 길이는 첫 번째 영상의 값으로 저장되어 있으므로, 질문이 나올 때 그대로 넘기면 된다.

△ 그림 3-13 첫 번째 패턴 영상의 코너점 추출 결과

열 번째 패턴 영상까지의 코너점 추출이 마무리되면, 점 추출을 위한 창들은 모두 닫고, 〈그림 3-9〉에서 Calibration을 누르면 카메라 보정이 수행되며, 카메라의 내부 변수들이 실행창에 아래와 같이 나타난다. 초점거리와 주점의 좌표, 비틀림 변수가 불확실성(uncertainties)과 함께 표시되며, Distortion은 카메라의 렌즈왜곡의 정도, pixel error는 카메라 보정 과정에서의 re-projection 오차이다. 이 결과는 카메라 내부 행렬의 형태로도 저장되는데, MATLAB의 워크스페이스(Workspace)에 변수 KK로 저장된다.

```
Focal Length:  fc = [ 1322.26971    1318.32442 ] ?[ 8.38011    8.55955 ]
Principal point: cc = [ 523.33435    397.85007 ] ?[ 10.28121    7.14678 ]
Skew:     alpha_c = [ 0.00000 ] ?[ 0.00000  ]
                 => angle of pixel axes = 90.00000 ?0.00000 degrees
Distortion:      kc = [ -0.22554    0.20218    -0.00354    0.00253   0.00000 ]
                 ?[ 0.02410    0.18946    0.00136    0.00132   0.00000 ]
Pixel error:     err = [ 0.15743    0.21688 ]
```

카메라 외부 변수들은 역시 워크스페이스에서 찾을 수 있다. 카메라 회전 행렬은 Rckk로, 이동 벡터는 tckk라는 이름의 변수로 각각 저장된다. 이와 같은 카메라 보정을 통해 계산된 카메라 매개변수는 다음과 같다.

$$
\mathbf{A}=\begin{bmatrix} 1322.27 & 0 & 523.33 \\ 0 & 1318.32 & 397.85 \\ 0 & 0 & 1 \end{bmatrix}
$$
$$
\mathbf{R}=\begin{bmatrix} 0.88 & 0.46 & 0.11 \\ 0.39 & -0.84 & 0.37 \\ 0.26 & -0.28 & -0.92 \end{bmatrix} \qquad (3\text{-}16)
$$
$$
\mathbf{t}=\begin{bmatrix} -220.05 \\ -42.68 \\ 752.36 \end{bmatrix}
$$

카메라 보정이 끝난 후, 〈그림 3-9〉의 Show extrinsic을 선택하면 카메라 외부 변수들의 추출 결과를 도식화하여 보여준다. 〈그림 3-14〉의 두 가지 경우와 같이, 카메라를 중심으로 10장의 패턴 영상을 통해 입력된 패턴의 위치가 어디인지, 아니면 한 장의 패턴을 중심(세계 좌표계)으로 하여 카메라의 위치와 방향을 보여준다.

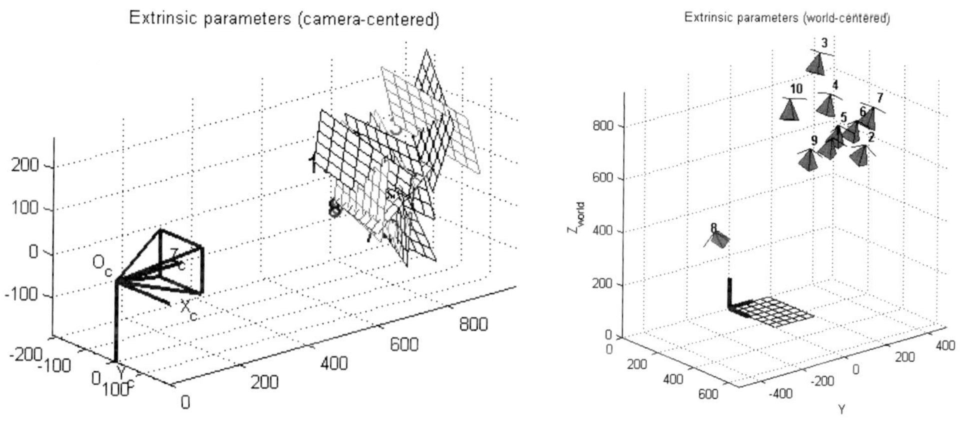

△ 그림 3-14 카메라 외부 변수의 표현

MATLAB을 통한 카메라 보정이 어려운 상황이라면 OpenCV를 이용할 수도 있다. 여기서 OpenCV는 Open Source Computer Vision Library로 Intel에서 제공하는 수천 개의 영상처리 및 컴퓨터 비전 관련 라이브러리이다 [60]. OpenCV에서도 카메라 보정 소스 코드를 아래 웹사이트들 통해 제공하고 있다 [61].

http://docs.opencv.org/trunk/doc/tutorials/calib3d/camera_calibration/camera_calibration.html

3.2 다시점 기하구조 및 기하 오차 보정

이 절에서는 다시점 카메라 배열에 존재하는 물리적 오차로 인해 촬영된 영상에서 화소 단위로 나타나는 시점 간 불일치 문제를 기하 오차(geometric error)로 정의하고, 카메라 매개변수를 이용하여 이 오차를 제거하는 방법을 소개한다. 기하 오차를 제거하는 방법을 소개하기 앞서, 먼저 에피폴라 기하학(epipolar geometry)을 살펴보고, 기하 오차 보정의 선행 연구라 볼 수 있는 양안식 영상 정렬(image rectification)에 대해 간단히 살펴본 후, 평행형 다시점 카메라 배열과 수렴형 다시점 카메라 배열에 대한 기하 오차 보정 방법을 소개한다.

3.2.1 에피폴라 기하학

에피폴라 기하학은 3차원 공간의 한 점과 이 점이 인접한 두 카메라, 즉, 두 영상 평면으로 투영되는 상황에서 발생하는 점, 선, 면의 관계를 나타낸다. 〈그림 3-15〉는 에피폴라 기하학을 보여준다. 3차원 공간의 한 점 X는 카메라 C와 C'의 영상 평면위의 점 **x**와 **x**'로 각각 투영된다. 이 때, X와 **x**, **x**' 그리고 C와 C'는 모두 동일 평면상에 위치한다. 이 평면을 에피폴라 평면(epipolar plane)이라 부르고, π로 표시한다. C와 C'을 잇는 직선은 베이스라인(baseline)이라고 하며, 베이스라인이 각 영상 평면과 만나는 점 e를 에피폴(epipole)이라고 부른다. 여기서 **x**와 e, 그리고 **x**'와 e'을 잇는 선을 에피폴라 선(epipolar line)이라고 정의한다.

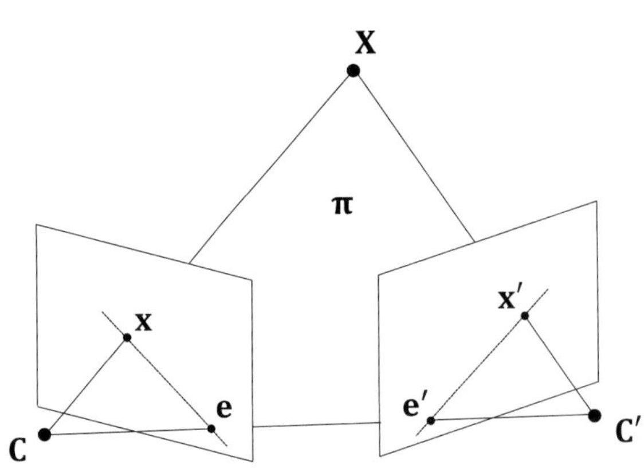

△ 그림 3-15 에피폴라 기하학

에피폴라 선은 매우 중요한 의미를 가진다. X가 한쪽 시점으로 투영된 점 x를 알고 있을 때, 그에 상응하는 반대쪽 시점에서의 x'는 에피폴라 선상에 존재한다. 만약 〈그림 3-15〉와 같은 상황에서 x만 알고 있다고 가정했을 때, 에피폴라 평면 π는 세 점 X, C, C'으로 이미 결정된다. 따라서 〈그림 3-16〉과 같이 X가 반대쪽 시점의 x'로 투영되는 것은 영상 평면과 에피폴라 평면이 만나서 이루는 선인 에피폴라 선상에 존재하게 되는 것이다. 더 정확한 x'를 구하기 위해서는 X의 정확한 3차원 위치가 필요하다. 이것은 x가 가지는 깊이 값과 연관되어 있다.

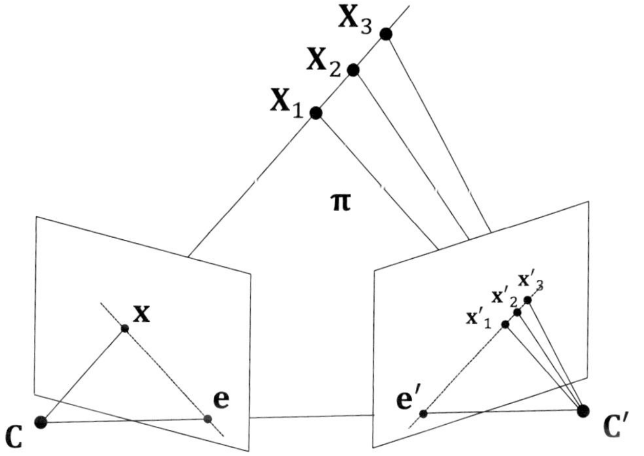

△ 그림 3-16 에피폴라 선과 상응점의 관계

3.2.2 양안식 영상 정렬

앞서 다시점 카메라 배열을 설명할 때, 카메라 배열에서의 물리적인 오차와 카메라 내부 특성 간 차이로 인하여 촬영된 영상에서 기하 오차가 발생한다고 설명했다. 기하 오차는 상응점들에 대하여 수직 방향으로의 불일치와 수평 방향으로의 시차인 변위(disparity) 값의 비균일성으로 나타난다. 양안식 영상의 경우에는 수직 방향으로의 불일치만 존재한다. 이러한 기하 오차는 깊이 정보 생성, 중간 시점 영상 합성, 3차원 영상 압축 등의 처리 과정의 효율을 떨어뜨리는 요인이 된다. 따라서 촬영 이후 기하 오차를 반드시 최소화한 이후 다음 단계로 넘어가야 한다.

영상 정렬은 양안식 영상에서 발생하는 기하 오차를 최소화하는 작업을 말한다. 틀어진 카메라 배열을 정렬한다는 의미인데, 정렬되기 전의 상태가 〈그림 3-15〉과 같다면, 영상 정렬을 통해 기하 오차가 제거된 상태는 〈그림 3-17〉과 같다. 카메라의 위치와 방향이 조절되고, 카메라의 내부 변수들이 조정되어 같은 내부 특성을 가지는 두 개의 카메라가 수평 방향으로의 위치 차이만 가지고 있는 형태가 된다. 양안식 영상 정렬을 위해서는 두 개의 시점 중 한 시점을 기준으로 다른 시점을 맞추는 것도 가능하고, 두 시점을 동시에 변화시켜 정렬하는 방법도 가능하다. 〈그림 3-17〉과 같이 영상이 정렬된 상태에서 볼 수 있는 특성은 에피폴라 선이 두 시점에서 평행하게 나타난다는 것이다. 즉, **x**의 상응점 **x**'는 동일한 수직 좌표를 가지는데, 이것을 같은 스캔라인(scanline) 상에 있다고 말하기도 한다. 이와 같은 정렬된 양안식 영상은 변위를 계산하는 스테레오 정합(stereo matching)의 기본 조건이 되며, 고품질의 3차원 입체 영상을 제작할 수 있는 기초를 다지는 역할을 한다.

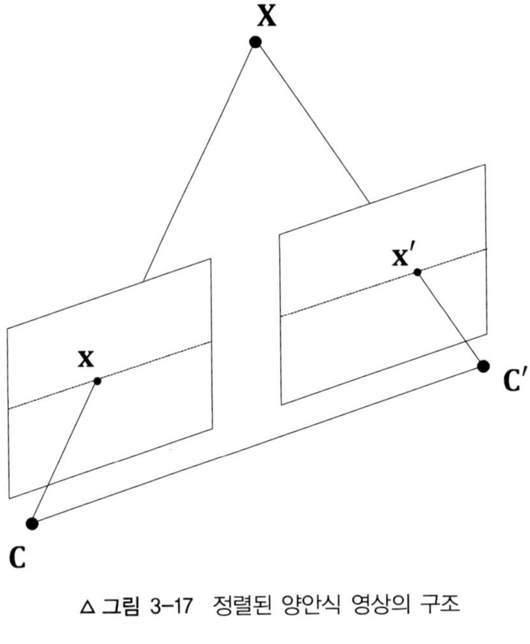

△ 그림 3-17 정렬된 양안식 영상의 구조

〈그림 3-18〉은 카메라 배열에서의 물리적인 오차들이 촬영된 영상에서 화소 단위의 기하 오차로 발생하는 것과 영상 정렬을 통해 이것이 제거되었음을 보여준다. 〈그림 3-18(a)〉는 촬영된 상태 그대로의 양안식 영상이다. 두 영상을 겹쳐놓은 〈그림 3-18(c)〉를 보면 상응점임에도 불구하고 수직방향으로 위치 차이가 많이 나는 것을 볼 수 있다. 그러나 영상 정렬이 수행된 〈그림 3-18(b)〉와 〈그림 3-18(d)〉의 결과를 보면 수직방향의 오차가 줄어든 것을 확인할 수 있다. 물론, 〈그림 3-18(b)〉와 같이, 카메라의 위치 이동과 방향 전환, 영상 평면의 이동 등으로 인하여 영상 가장자리에 홀(hole) 영역이 발생하지만, 이것은 후처리로 간단히 제거할 수 있다.

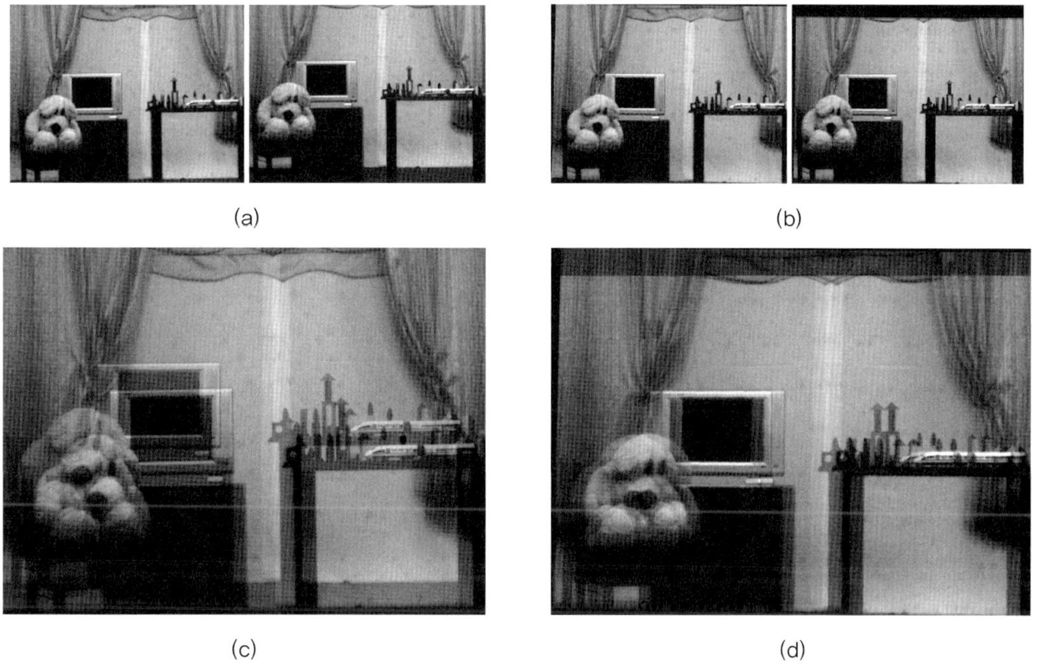

△ 그림 3-18 양안식 영상 정렬

양안식 영상 정렬은 카메라 매개변수 기반으로 수행하는 방법과 영상 특성 기반으로 수행하는 방법이 있다 [62-65]. 일반적으로는 카메라 매개변수 기반의 방법이 정확도가 높고 복잡도가 낮기 때문에 널리 사용되고 있다. 촬영된 양안식 영상에서 카메라 보정을 통해 카메라 매개변수를 계산한 후, 이 매개변수를 기반으로 〈그림 3-17〉과 같은 정렬된 상태의 카메라 매개변수를 예측한다. 예측된 카메라 매개변수와 카메라 보정을 통해 계산된 카메라 매개변수를 통해 얻어지는 각각의 카메라 투영 행렬을 이용하여 각 시점에 대한 3×3 행렬의 정렬 변환(rectifying transform)을 구해 적용하면 〈그림 3-18(b)〉와 같은 결과를 얻을 수 있다.

양안식 영상 정렬은 다시점 영상에서의 기하 오차 보정의 기초가 된다. 따라서 이 절에서는 영상 정렬의 알고리즘 설명을 생략하고, 다음 절의 다시점 기하 오차 보정에서 이를 자세히 설명하려고 한다. 양안식 영상 정렬 알고리즘의 이해와 구현을 돕기 위한 참고자료로 Fusiello가 제안한 양안식 영상 정렬 알고리즘의 MATLAB 소스 코드와 설명이 아래 웹사이트에서 제공된다 [62].

http://www.diegm.uniud.it/fusiello/demo/rect

3.2.3 다시점 영상의 기하 오차 보정

다시점 카메라 배열에서 촬영된 다시점 영상의 기하 오차 보정은 양안식 영상 정렬의 확장이라고 볼 수 있다. 그 이유는, 두 개의 시점에 적용하던 것을 여러 개의 시점에 적용하도록 알고리즘을 변형하기 때문이다. 하지만, 시점의 수가 늘어나기 때문에, 그리고 수렴형 카메라 배열의 경우에는 배열의 형태 자체가 달라지기 때문에 다시점 영상의 경우에는 좀 더 신중하게 접근해야 한다. 또한 영상 정렬의 의미는 〈그림 3-17〉과 같이 영상 평면이 평행하게 되어 모든 에피폴라 선들이 평행하고, 상응점들이 동일한 스캔라인에 존재하게 되는 것인데 수렴형 카메라 배열에서는 이러한 정의가 적용될 수 없다. 따라서 다시점 카메라 배열에서는 영상 정렬이라는 용어 대신 기하 오차 보정이라는 말을 사용한다. 이 절에서는 다시점 배열에서의 기하 오차 보정 방법을 소개한다. 〈그림 3-19〉는 다시점 기하 오차 보정의 흐름도를 보여준다.

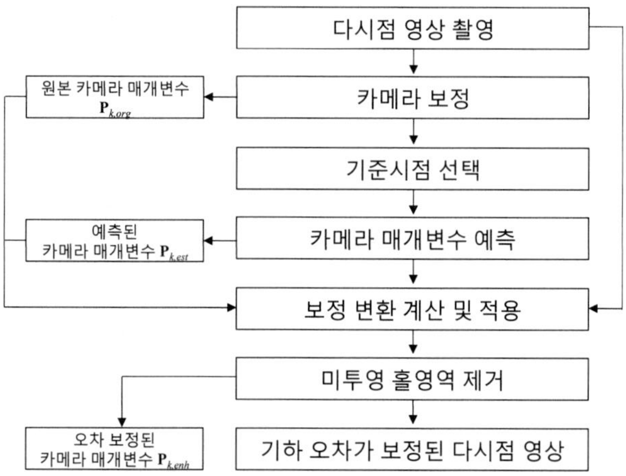

△ 그림 3-19 다시점 기하 오차 보정 흐름도

3.2.3.1 기준 시점 선택

다시점 영상의 촬영과 카메라 보정 이후, 기하 오차 보정을 위해 첫 번째로 수행하는 것은 기준 시점을 선택하는 것이다. 양안식 영상의 경우, 좌우 시점 중 하나를 선택해서 나머지 시점을 맞추는 방법과, 좌우 시점을 동시에 움직여서 영상 정렬을 수행하는 방법도 있다. 하지만 다시점 영상의 경우에는 모든 시점의 영상을 동시에 조절하기보다는, 〈그림 3-20〉과 같이 한 시점을 선택한 후, 이 시점의 카메라 좌표계의 X, Y, Z축을 기준으로 하여 나머지 시점을 맞추어서 기하 오차를 보정하는 것이 효과적이다.

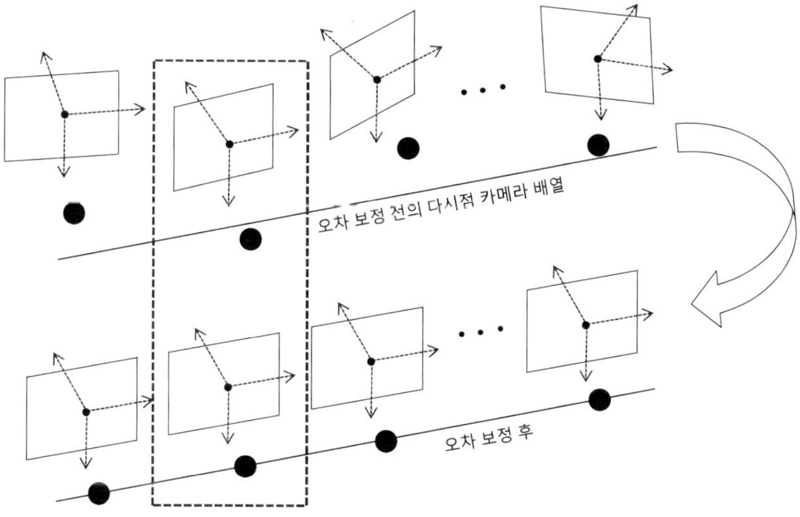

△ 그림 3-20 기준 시점으로부터의 오차 보정

기준 시점을 선택하는 간단한 방법은 가장 가운데에 있는 시점을 선택하는 것이다. 카메라 배열의 물리적 오차를 최대한 제거하고 촬영했다고 가정했을 때, 가운데 시점을 선택하고 그 시점으로부터 양쪽의 시점들을 보정해 나가는 것이다. 하지만 선택된 시점이 다른 시점들에 비해 카메라의 위치나 방향이 많이 틀어져 있는 경우, 이 시점을 기준으로 오차 보정되는 다른 시점들에서 영상의 손실과 왜곡이 크게 발생할 가능성이 매우 크다. 그래서 기준 시점을 안전하게 선택하는 방법도 제안되었다. 카메라의 위치로부터 계산된 직선의 기울기를 고려하여 수평선과 평행한 기준선을 계산하는 방법 [66], 각 카메라좌표계의 X, Y, Z축에서 오차범위 이내의 축들로부터 구해진 평균 방향들과 가장 유사한 카메라를 기준으로 선택하는 방법 [67] 등이 사용된다.

3.2.3.2 카메라 매개변수 예측

기준 시점을 선택한 다음에는 기준 시점의 카메라 좌표계의 X, Y, Z축과 카메라 배열의 물리적 정보인 카메라 간격과 카메라 사이의 각도를 이용하여 기하 오차가 제거된 이상적인 카메라 배열의 카메라 매개변수를 예측한다. 먼저 평행형 카메라 배열에서의 카메라 매개변수 예측 방법을 소개한다.

〈그림 3-20〉에서 이미 보았듯이, 기하 오차가 보정된 평행형 카메라 배열에서의 각 시점은 기준 카메라 좌표계의 X, Y, Z축을 모두 공유한다. 따라서 기준 시점을 r이라고 할 때, n번째 카메라의 회전 행렬 R_n은 식 (3-17)과 같이 정의된다.

$$\mathbf{R}_n = \mathbf{R}_r = \begin{bmatrix} \overrightarrow{\mathbf{X}_r}^{\mathrm{T}} \\ \overrightarrow{\mathbf{Y}_r}^{\mathrm{T}} \\ \overrightarrow{\mathbf{Z}_r}^{\mathrm{T}} \end{bmatrix} \tag{3-17}$$

각 시점의 회전 행렬이 결정된 다음에는 카메라의 위치를 결정한다. 카메라 사이의 간격을 d라고 했을 때, 기준 시점의 카메라 중심으로부터 $\overrightarrow{\mathbf{X}_r}$의 방향으로 존재하는 카메라 중심은 식 (3-18)과 같이 계산할 수 있다.

$$\mathbf{C}_n = \mathbf{C}_r - d(r-n)\overrightarrow{\mathbf{X}_r} \tag{3-18}$$

따라서 식 (3-18)을 이용하여 각 시점의 이동 벡터는 식 (3-19)와 같이 구할 수 있다.

$$\mathbf{t}_n = -\mathbf{R}_n\mathbf{C}_n \tag{3-19}$$

마지막으로 카메라 내부 변수들을 예측할 때 모든 시점에서의 내부 변수가 동일해야 하므로, 여러 가지 방법이 사용될 수 있다. 기준 시점의 내부 변수를 그대로 따르거나, 모든 시점의 내부 변수들의 평균치를 사용하거나, 혹은 각 시점에서의 변수들의 변화량이 최소가 되는 값을 계산하여 사용하는 방법도 있다 [67]. 기준 시점의 내부 변수를 그대로 따른다고 했을 때, 각 시점의 카메라 내부 행렬 $\mathbf{A}_n$은 식 (3-20)과 같이 구할 수 있다.

$$\mathbf{A}_n = \mathbf{A}_r = \begin{bmatrix} f_{x,r} & 0 & p_{x,r} \\ 0 & f_{y,r} & p_{y,r} \\ 0 & 0 & 1 \end{bmatrix} \tag{3-20}$$

지금까지 예측한 카메라 매개변수들을 바탕으로 오차 보정된 카메라 배열에서의 n번째 카메라 투영행렬 $\mathbf{P}'_n$은 식 (3-21)이 된다. 기준 시점인 r번째 시점은 카메라 내부 행렬을 식 (3-20)과 같이 구했을 때에는 $\mathbf{P}'_r = \mathbf{P}_r$이다. 식 (3-21)까지 카메라 매개변수 예측이 끝나면 이상적인 평행형 카메라 배열의 모습을 갖추게 된다.

$$\mathbf{P}'_n = \mathbf{A}_r[\mathbf{R}_r|\mathbf{t}_n] \tag{3-21}$$

지금까지 살펴본 평행형 카메라 배열과는 달리, 지금부터 설명할 수렴형 카메라 배열은 좀 더 복잡한 예측 과정이 필요하다 [66]. 평행형 카메라 배열에서는 식 (3-17)과 같이 모든 시점에서 기준 시점의 회전 행렬을 공유했으나, 수렴형에서는 카메라들이 일정한 각도를 가지고 배열되어 있기 때문이 그렇게 할 수 없다. 따라서 수렴형 카메라 배열에서는, 각 시점에서 기준 시점의 Y축 방향만 공유하고, 나머지 두 축은 기준 시점과 혹은 인접 시점과의 거리와 각도를 고려하여 예측해야 한다. 이 과정은 카메라 중심을 예측하는 과정과 동시에 수행된다.

〈그림 3-21〉은 수렴형 카메라 배열에서 각 시점의 X축과 Z축, 그리고 카메라 중심을 예측하는 과정을 보여 준다. 여기서 θ는 배열이 가지는 카메라 사이의 물리적인 각도이다. 먼저, 기준 시점과 인접한 두 시점의 카메라 중심은 식 (3-22)와 같이 계산할 수 있다. 이 식에서 계수 α는 카메라 사이의 각도를 반영하는 역할로, 간단히 $\alpha = \sqrt{1-\cos^2\theta}$ 와 같이 구할 수 있다. 즉, 기준 시점에 인접한 카메라 중심은 기준 시점의 X축과 Z축이 이루는 평면상에서, 기준시점의 X축과 이루는 각도가 θ인 단위벡터의 방향으로 d만큼 떨어진 곳에 존재한다. 기준 시점의 양쪽 인접 시점의 카메라 중심이 구해지면, 계속해서 인접 시점으로 예측을 확대해 나간다.

$$\mathrm{C}_{r\pm1} = \mathrm{C}_r \pm d\frac{\alpha\overrightarrow{\mathbf{Z}_r} + \overrightarrow{\mathbf{X}_r}}{\|\alpha\overrightarrow{\mathbf{Z}_r} + \overrightarrow{\mathbf{X}_r}\|} \tag{3-22}$$

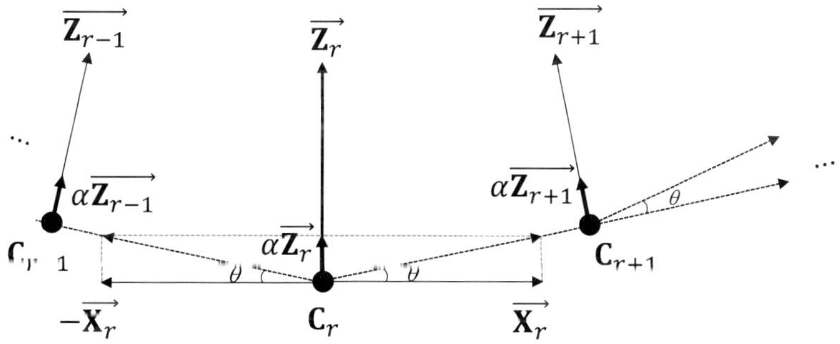

△ 그림 3-21 수렴형 배열에서의 카메라 회전 및 중심 예측

수렴형 카메라 배열에서의 n번째 카메라 회전 행렬은 식 (3-23)과 같이 정의된다. 카메라 중심을 예측할 때 이미 X축의 방향은 구했으며, Y축의 방향은 기준 시점과 공유하고, Z축은 두 축의 외적으로 계산한다.

$$\mathbf{R}_n = \begin{bmatrix} \overrightarrow{\mathbf{X}_n}^{\mathrm{T}} \\ \overrightarrow{\mathbf{Y}_r}^{\mathrm{T}} \\ \left(\overrightarrow{\mathbf{X}_n} \times \overrightarrow{\mathbf{Y}_r}\right)^{\mathrm{T}} \end{bmatrix} \tag{3-23}$$

마지막으로 카메라 내부 변수들은 평행형 카메라 배열에서와 마찬가지로 식 (3-20)과 같이 구한다. 최종적으로 예측된 카메라 매개변수에 의해 만들어지는 n번째 카메라의 투영행렬은 식 (3-24)와 같고, 이것은 이상적인 수렴형 카메라 배열로 표현할 수 있다.

$$\mathbf{P}'_n = \mathbf{A}_r [\mathbf{R}_n | \mathbf{t}_n] \tag{3-24}$$

3.2.3.3 보정 변환 계산 및 적용

기하 오차 보정을 위한 보정 변환의 계산을 위해서 2차원 호모그래피 행렬을 이용한다 [58]. 호모그래피 행렬은 카메라 보정을 통해 계산된 카메라 배열의 원래의 매개변수와 이상적인 카메라 배열의 모델링으로 예측된 카메라 매개변수를 이용하여 식 (3-25)와 같이 계산할 수 있다. 이 식에서 $\mathbf{T}_n$은 n번째 카메라에 대한 보정 변환이며, $\mathbf{P}_n^+$는 n번째 카메라 투영행렬의 유사역행렬(pseudo inverse matrix)를 나타낸다.

$$\mathbf{T}_n = \mathbf{P}'_n \mathbf{P}^+_n \tag{3-25}$$

〈그림 3-22〉는 기하 오차 보정 변환이 평행형 카메라 배열의 각 시점에 적용되는 것을 보여준다. 시점 별로 계산된 보정 변환은 각 시점의 원 영상에 적용되어, 기준 시점을 제외한 다른 시점들에서 카메라의 위치 이동, 방향 전환, 내부 변수의 변화가 일어난다. 그 결과로 기하 오차가 보정된 이상적인 카메라 배열에서의 영상을 획득할 수 있다.

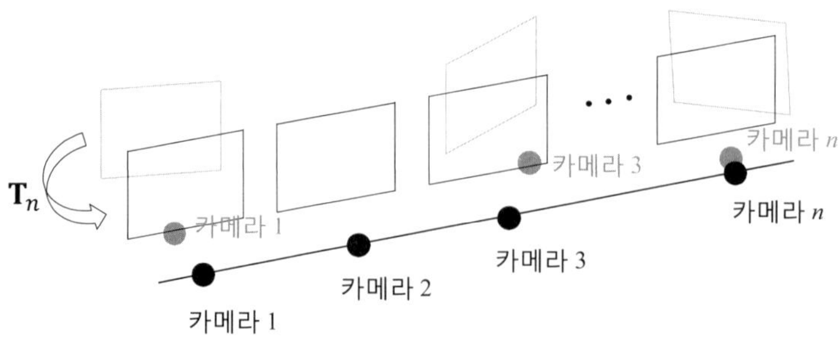

△ 그림 3-22 다시점 영상의 기하 오차 보정 변환

이와 같은 방법을 사용하여 기하 오차 보정을 수행한 결과가 아래 그림들에 나타나 있다. 먼저 〈그림 3-23〉은 평행형 카메라 배열에서 촬영된 다시점 영상과 그 합성 영상을, 〈그림 3-24〉는 수렴형 카메라 배열에서 촬영된 다시점 영상과 그 합성 영상을 보여준다. 두 영상 모두 9대의 카메라로 촬영되었다. 각 그림의 합성 영상에서 보면 알 수 있듯이, 수직과 수평 방향으로 기하 오차가 많이 발생했다.

△ 그림 3-23 평행형 카메라 배열에서 촬영된 9시점 영상

△ 그림 3-24 수렴형 카메라 배열에서 촬영된 9시점 영상

〈그림 3-25〉와 〈그림 3-26〉은 기하 오차 보정된 다시점 영상을 보여 준다. 평행형과 수렴형 카메라 배열에서 존재했던 기하 오차들이 효과적으로 제거된 것을 확인할 수 있다

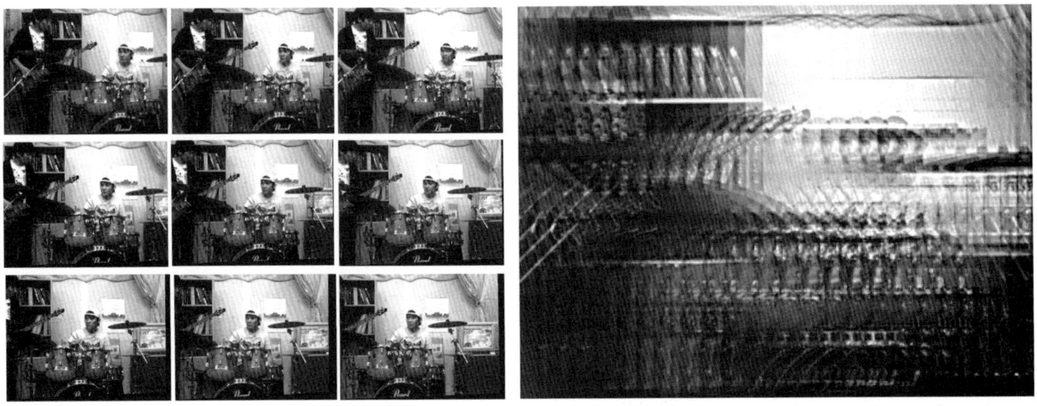

△ 그림 3-25 평행형 카메라 배열에서의 기하 오차 보정 결과

△ 그림 3-26 수렴형 카메라 배열에서의 기하 오차 보정 결과

아래의 소스 코드에는 평행형 카메라 배열에서 기하 오차를 보정하는 핵심 알고리즘이 구현되어있다. 시점은 5개이며, 기준시점은 3번이다. 카메라 보정을 통해 계산된 카메라 매개변수는 각각 변수 A, R, t에 입력되어 있고, 카메라 간 간격은 d이다. 행렬 및 벡터 연산과 보정 변환 적용에 OpenCV 함수들이 사용되었다.

```
// Original camera centers
    for(int i = 0; i < 5; i++)
    {
        cvmMul(A[i], R[i], temp1);
        cvmInvert(temp1, temp2);
        cvmMul(A[i], t[i], temp3);
        cvmMul(temp2, temp3, C[i]);
```

```
        for(int k = 0; k < 3; k++)
        {
            C[i]->data.db[k] *= (-1);
        }
    }

// New (estimated) camera centers
    for(int k = 0; k < 3; k++)
    {
        Cn[0]->data.db[k] = C[2]->data.db[k] - 2 * d* R[2]->data.db[k];
        Cn[1]->data.db[k] = C[2]->data.db[k] - d * R[2]->data.db[k];
        Cn[2]->data.db[k] = C[2]->data.db[k];
        Cn[3]->data.db[k] = C[2]->data.db[k] + d * R[2]->data.db[k];
        Cn[4]->data.db[k] = C[2]->data.db[k] + 2* d * R[2]->data.db[k];
    }

// new (estimated) intrinsic, rotation, and translation
    for(int i = 0; i < 5; i++)
    {
        for(int k = 0; k < 9; k++)  // intrinsic
        {
            An[i]->data.db[k] = A[2]->data.db[k];
            Rn[i]->data.db[k] = R[2]->data.db[k];
        }

        cvmMul(Rn[i], Cn[i], tn[i]);            // translation
        for(int k = 0; k < 3; k++)
        {
            tn[i]->data.db[k] *= (-1);
        }
    }

// Transform
    temp3x3 = cvCreateMat(3, 3, CV_64FC1);
    for(int i = 0; i < 5; i++)
    {
        P[i] = cvCreateMat(3, 4, CV_64FC1);
        Pn[i] = cvCreateMat(3, 4, CV_64FC1);
        PI[i] = cvCreateMat(4, 3, CV_64FC1);
```

```
        TR[i] = cvCreateMat(3, 3, CV_64FC1);
    }

    for(int i = 0; i < 5; i++)
    {
        cvmMul(A[i], R[i], temp3x3);            // Original projection matrix
        cvmMul(A[i], t[i], temp3);

        P[i]->data.db[0] = temp3x3->data.db[0];
        P[i]->data.db[1] = temp3x3->data.db[1];
        P[i]->data.db[2] = temp3x3->data.db[2];
        P[i]->data.db[4] = temp3x3->data.db[3];
        P[i]->data.db[5] = temp3x3->data.db[4];
        P[i]->data.db[6] = temp3x3->data.db[5];
        P[i]->data.db[8] = temp3x3->data.db[6];
        P[i]->data.db[9] = temp3x3->data.db[7];
        P[i]->data.db[10] = temp3x3->data.db[8];
        P[i]->data.db[3] = temp3->data.db[0];
        P[i]->data.db[7] = temp3->data.db[1];
        P[i]->data.db[11] = temp3->data.db[2];


// New projection matrix
        cvmMul(An[i], Rn[i], temp3x3);
        cvmMul(temp3x3, Cn[i], temp3);

        Pn[i]->data.db[0] = temp3x3->data.db[0];
        Pn[i]->data.db[1] = temp3x3->data.db[1];
        Pn[i]->data.db[2] = temp3x3->data.db[2];
        Pn[i]->data.db[4] = temp3x3->data.db[3];
        Pn[i]->data.db[5] = temp3x3->data.db[4];
        Pn[i]->data.db[6] = temp3x3->data.db[5];
        Pn[i]->data.db[8] = temp3x3->data.db[6];
        Pn[i]->data.db[9] = temp3x3->data.db[7];
        Pn[i]->data.db[10] = temp3x3->data.db[8];
        Pn[i]->data.db[3] = (-1) * temp3->data.db[0];
        Pn[i]->data.db[7] = (-1) * temp3->data.db[1];
        Pn[i]->data.db[11] = (-1) * temp3->data.db[2];

        cvPseudoInverse(P[i], PI[i]);             // Transform
        cvmMul(Pn[i], PI[i], TR[i]);
    }
```

```
// Applying transform
    for(int i = 0; i < 5; i++)
    {
        cvWarpPerspective(src_img[i], output[i], TR[i], CV_INTER_LINEAR + CV_WARP_FILL_OUTLIERS,
cvScalar(0));
    }
```

3.2.3.4 미투영 홀 영역 제거

〈그림 3-25〉와 〈그림 3-26〉에 보인 오차를 보정한 영상에서는 영상의 가장자리에 검정색 홀 영역이 나타난다. 이것은 카메라와 영상 평면이 보정 변환을 통해 움직이면서 영상 정보가 없는 영역이 드러난 것이다. 따라서 기하 오차가 보정된 다시점 영상을 3차원 입체 콘텐츠로 사용하기 위해서는 이러한 미투영 홀 영역을 없애야 한다. 홀 영역을 제거하는 방법은 초점거리를 조절하는 방법과 영상을 직접 잘라내는 방법이 있다.

먼저 초점거리를 조절하는 방법으로 홀 영역을 제거할 수 있다. 식 (3-20)에서 카메라 내부 변수를 예측할 때 초점거리에 양의 오프셋(offset) 값을 더해주면, 영상평면이 카메라 중심으로부터 멀어지면서 일종의 줌인(zoom-in) 효과가 나타나게 된다. 초점거리의 오프셋은 보정 변환에 그대로 반영되어, 한 번의 변환으로 홀 영역을 제거할 수 있는 간단하고 효과적인 방법이다.

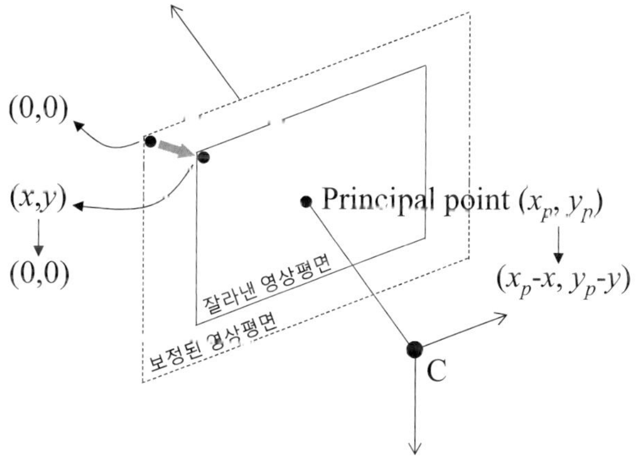

△ 그림 3-27 홀영역 제거 후 주점 좌표의 수정

두 번째 방법은 보정 변환을 적용한 후 영상을 잘라내는 것이다. 각 시점의 영상에서 영상 정보가 존재하는 교집합의 개념으로 위쪽, 아래쪽, 왼쪽, 오른쪽의 홀 영역을 잘라낸다. 잘라낸 이후에는 〈그림 3-27〉과 같이 카메라의 주점 좌표를 수정해야 한다. 영상의 원점이 다른 값을 가지도록 이동되었기 때문에, 주점의 좌표도 원래의 값에서 이동된 값만큼 빼주어야 올바른 카메라 매개변수의 역할을 할 수 있다.

미투영 홀 영역 제거를 위한 두 가지 방법의 결과가 〈그림 3-28〉에 나타나 있다. 두 방법은 각각 장단점을 가지는데, 초점거리를 이용한 방법은 앞서 언급했듯이 간단하게 보정 변환에 포함시켜서 적용할 수 있지만, 홀영역이 커서 오프셋 값이 커질 경우 영상이 지나치게 확대될 가능성이 있다. 영상의 지나친 확대는 화질 저하와 더불어 촬영된 객체 영상의 손실로 이어질 수도 있다. 홀 영역을 직접 잘라내는 방법은 영상의 확대나 손실이 없지만 수행해야 하는 단계가 늘어나고 촬영된 원영상의 가로세로 비율이 바뀐다는 단점이 있다. 물론 비율을 유지하면서 잘라낼 수도 있지만, 이때에도 역시 촬영된 객체 영상의 손실이 발생할 수 있다. 즉, 다시점 영상의 기하 오차 보정을 수행하는 것도 중요하지만, 촬영에 앞서 카메라 배열을 꼼꼼히 점검하여 보정으로 인한 손실과 왜곡이 최소가 되도록 하는 것도 매우 중요하다.

(a) 기하 오차 보정된 영상　　(b) 초점 거리 증가　　(c) 직접 잘라냄

△ 그림 3-28　미투영 홀 영역 제거 결과

3.3 다시점 영상의 색상 보정

3.3.1 다시점 영상의 색상 불일치 문제

일반적으로 다시점 카메라 배열을 구성할 때에는 여러 대의 동일한 기종의 카메라를 사용한다. 동일한 카메라를 사용하는 경우, 촬영된 각 시점의 영상에서 동일한 색상 특성을 보

인다고 생각하기 쉽다. 그러나 시점 별 조명의 차이, 셔터나 조리개 등의 기계적인 특성 차이, CCD나 CMOS 소자의 전자적 특성 차이 등에 의해 시점마다 다른 색상 특성이 나타날 수 있다. 〈그림 3-29〉는 같은 종류의 카메라를 사용하여 촬영된 다시점 영상이다. 시점 별로 각각 다른 색상 특성을 나타내는 것을 볼 수 있다.

이렇게 색상이 일치하지 않으면 몇 가지 문제가 발생한다. 첫 번째는 입체 영상을 시청하는 사람이 느끼는 시각적 피로가 증가한다 [68]. 실제의 깊이 인지에서는 양안에서 동일한 색상을 받아들이지만, 다른 색상 특성을 받아들이면 입체 영상 시청의 시각적 피로에 색상 불일치로 인한 피로가 더해져서 두통이나 어지럼증이 심화될 수 있다. 두 번째는 이러한 색상 불일치가 다시점 영상처리의 효율을 떨어뜨린다. 시점 간의 상관도를 기반으로 수행되는 깊이 생성이나 중간시점 영상합성 등 3차원 입체 영상을 제작하는 과정에서의 품질저하를 야기한다. 또한 시점 사이의 상관도를 이용하여 다시점 영상 정보를 압축하는 다시점 비디오 부호화(multi-view video coding, MVC)나 3차원 비디오 부호화의 압축 효율도 떨어진다.

△ 그림 3-29 시점 간 색상 불일치

따라서 다시점 영상에서 발생하는 색상 불일치 문제는 반드시 해결되어야 한다. 다만, 다시점 영상의 기하 오차 보정과 마찬가지로, 다시점 영상을 촬영하기 전에 카메라의 기계적인 조작을 통해 시점 간 색상 차이를 최소화하여 촬영한 후에 색상 보정을 수행하는 것이 효과적이다. 시점 간 색상 불일치 문제를 해결하기 위해서 제안된 방법은 크게 세 가지로 나뉘는데, 일반적으로 색상 차트를 이용한 방법, 영상의 전역적 특성을 이용한 방법, 그리고 가장 활발한 연구가 진행 중인 대응점 기반의 색상 보정 방법이 있다 [69].

3.3.2 전역적 특성을 고려한 색상 보정

색상 불일치 문제의 해결을 위해 가장 효과적으로 사용할 수 있는 영상의 전역적 특성은 바로 히스토그램(histogram)이다. 〈그림 3-30〉은 두 영상의 히스토그램을 이용하여 색상 불일치가 있음을 보여준다. 아래쪽의 영상은 위쪽의 영상에 감마(gamma) 보정과 밝기 변환으로 색상을 어둡게 한 것이다. 히스토그램 분포를 보면 위쪽 영상이 전체적으로 밝고, 넓은 동적영역을 갖는 것을 확인할 수 있다.

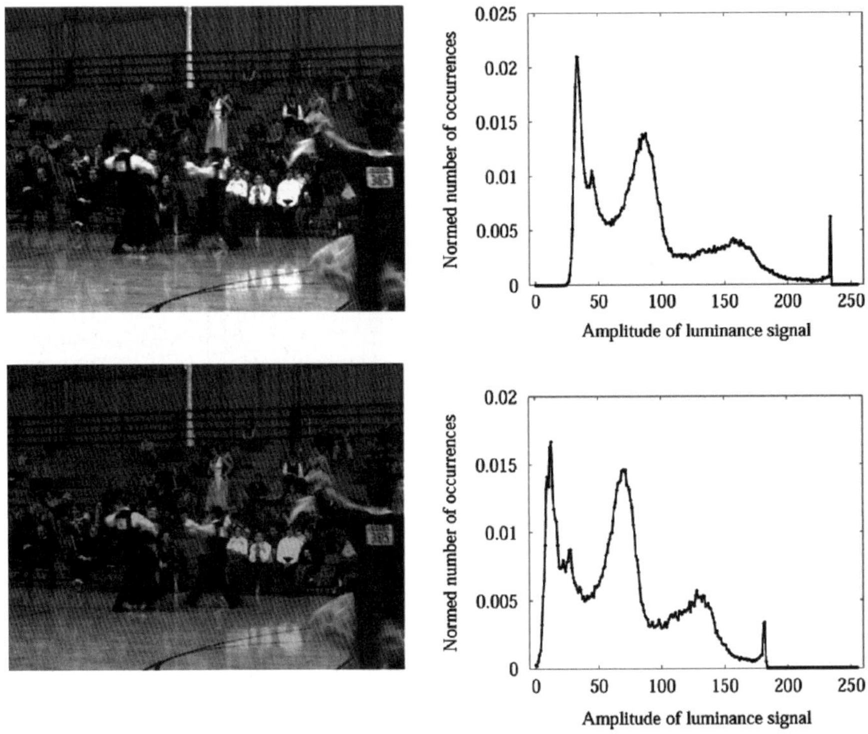

△ 그림 3-30 히스토그램에 나타난 색상 불일치

이 절에서 소개할 히스토그램 매칭은 〈그림 3-30〉과 같이 서로 다른 히스토그램 분포를 가지는 영상들이 유사한 히스토그램 분포를 가지도록 영상의 색상을 조절하는 것이다 [70]. 히스토그램 매칭을 위해서는 먼저 각 영상의 히스토그램에서 누적 히스토그램 c_R을 식 (3-26)과 같이 계산한다.

$$c_R[v] = \sum_{i=0}^{v} h_R[i] \tag{3-26}$$

식 (3-26)에서 h_R은 영상의 히스토그램을 의미한다. 〈그림 3-30〉에 나타난 두 영상의 누적 히스토그램은 〈그림 3-31(a)〉와 〈그림 3-31(b)〉에 나타내었다. 누적 히스토그램을 서로 중첩해 보면 〈그림 3-31(c)〉와 같이 차이가 발생하는 것을 볼 수 있는데, 누적 히스토그램 간의 차이가 두 영상에 존재하는 색상 불일치를 의미한다. 누적 히스토그램에서의 R과 D는 Reference와 Distorted로써 원영상과 왜곡을 가진 영상을 의미한다.

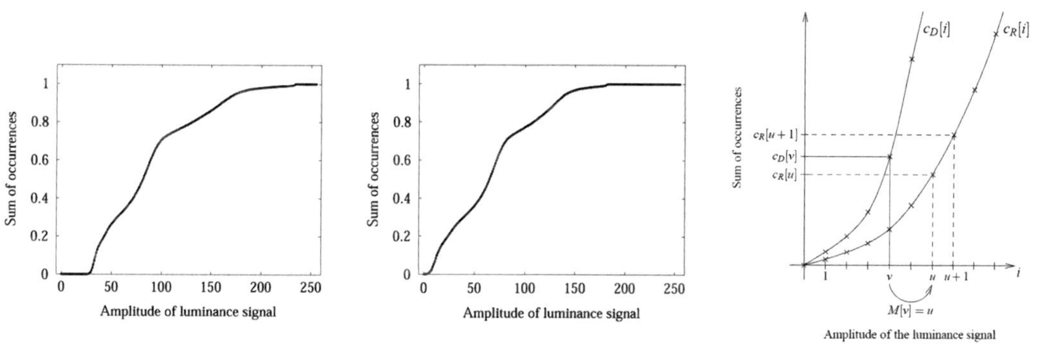

(a) (b) (c)

△ 그림 3-31 누적 히스토그램과 색상 불일치

〈그림 3-31(c)〉의 두 히스토그램을 매칭하기 위해서는 함수 $M[v] = u$를 구해야 한다. 두 영상에서 색상 값의 발생 빈도를 비교하여 일치시키는 방법으로 M을 구하고, 식 (3-27)과 같이 한 시점에 적용하여 색상의 불일치를 줄일 수 있다.

$$y_C[m,n] = M[y_D[m,n]] \tag{3-27}$$

히스토그램 매칭을 적용하면 〈그림 3-32〉와 같은 결과를 얻을 수 있다. 색상 보정 이전에 원영상에 비해 어둡고 좁은 동적 영역을 가졌던 히스토그램 분포가 밝고 넓은 동적 영영역을 가진 형태로 조절되어 색상의 불일치 문제가 줄어든 것을 확인할 수 있다. 이와 같이 히스토그램 매칭은 간단한 연산 과정만으로 색상 보정을 수행할 수 있다. 하지만 시차를 가지는 양안식 영상이나, 특히 시점 간격이 멀어질수록 시차가 크고 영상이 커버하는 장면의 범위에 많은 차이를 가질 수 있는 다시점 영상의 경우에는 히스토그램 매칭의 성능이 저하된다.

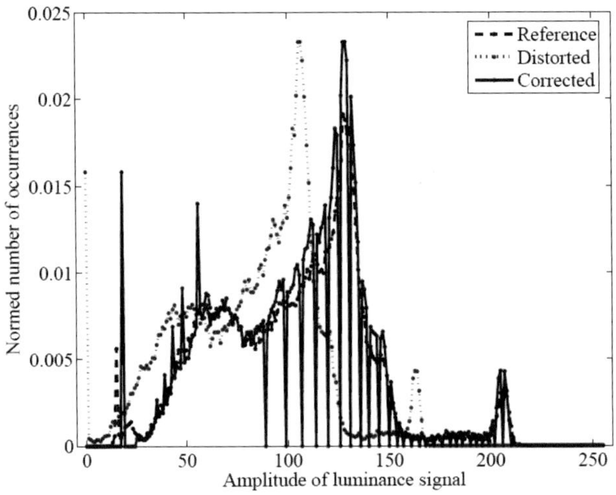

△ 그림 3-32 히스토그램 매칭 결과

3.3.3 차트를 이용한 색상 보정

〈그림 3-33〉은 여러 종류의 색상 차트를 보여준다. 이 차트는 양안식 혹은 다시점 영상에서 색상 불일치를 보정하기 위해 미리 촬영하는 것으로, 차트 내의 색상을 비교하여 효과적으로 색상 보정을 수행할 수 있다. 〈그림 3-33〉의 좌측 상단은 가장 널리 사용되는 Macbeth 차트로, 18가지의 색상과 6가지의 명암을 나타내는 사각형이 그려져 있다 [71]. Macbeth 차트의 24가지 색상과 그 이름은 〈표 3-1〉에 설명되어 있다.

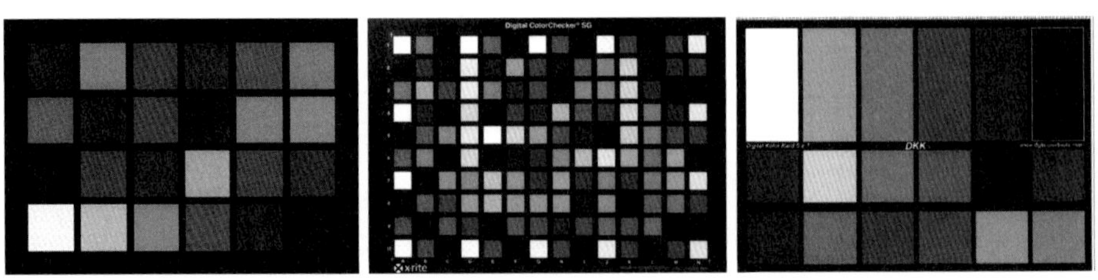

△ 그림 3-33 색상 보정을 위한 다양한 색상 차트

▼ 표 3-1 Macbeth 차트의 24가지 색상 값과 이름

번호	분류	이름	R	G	B
1	Natural colors	Dark skin	94	28	13
2		Light skin	241	149	108
3		Blue sky	97	119	171
4		Foliage	90	103	39
5		Blue flower	164	131	196
6		Bluish green	140	253	153
7	Miscellaneous colors	Orange	255	116	21
8		Purplish blue	7	47	122
9		Moderate red	222	29	42
10		Purple	69	0	68
11		Yellow green	187	255	19
12		Orange yellow	255	142	0
13	Primary and secondary colors	Blue	0	0	142
14		Green	64	173	38
15		Red	203	0	0
16		Yellow	255	217	0
17		Magenta	207	3	124
18		Cyan	0	148	189
19	Grayscale colors	White	255	255	255
20		Neutral 8	249	249	249
21		Neutral 6.5	180	180	180
22		Neutral 5	117	117	117
23		Neutral 3.5	53	53	53
24		Black	0	0	0

이 절에서 소개할 색상 차트 기반의 색상 보정 방법은 카메라의 하드웨어 설정을 위한 반복적인 교정과 알고리즘 기반의 정제 과정으로 이루어진다 [72, 73]. 〈그림 3-34〉에 나타난 색상 보정 이전의 카메라의 RGB 색공간 그래프와 카메라 간 대응곡선에서 촬영된 색상 차트의 8시점 간 오차를 확인할 수 있다. 색공간 내에서는 색상 차트가 촬영된 화소의 색상 값이 차트 고유의 색상과 다를 뿐 아니라 시점 간 색상 값에도 차이가 있다.

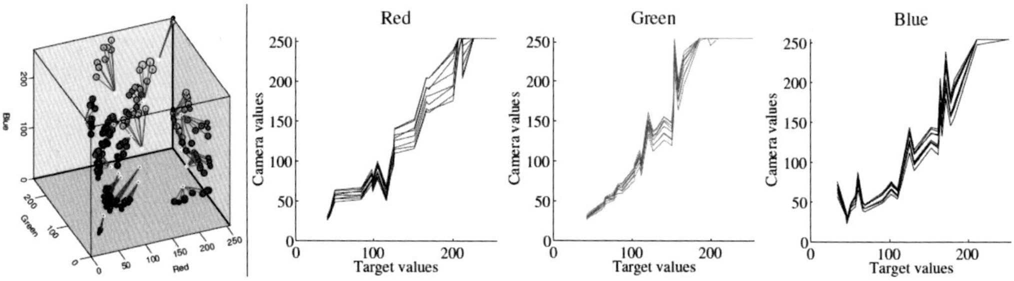

△ 그림 3-34 색상 보정 전의 RGB 색공간과 카메라 간 대응곡선

이러한 색상의 불일치를 줄이기 위해 반복적인 하드웨어 교정 과정에서는 카메라의 색상 특성이 원본과 비슷해지고 색상 차트의 색상이 균일하게 추출될 수 있도록 카메라 내부 레지스터를 식 (3-28)과 같이 조절한다.

$$c = \sum_{s=1}^{NS} (w|\overrightarrow{I_s} - \overrightarrow{T_s}|(1-w)V_s) \tag{3-28}$$

식 (3-28)은 NS개의 샘플로부터 비용값 c를 계산한다. I_s와 T_s는 각각 촬영으로 획득된 색상 값과 색상 차트 본래의 값을 나타내며, V_s는 추출된 색상 차트 값들의 편차이다. 색상 차트 내 하나의 색상이 촬영을 통해 화소로 나타났을 때, 그 값들의 편차를 의미하는 것이다. 따라서 식 (3-28)은 색상 차트의 값과 촬영된 값의 차이와 획득된 색상 차트 값의 편차를 반영하는 비용값 c가 최소가 되도록 카메라 레지스터를 계산해서 카메라를 교정한다. 〈그림 3-35〉는 이러한 카메라 교정 과정 후의 촬영 결과를 나타내는데, 교정 전보다 카메라의 색상 특성이 비슷해진 것을 확인할 수 있다.

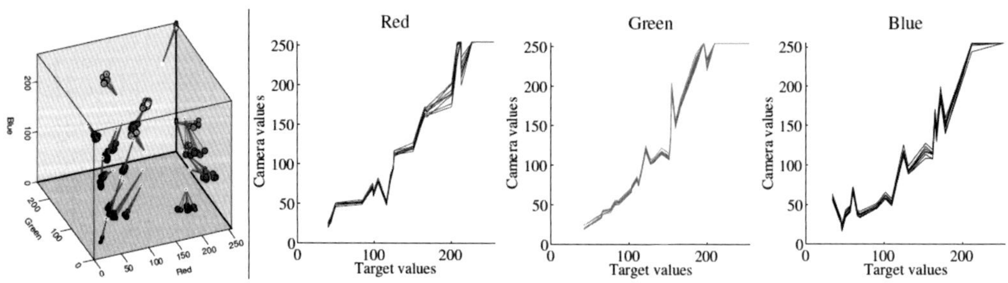

△ 그림 3-35 색상 보정 후의 RGB 색공간과 카메라 간 대응곡선

위와 같은 하드웨어 조절로 색상 불일치를 감소시킨 후에는 정제 알고리즘을 통해 한번 더 색상을 보정한다. 알고리즘을 이용한 정제 방식에는 최소 자승 정합 방법이나 선형 변환 방법 등 다양한 방법이 사용되며, 우수한 색상 보정 결과를 얻을 수 있다. 하지만 이 방법은 반드시 색상 차트 영상을 촬영해야만 하는 번거로움이 있으며, 색상 차트를 촬영해 놓지 않은 영상에 대해서는 적용할 수 없는 단점이 있다.

3.3.4 대응점 기반의 색상 보정

지금까지 살펴본 전역적 특성 기반의 색상 보정이나 색상 차트 기반의 보정 방법의 문제를 해결하고 더 우수한 보정 결과를 얻기 위해 제안된 방법이 대응점 기반의 색상 보정 알고리즘이다 [74 76]. 많은 알고리즘 중에서 이 절에서 소개하고자 하는 방법은 카메라의 상대적 특성에 기반하여 다시점 영상의 색상 불일치를 최소화하는 방법이다 [76]. 이 방법에서는 다시점 영상 중 하나의 시점을 기준시점으로, 나머지 시점들을 보정시점 영상으로 정의하고, 특징점 추출 알고리즘을 사용하여 기준시점과 보정시점 사이의 대응점을 추출한다. 추출된 대응점을 바탕으로 상대적인 카메라 특성 모델 계수들을 비선형 순환법(non-linear regression)으로 계산하고, 이 계수들을 바탕으로 색상 참조 룩업테이블(look-up table)을 생성하여 보정시점의 색상을 보정한다.

3.3.4.1 상대적 카메라 특성 모델

상대적 카메라 특성은 인접한 두 대의 카메라에 동일한 빛이 들어왔을 때, 두 카메라가 얼마만큼의 세기로 그 빛을 인식하는지에 대한 상대적인 차이를 말한다. 두 카메라에서 차이가 발생하는 원인이 되는 카메라의 특성으로는 이득, 오프셋, 감마를 꼽을 수 있다. 이 세 가지 특성에서 발생하는 차이가 시점 사이의 색상 불일치를 만들어내는 가장 큰 요인이 될 수 있다. 하지만, 동일한 카메라 기종에서 세 가지 특성을 똑같이 조절한다고 해서 같은 색상 값을 얻을 수 있는 것은 아니다. 〈그림 3-36〉은 이 세 가지 특성에서 나타난 기준시점과 보정시점의 차이를 나타낸다. 동일한 특성을 보인다면 그래프의 점선과 같은 응답을 보이겠지만, 위 세 가지 특성의 차이로 인한 색상 불일치로 그래프의 실선과 같은 차이를 보인다.

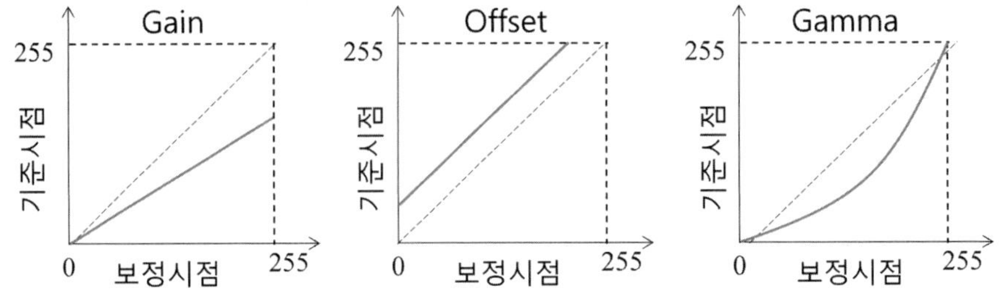

△ 그림 3-36 상대적 카메라 특성

〈그림 3-36〉에 나타난 이득, 오프셋, 감마 특성을 수식으로 나타내면 식 (3-29)와 같이 기술할 수 있다. y_{ref}는 기준시점의 화소 값, x_{tar}은 보정시점의 화소 값이다. 그리고 각각의 특성을 동시에 고려하여 기준시점의 화소 값과 보정시점의 화소 값의 관계를 식 (3-30)과 같이 쓸 수 있다. a, b, r은 각각 이득, 오프셋, 감마를 위한 계수로써, 기준시점과 보정시점의 특성 차이를 정의하고, 이 계수들을 기반으로 색상 보정이 수행된다.

$$\text{이득: } y_{ref} = ax_{tar}$$

$$\text{오프셋: } y_{ref} = x_{tar} + b \tag{3-29}$$

$$\text{감마: } y_{ref} = (x_{tar})^r$$

$$y_{ref} = a(x_{tar})^r + b \tag{3-30}$$

3.3.4.2 대응점 추출

식 (3-30)의 계수들을 구하기 위해서 기준시점과 보정시점 사이의 대응점을 추출하여 이용한다. 대응점 추출 알고리즘은 여러 가지로 적용이 가능하나 가장 안정적인 SIFT (Scale-invariant feature transform) 알고리즘이 많이 사용된다. SIFT는 영상 내의 강한 특징을 가진 객체를 기반으로 동작하기 때문에 영상의 회전이나 크기 변화에 큰 영향을 받지 않는다. 따라서 시차를 가지는 양안식 영상이나 다시점 영상에서 SIFT를 사용할 경우 더 높은 성능을 기대할 수 있다. 한편, 빠른 속도로 대응점을 추출할 수 있는 SURF (Speeded up robust features) 알고리즘도 많이 사용된다. 〈그림 3-37〉은 SIFT 알고리즘을 이용하여 대응점을 추출한 결과를 보여준다.

△ 그림 3-37 SIFT를 이용한 대응점 추출

3.3.4.3 상대적 카메라 모델 계수 계산

기준시점과 보정시점에서의 대응점 추출은 영상 내 모든 색상을 커버할 수 없다. 따라서 추출되지 않은 색상에 대해서는 상대적 카메라 특성 모델을 이용해서 그 대응 색상을 계산해야 한다. 이 계산은 기준시점을 참조하는 각 보정영상마다, 그리고 그 영상의 RGB 각 채널마다 수행된다. 그리고 비선형의 특징을 가지는 상대적 카메라 특성 모델의 계수는 오차 함수를 식 (3-31)과 같이 정의하여 비선형 순환법인 가우스-뉴튼(Gauss-Newton) 알고리즘을 이용하여 구할 수 있다 [77].

$$e_i(\vec{\beta}) = y_i - f(x_i, \vec{\beta}) \tag{3-31}$$

식 (3-31)에서 y_i는 기준시점 영상의 화소 값이며, x_i는 보정시점에서의 대응점의 화소 값을 의미한다. f는 상대적인 카메라 특성 모델, $\vec{\beta}$는 계수 a, b, r을 원소로 갖는 벡터이다. 이때, 함수 f는 식 (3-32)와 같이 나타낼 수 있다.

$$f(x_i, \vec{\beta}) = ax_i^r + b \tag{3-32}$$

식 (3-31)에 대해 비선형 순환 과정을 통해 기준시점과 보정시점의 특성 차이를 반영하는 계수 a, b, r을 각 시점마다 9개씩 얻을 수 있다. 이러한 계수들을 구하는 과정을 구현한 수스코드가 아래에 설명되어 있다. $\vec{\beta}$는 변수 B로 저장된다.

```
void fitting(int (*s)[24], int (*rate)[24])
{
    double C[24][3], B[3], BN[3], residue[24], sum_residue, temp_arr[3][3], inv_arr[3][3], temp_arr2[3][24], CT[3][24];

    FILE *input = fopen("Coefficient.txt", "wt");

    // Initial values
    B[0] = 1;
    B[1] = 0;
    B[2] = 1;

    for(int color = 0; color < 3;color++)
    {
        for(int i=0; i<NUM_ITERATION; i++)
        {
            sum_residue = calculate_residue(s[color], rate[color], residue, B);

            // calculation of jacobian matrix
            for(int j=0; j<24; j++)
            {
                C[j][0] = -pow(s[color][j]+B[1], B[2]);
                C[j][1] = -B[0] * B[2] * pow(s[color][j]+B[1],B[2]-1);
                C[j][2] = -B[0] * pow(s[color][j]+B[1],B[2]) * log(s[color][j]+B[1]);
            }

            // Transpose of jacobian matrix
            for(int j=0; j<24; j++)
            {
                CT[0][j] = C[j][0];
                CT[1][j] = C[j][1];
                CT[2][j] = C[j][2];
            }

            for(int k=0; k<3; k++)
            {
                for(int j=0; j<3; j++)
                {
                    temp_arr[k][j] = 0;        // initialize
                }
            }
```

```
        // multiplication of jacobian and its transpose
        for(int j=0; j<24; j++)
        {
            for(int ii=0; ii<3; ii++)
            {
                temp_arr[ii][0] += CT[ii][j]*C[j][0];
                temp_arr[ii][1] += CT[ii][j]*C[j][1];
                temp_arr[ii][2] += CT[ii][j]*C[j][2];
            }

            inverse_matrix(temp_arr, inv_arr);

            // multiplication of the inverse matrix and jacobian
            for(int j=0; j<24; j++)
            {
                temp_arr2[0][j] = inv_arr[0][0] * C[j][0] + inv_arr[0][1] * C[j][1] +inv_arr[0][2] * C[j][2];
                temp_arr2[1][j] = inv_arr[1][0] * C[j][0] + inv_arr[1][1] * C[j][1] +inv_arr[1][2] * C[j][2];
                temp_arr2[2][j] = inv_arr[2][0] * C[j][0] + inv_arr[2][1] * C[j][1] +inv_arr[2][2] * C[j][2];
            }

            for(int j=0; j<3; j++)
            {
                BN[j] = 0;
            }

            // multiply residue
            for(int j=0; j<24; j++)
            {
                BN[0] += temp_arr2[0][j]*residue[j];
                BN[1] += temp_arr2[1][j]*residue[j];
                BN[2] += temp_arr2[2][j]*residue[j];
            }

            // update beta
            B[0] -= BN[0];
            B[1] -= BN[1];
            B[2] -= BN[2];
        }
        fprintf(input, "%lf\n%lf\n%f\n", B[0], B[1], B[2]);
    }
    fclose(input);
  }
}
```

```
// function for calculating residue
float calculate_residue(int *arr_s, int *arr_org, double *arr_residue, double *arr_b)
{
   double sum = 0;

   for(int i=0; i<24; i++)
   {
      // difference between original and estimation
      arr_residue[i] = arr_org[i] - arr_b[0] * pow( (arr_s[i] + arr_b[1]), arr_b[2]);
   }

   for(int i=0; i<24; i++)
   {
      sum += arr_residue[i]*arr_residue[i];
   }

   return sum;
}
```

3.3.4.4 색상 룩업테이블 생성과 색상 보정

이제 색상 보정을 위하여 기준시점과 보정시점 사이의 룩업테이블(look-up table)을 생성한다. 식 (3-33)은 보정시점의 화소 값 x가 보정된 값 x'로 변환되는 것을 보여준다. 여기서의 $\vec{\beta}$는 앞서 계산한 a, b, r을 사용한다. 〈그림 3-38〉은 이러한 색상 변환이 룩업테이블을 통해 이루어지는 것을 보여준다.

$$x'_i = f(x_i, \vec{\beta}) = a x_i^r + b \qquad (3-33)$$

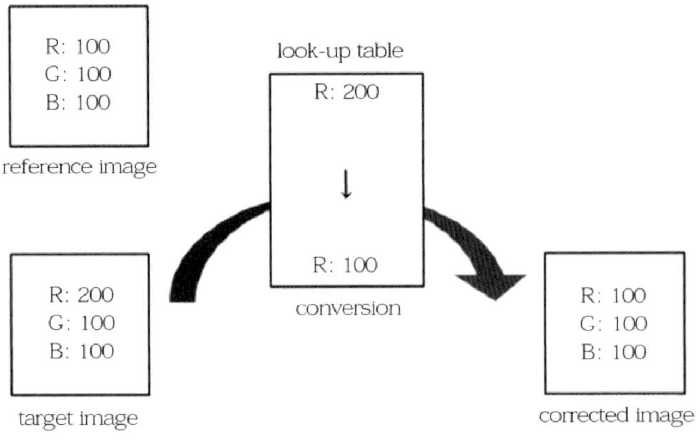

△ 그림 3-38 룩업테이블을 이용한 색상 보정

〈그림 3-39〉에 보인 세 개의 그래프는 대응점 추출을 통해 얻어진 샘플과, 보정 후의 색상 값들이 어떻게 분포되어있는지를 보여준다. 검은 색 점으로 표시된 색상 보정 전의 대응점들은 기준시점과 보정시점에서 색상 차이가 존재하지만, 붉은 선으로 표시된 색상 보정 후의 점들은 두 시점에서 유사한 색상을 가짐을 확인할 수 있다.

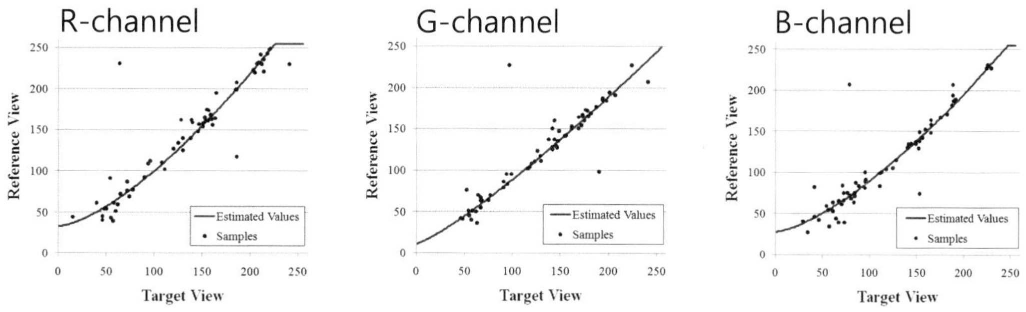

△ 그림 3-39 대응점의 색상 값과 보정 후의 색상 특성

△ 그림 3-40 대응점 기반의 색상 보정 결과

〈그림 3-40〉은 대응점 기반의 색상 보정 알고리즘을 사용하여 색상 불일치를 감소시킨 결과이다. 왼쪽 열의 영상은 기준시점 영상이고, 가운데 열은 보정시점, 즉 색상보정을 수행하기 전의 인접 시점 영상이다. 오른쪽 열은 대응점 기반으로 색상 보정을 수행한 결과 영상이다. 좌측 열과 우측 열의 영상을 비교해 보면, 색상 특성이 유사하게 변환된 것을 확인할 수 있다.

아래의 소스코드는 색상 보정 알고리즘을 구현한 것이다. 앞서 구한 계수들을 불러와서 사용하며, OpenCV 함수가 사용되었다.

```
void ColorCorrection()
{
    // look-up table
    int target_table[3][24];
    FILE *input = fopen("table.txt", "rt");
    for(int i=0; i<24; i++)
    {

        fscanf(input, "%d %d %d₩n", &target_table[0][i], &target_table[1][i], &target_table[2][i]);
    }
    fclose(input);

    // calculating coefficients
    curve_fitting(target_table, ref_table);

    // Loading coefficients
    double red_b[3], green_b[3], blue_b[3],temp;
    input = fopen("Coefficient.txt", "rt");
    for(int i=0; i<3; i++)    fscanf(input, "%lf₩n", &red_b[i]);
    for(int i=0; i<3; i++)    fscanf(input, "%lf₩n", &green_b[i]);
    for(int i=0; i<3; i++)    fscanf(input, "%lf₩n", &blue_b[i]);
    fclose(input);

    // Color correction
    for(int i=0; i<color_image->width; i++)
    {
        for(int j=0; j<color_image->height; j++)
        {
            temp = red_b[0] * pow(color_image->imageData[j*color_image->widthStep+3*i+2]+ red_b[1], red_
            b[2]);
            temp = min(255,max(0,temp));
```

```
			color_image->imageData[j*color_image->widthStep+3*i+2] = temp;

			temp = green_b[0] * pow(color_image->imageData[j*color_image->widthStep+3*i+1]
			+green_b[1] , green_b[2]);
			temp = min(255,max(0,temp));
			color_image->imageData[j*color_image->widthStep+3*i+1] = temp;

			temp = blue_b[0] * pow(color_image->imageData[j*color_image->widthStep+3*i]+blue_
			b[1] , blue_b[2]);
			temp = min(255,max(0,temp));
			color_image->imageData[j*color_image->widthStep+3*i] = temp;
		}
	}
}
```

04

깊이 정보의 획득 및 처리 기술

3차원 장면의 깊이 정보는 이미 촬영된 2차원 색상 영상을 3차원 입체 영상으로 변환하기 위해 필요한 정보로써, 카메라 매개변수와 함께 2차원 영상과 3차원 공간을 연결하는 중요한 역할을 한다. 3차원 장면의 깊이 정보를 다양한 방법으로 구할 수 있는데, 촬영된 2차원 좌우영상의 편차인 변위를 계산하여 깊이 정보를 예측하는 방식과 깊이 카메라 장치를 이용하여 깊이 정보를 직접 얻는 방식이 많이 연구되어 왔다. 최근에는 이러한 방법을 모두 사용하여 깊이 정보 획득의 속도와 효율성을 높이는 연구도 진행되고 있으며, 획득된 깊이 정보의 품질 개선을 위한 기술도 개발되고 있다. 이 장에서는 깊이 정보의 이해와 그 표현 방법을 설명하고, 다양한 깊이 정보 획득과 처리 기술을 살펴본다.

4.1 3차원 장면의 깊이 정보
4.2 능동형 방식의 깊이 정보 획득
4.3 수동형 방식의 깊이 정보 획득
4.4 혼합형 방식의 깊이 정보 획득
4.5 깊이 정보의 품질 개선

4.1 3차원 장면의 깊이 정보

4.1.1 깊이맵과 변위맵

3차원 장면의 깊이 정보를 표현할 때 가장 많이 사용되는 방식은 깊이맵(depth map)이다. 일반적으로 깊이맵은 8비트의 흑백 영상으로 0부터 255까지의 화소 값을 가지며, 0은 가장 먼 곳의 깊이 값, 255는 가장 가까운 곳의 깊이 값을 나타낸다. 즉, 한 장면 내에서 객체를 이루고 있는 각 화소의 3차원 거리 정보가 깊이맵으로 저장된다.

여기서 실제의 깊이 값과 깊이맵의 화소 값의 의미를 구분해야 하는데, 가장 가까운 곳과 가장 먼 곳의 깊이 값, 그리고 그 중간에 있는 깊이 값들은 실제 깊이(real depth) 값이라고 하며, Z로 표기한다. 그리고 깊이맵의 화소 값을 깊이 값, 혹은 깊이 인덱스(index) 값이라고도 하며, v로 표기한다. 따라서 가장 가까운 실제 깊이 값과 가장 먼 실제 깊이 값은 Z_{near}와 Z_{far}이고, 이 실제 깊이 값에 깊이맵의 화소 값, 즉 깊이 값 255와 0이 각각 할당된다. 이러한 실제 깊이 값과 깊이맵의 화소 값은 <그림 4-1>에 나타내었으며, 둘 사이의 관계는 식 (4-1)과 같다 [78].

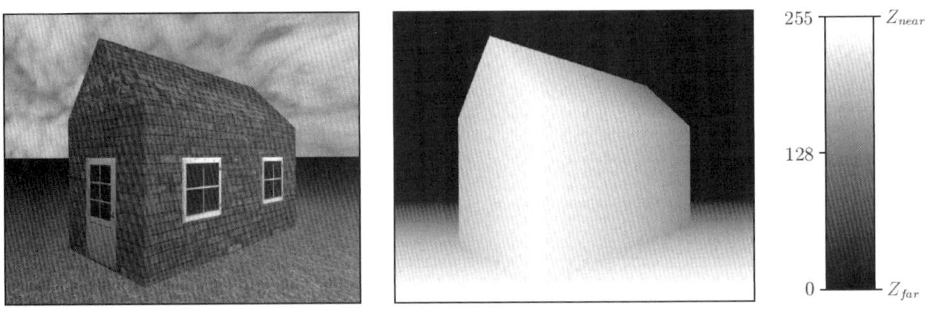

△ 그림 4-1 깊이맵을 이용한 깊이 정보의 표현

$$Z = \frac{1}{\frac{v}{255}\left(\frac{1}{Z_{near}} - \frac{1}{Z_{far}}\right) + \frac{1}{Z_{far}}} \tag{4-1}$$

<그림 4-2>와 같은 색상 영상에 대한 변위맵(disparity map)은 정렬된 양안식 혹은 다시점 영상에서 사용되는 깊이 정보에 대한 표현 방법이다. 변위맵 역시 8비트의 흑백 영상이며, 각 화소가 가지는 변위 값은 해당 화소의 수평 좌표가 인접 시점에 있는 상응점과

몇 화소만큼 떨어져 있는지를 나타낸다. 따라서 8비트의 변위맵에서는 인접 시점에서 최대 255개 화소만큼 떨어져 있는 객체의 깊이 정보까지 표현이 가능하다.

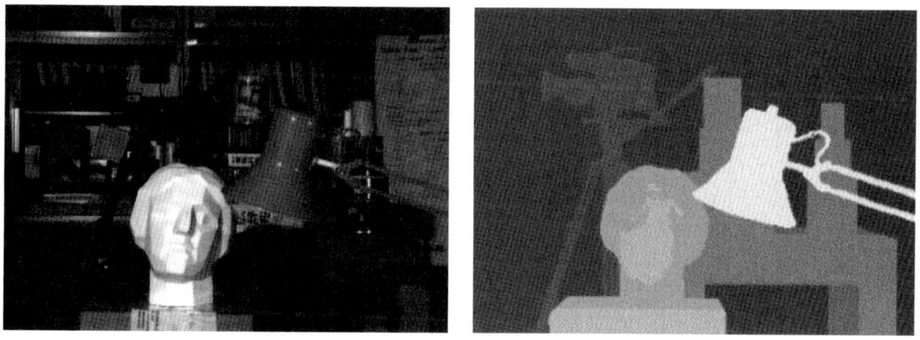

△ 그림 4-2 색상 영상에 대한 변위맵

4.1.2 깊이와 변위의 관계

〈그림 4-3〉은 깊이 값과 변위 값의 관계를 보여준다. 두 대의 카메라가 정렬된 상태라고 가정했을 때, 3차원 공간의 한 점 M은 좌측 영상 평면의 점 $(x_l,\ y)$와 우측 영상 평면의 점 $(x_r,\ y)$로 각각 투영된다. 이 때 실제 깊이 값 Z와 변위 값 d의 관계는 식 (4-2)와 같이 쓸 수 있다. 실제 깊이 값과 변위는 반비례의 관계를 가지고 있다.

$$Z = \frac{fB}{x_l - x_r} = \frac{fB}{d} \tag{4-2}$$

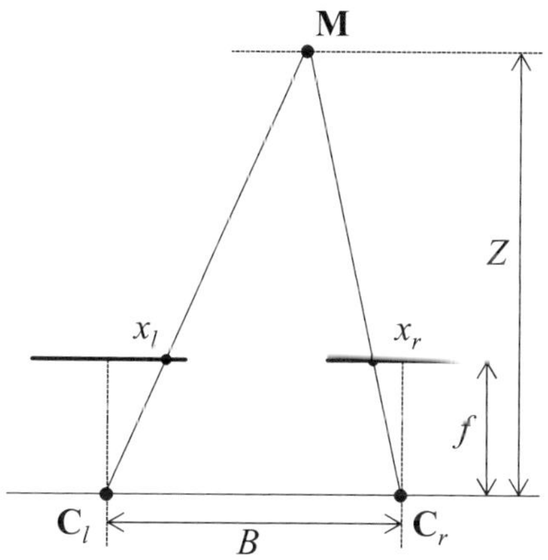

△ 그림 4-3 깊이와 변위의 관계

따라서 카메라로부터 가장 가까이에 있는 객체일수록 변위 값과 깊이 값은 크고 실제 깊이 값은 작으며, 반대로 가장 멀리 있는 객체 혹은 배경일수록 변위 값과 깊이 값은 작고, 실제 깊이 값은 크다. 즉, 실제 깊이 값 Z는 정렬된 영상에서 변위 값의 최대와 최소값을 이용하여 식 (4-3)과 같이 구할 수 있다.

$$Z_{near} = \frac{fB}{d_{max}}, \quad Z_{far} = \frac{fB}{d_{min}} \tag{4-3}$$

변위는 스테레오 정합 기술을 이용하여 두 장의 영상만 있으면 비교적 쉽게 계산할 수 있기 때문에 깊이 정보 획득의 가장 기본이 된다. 반면, 깊이는 앞서 설명한 것과 같이 Z_{near}와 Z_{far} 값과 더불어 카메라 매개변수가 함께 사용되어야 한다. 영상으로부터 직접 계산하는 방법도 변위에 비해서 더 까다로운 편이다. 이와 같은 깊이 정보는 3차원 입체 영상 제작을 위한 중간 시점 합성이나 3차원 복원과 같은 기술의 품질에 큰 영향을 미치기 때문에 정확한 깊이 정보를 획득하고, 그 품질을 개선하는 과정이 매우 중요하다.

4.1.3 깊이 획득 방식

깊이 정보를 획득하는 방법은 크게 두 가지로 나눌 수 있다. 능동형 방식(active sensors based)은 장면의 깊이 정보를 획득할 수 있는 특수한 장비를 이용하는 방법으로써, 깊이 카메라(depth camera)나 3D 스캐너 등을 이용한다. 이 방법은 측정에 기반한 정확한 깊이를 획득할 수 있는 장점이 있지만, 장비의 호환성이나 가격, 측정 성능 등의 측면에서 아직 부족한 점이 많다. 수동형 방식(passive sensors based)은 이미 촬영된 양안식 혹은 다시점 영상을 이용하여 깊이 정보를 계산한다. 스테레오 정합이 가장 대표적인 방법이다 [79-83]. 특별한 장비 없이 영상만 가지고 깊이를 구할 수 있는 장점이 있다. 하지만 수동형 방법은 계산의 복잡도가 매우 높고, 영상 기반의 한계로 인해 계산된 깊이의 품질이 보장되지 않을 수 있다.

최근 능동형 방식과 수동형 방식을 융합하여 깊이 획득의 성능을 높이려는 연구가 많이 진행되고 있다. 혼합형(hybrid) 깊이 획득 방식에서는 능동형 깊이 획득 방식과 수동형 깊이 획득 방식의 단점을 보완하고 각 방식의 장점을 살려서, 깊이 획득의 속도를 높이고 깊이 정보의 정확도를 개선할 수 있다 [84-87].

4.2 능동형 방식의 깊이 정보 획득

이 절에서는 능동형 방식의 깊이 정보 획득 기술을 소개한다. 3차원 입체 영상 제작에 많이 사용되는 다양한 깊이 카메라의 종류와 특징을 주로 다루고, 그 외의 방법은 간단히 소개한다.

4.2.1 깊이 카메라를 이용한 깊이 정보 획득

깊이 센서(depth sensor)라고도 하는 깊이 카메라는 단어 그대로 깊이 정보를 획득하여 영상으로 출력하는 장치로써, 〈그림 4-4〉와 같이 다양한 모델이 출시되어 관련 연구 및 게임, 교육, 문화산업에까지 널리 사용되고 있다. 이러한 깊이 카메라는 일반적으로 적외선이나 광(light) 신호를 이용하여 카메라와 물체 사이의 거리를 측정하고, 측정된 거리를 색상 값으로 변환하여 깊이맵으로 저장한다. 이러한 기술을 Time-of-flight (TOF) 라고 부른다 [88]. 이 절에서는 TOF 기술을 이용하는 네 종류의 깊이 카메라를 소개하고 각 카메라의 깊이 획득 원리와 특성을 살펴본다. 먼저 소개하는 ZCam과 Axi-vision은 초기의 깊이 카메라이고, 뒤에 소개하는 SR4000과 Camcube는 최근 개발된 깊이 카메라이다.

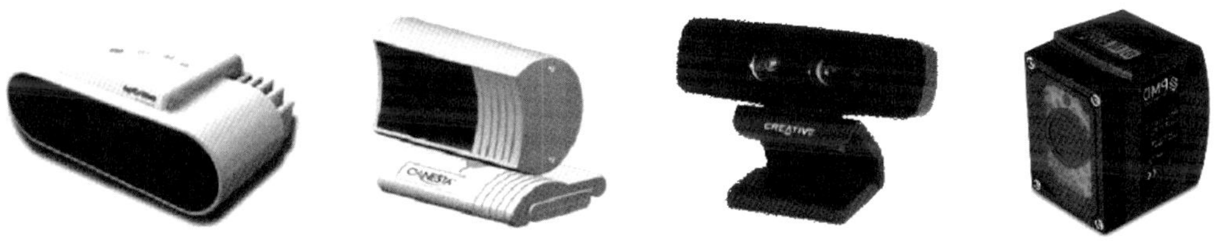

△ 그림 4-4 다양한 깊이 카메라

4.2.1.1 ZCam

ZCam은 이스라엘의 3DV Systems에서 최초로 출시한 깊이 카메라이다 [89]. ZCam은 〈그림 4-5〉와 같이 RGB 색상 카메라와 깊이 센서가 일직선상으로 결합된 형태로 구성되어 있다. 따라서 영상의 각 화소마다 RGB 색상과 깊이 값을 같은 시점에서 실시간으로 획득할 수 있다. 원래 ZCam의 개발 목적은, 뉴스의 날씨 방송이나 영화의 특수효과 등을 제작할 때, 영상의 전경과 배경을 쉽게 분리하여 합성하기 위한 크로마키(chroma key) 기술로 사용하기 위한 것이었다. 기존의 크로마키 기술은 블루스크린과 같은 특수한 환경에서만 구현이 가능했고, 전경과 배경의 두 계층(layer)만 가질 수 있었기 때문에 여러 가지 제약이 많았다. 하지만 ZCam을 사용하면 촬영된 깊이 정보를 이용하여 거리에 따른 많은 계층을 이용하여 다양한 영상을 쉽게 제작할 수 있다.

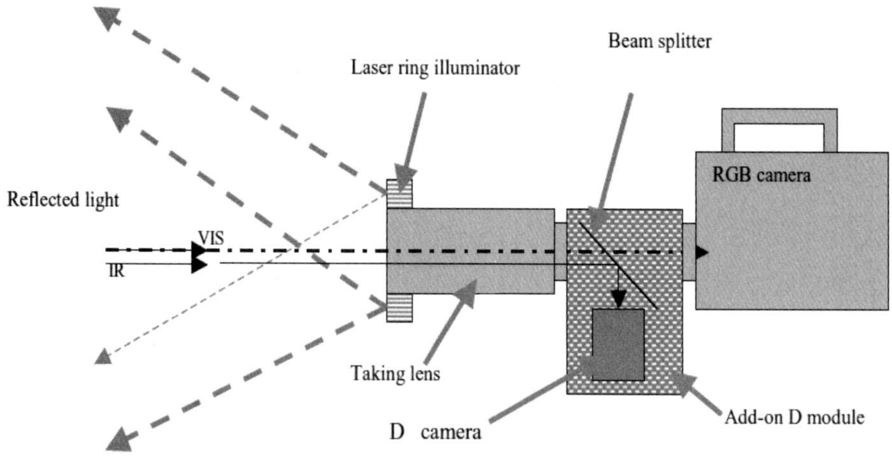

△ 그림 4-5 ZCam의 내부 구조

ZCam은 카메라에서 적외선을 보내고, 그 신호가 물체에 반사되어 돌아오는 빛의 속도를 계산하여 물체와 카메라 사이의 거리를 얻는다. 〈그림 4-6(a)〉는 이러한 적외선 신호가 "Light wall"이라고 부르는 빛이 되어 물체를 향해 나아가는 장면이고, 〈그림 4-6(b)〉는 이것이 물체의 표면에 반사되어 돌아오는 것을 보여준다. 〈그림 4-6(b)〉에서 얼굴의 코 부분이 가장 앞에 나와있기 때문에, 그 부분이 가장 먼저 카메라로 돌아온다. 반사되어 돌아온 빛은 카메라의 CCD 앞에 위치한 빠른 이미지 셔터에 의해 매 프레임마다 돌아온 빛을 구분하며 깊이로 계산하며, 이렇게 획득된 깊이 정보는 정규화 과정을 통해 깊이맵으로 표현된다. 정규화된 깊이맵은 식 (4-4)와 같이 구한다. 식 (4-4)에서 $R(i, j)$는 정규화된 깊이맵, $I(i, j)front$는 획득한 현재 깊이 정보, 그리고 $I(i, j)total$은 전체 깊이 범위이다.

$$R(i,j) = \frac{I(i,j)front}{I(i,j)total} \tag{4-4}$$

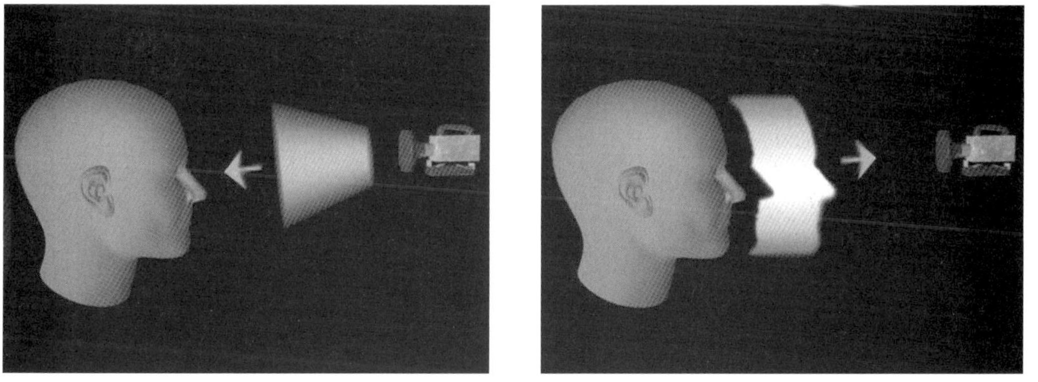

(a) (b)

△ 그림 4-6 "Light wall"과 반사되어 돌아가는 빛

〈그림 4-7〉은 ZCam에서 획득한 색상 영상과 깊이맵, 깊이맵을 이용하여 생성한 전경 객체의 마스크, 그리고 마스크를 이용하여 전경을 다른 배경에 합성한 영상을 각각 보여준다.

△ 그림 4-7 ZCam 촬영 영상을 이용한 응용

〈표 4-1〉은 ZCam의 특성을 보여준다. ZCam은 최초의 깊이 카메라라는 매우 큰 의미를 가지며, 색상 영상과 동일한 위치에서 동일한 시야(field of view)를 가지는 고해상도 깊이 영상을 실시간으로 획득한다는 큰 장점을 가지고 있다. 하지만 고가의 가격과 큰 크기로 인해 사용하기에 불편함이 있고, 객체 표면의 상태와 색상에 따라 깊이 획득이 불가능한 영역이 존재하는 단점이 있다. ZCam을 개발한 3DV Systems는 이후 마이크로소프트(Microsoft)사에 매각되었고, ZCam은 더 이상 생산되지 않는 것으로 알려져 있다. 〈그림 4-8〉은 광주과학기술원(GIST) 실감방송연구센터(RBRC)가 보유한 ZCam을 이용하여 촬영된 색상 영상과 깊이맵을 보여준다.

▼ 표 4-1 ZCam의 특성

항목	상세내용
깊이 측정 범위	1~10m
깊이 정확도	0.5cm
시야각	10~40도
IR Wavelength	800 micron
깊이맵 해상도	720x480

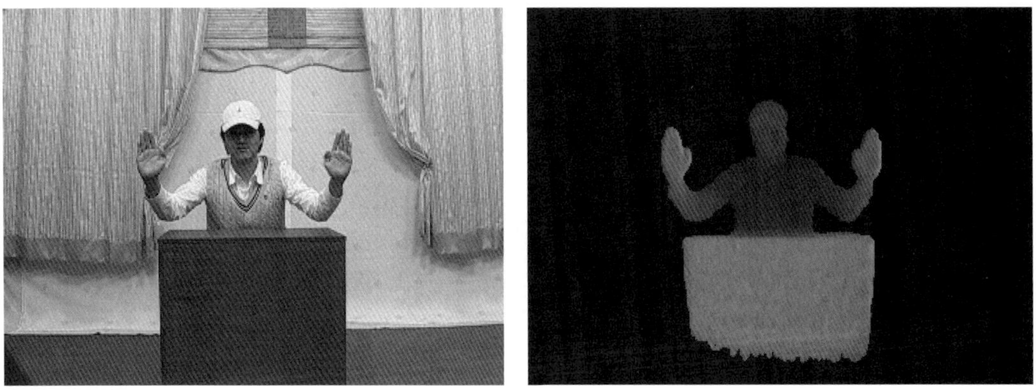

△ 그림 4-8 ZCam을 이용하여 촬영한 영상

4.2.1.2 Axi-vision

Axi-vision 깊이 카메라는 일본 NHK에서 방송을 위한 실시간 고품질 깊이 획득을 목적으로 개발한 깊이 카메라이다 [90]. 〈그림 4-9〉와 같이 Axi-vision도 CCD 카메라와 깊이 획득을 위한 일루미네이터(illuminator)로 구성되어 있으며, 장면에 대한 HD급 색상 영상과 깊이맵을 동시에 획득한다. 빛의 소스로는 적외선 LED를 이용하는데, 4개의 LED 배열이 카메라 렌즈 주변에 배치되어 있다.

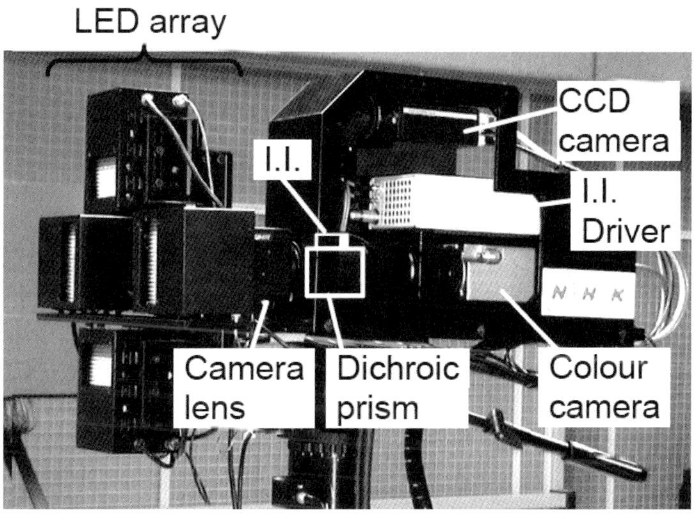

△ 그림 4-9 Axi-vision 깊이 카메라

〈그림 4-10〉은 Axi-vision의 깊이 획득 원리를 보여준다. 일루미네이터에서 출발한 빛은 장면 내 객체에 반사되어 다시 돌아온다. 이때, 가까운 곳에 있는 물체에 반사된 빛은 셔터가 열려있는 시간 동안 많은 양의 빛이 돌아오고, 먼 곳에 있는 물체일수록 일정한 셔

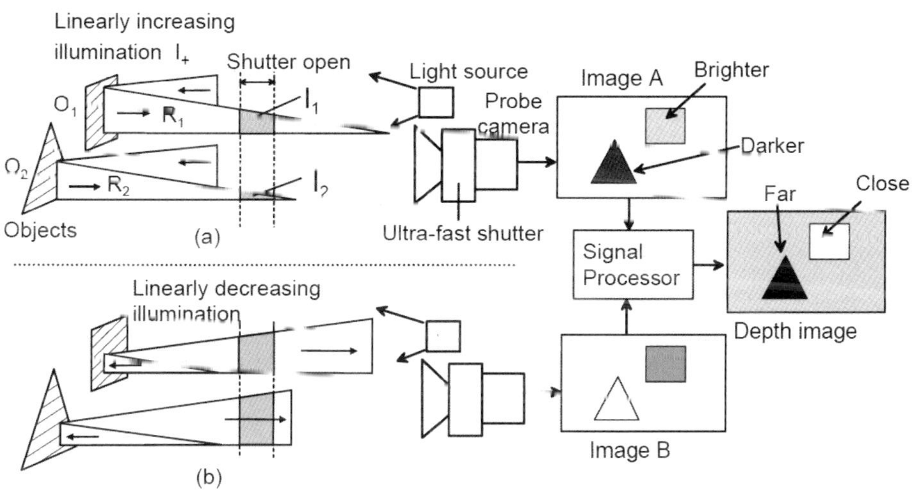

△ 그림 4-10 Axi-vision의 깊이 획득 원리

터의 시간 동안 돌아오는 빛의 양이 감소하게 된다. 이렇게 돌아오는 빛의 양을 흑백 영상으로 표현하면 가까운 물체는 밝게, 멀리 있는 물체는 어둡게 표현된다. 깊이에 따른 명암의 정도를 적당히 설정할 수 있다.

Axi-vision은 주로 실내 환경에서 깊이를 이용한 객체 추출과 실시간 영상 합성을 목적으로 사용되었지만, 〈그림 4-11〉과 같이 실사 영상과 컴퓨터 그래픽스 모델을 합성하는데 사용되기도 했다 [90]. 〈그림 4-11(a)〉는 Axi-vision으로 촬영된 색상 영상과 깊이맵이고, 〈그림 4-11(b)〉는 컴퓨터 그래픽스 모델로 원을 그리며 날고 있는 나비이다. 이 두 장면을 깊이를 고려하여 〈그림 4-11(c)〉와 같이 합성할 수 있는데, 나비가 사람의 손을 중심으로 도는 것과 같은 효과를 줄 수 있다. 〈표 4-2〉에는 이와 같은 Axi-vision의 특성을 정리해 놓았다.

▼ 표 4-2 Axi-vision의 특성

항목	상세내용
LED wavelength	850nm
변조 주파수	10~50MHz
깊이 정확도	1.7cm
깊이맵 해상도	1280x720 (29.97Hz) 853x480 (59.94Hz)

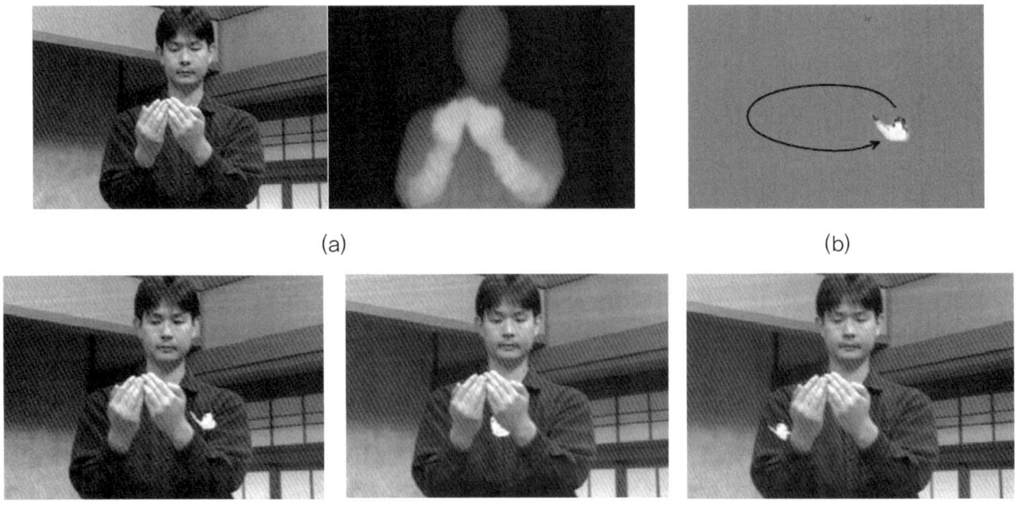

(a) (b) (c)

△ 그림 4-11 Axi-vision을 이용한 실사와 컴퓨터 그래픽스 데이터의 합성

4.2.1.3 Swiss Ranger

Swiss Ranger는 스위스의 Mesa Imaging사에서 개발한 깊이 카메라로 SR2, SR3000, SR4000과 같은 깊이 카메라를 지속적으로 출시하고 있다. Mesa Imaging에서 개발하는 카메라들은 크기가 매우 작고 가벼우며, CCD/CMOS 프로세스를 통해 광학 및 전기적 기능 블록들의 독립적인 최적화를 구현하고 있다. 〈그림 4-12〉는 SR4000을 보여주는데, 이 카메라의 크기는 65x65x68mm, 무게는 470g으로 활용도가 매우 높다 [91].

△ 그림 4-12 SR4000 깊이 카메라

SR4000의 깊이 획득 방식은 TOF 원리를 이용한 거리의 측정으로, 깊이 센서로부터 출발한 광신호가 객체에 반사되어 다시 돌아오는 시간을 측정한다. 빛의 속도를 알고 있기 때문에 시간 측정에 의해서 거리를 계산할 수 있다. SR4000에서는 신호를 변조하고, CCD/CMOS 센서의 각 화소에서 돌아오는 변조된 신호의 위상을 측정한다. 그러면 각 화소에서의 거리 정보 D는 식 (4-5)와 같이 정의되는 변조된 신호의 한 주기에 해당하는 거리의 부분으로 나타낼 수 있다.

$$D = \frac{c}{2f} \tag{4-5}$$

위 식에서 c는 빛의 속도, f는 변조 주파수이다. 따라서 30MHz의 변조 주파수를 사용하면 약 5m, 15MHz의 변조 주파수를 사용하면 약 10m의 최대 측정 거리를 가진다. 이 값은 아날로그-디지털 컨버터를 통해 변환되고 각 화소에 저장된다. 〈그림 4-13〉은 돌아오는 변조 신호의 샘플링을 보여준다. 돌아오는 변조된 신호의 매 주기마다 4회의 샘플링이 수행되고, 신호 B는 깊이 카메라로 들어온 전체 빛의 평균, 신호 A는 변조 신호의 크기를 나타낸다. 이 때 거리 정보, 즉 깊이 정보의 획득을 위해 위상 ϕ가 계산된다.

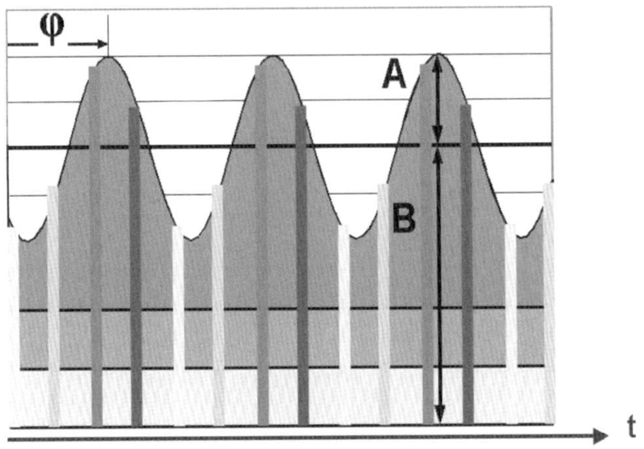

△ 그림 4-13 반사되어 돌아온 신호의 샘플링

보다 정확한 깊이 획득을 위해서는 깊이 카메라의 위치도 중요하다. 〈그림 4-14〉는 깊이 카메라의 잘못된 위치 선정을 보여준다. 카메라가 바닥에 너무 가까이 있거나, 벽에 가까이 위치한 경우, 카메라에서 나가는 광신호가 바닥이나 벽에 반사되어 잘못된 깊이 값으로 인식될 가능성이 있기 때문이다. 또한 촬영 객체의 특성에 따라 깊이맵에서 잡음이 발생할 수도 있는데, 주로 방사형 물질, 유리와 같은 반짝임이 있는 반사 물질, 검정색 물체 등에서는 다른 것들보다 잡음이 많이 발생한다.

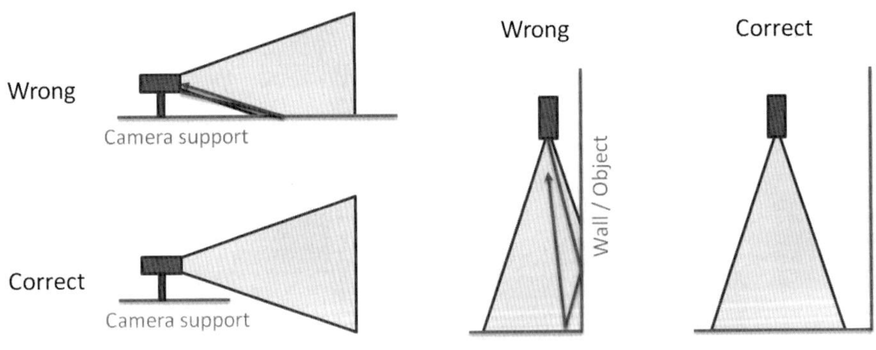

△ 그림 4-14 SR4000의 배치 방법

SR4000은 여러 가지 다양한 기능을 제공하는데, 우선 3개의 서로 다른 변조 주파수를 제공함으로써, 동시에 3대의 깊이 카메라를 사용할 수 있다. 동일한 변조 주파수를 가지는 여러 대의 깊이 카메라를 사용할 경우 돌아오는 신호 간 간섭이 발생하기 때문에 정확한 깊이 정보를 얻기 힘들지만, 변조 주파수가 다를 때에는 아무런 문제없이 여러 대의 깊이 카메라에서 깊이 정보를 획득할 수 있다. 또한 하드웨어 트리거(trigger)와 소프트웨어 트리거 방식을 모두 제공함으로써 단독으로 사용하거나, 아니면 다른 장치들과 동기화하여 사용하기가 용이하다. 별도의 조명 장치 없이 카메라 내부 조명을 이용하여 어두운 곳에서도 깊이 정보를 획득할 수도 있다. 그러나 TOF 기술의 특성상 실외에서 사용하기 어렵고, 출력 해상도가 매우 작은 단점도 가지고 있다. 이러한 SR4000의 특성은 〈표 4-3〉에 정리되어 있다. 〈그림 4-15〉는 광주과학기술원 실감방송연구센터가 보유한 SR4000으로 촬영된 깊이맵과 흑백 영상을 보여준다.

▼ 표 4-3 SR4000의 특성

항목	상세내용
LED Wavelength	850nm
변조 주파수	29, 30, 31MHz
깊이 측정 범위	0.3~5.0m
깊이 정확도	1cm
시야각	43.6x34.6도
깊이맵 해상도	176x144
최대 프레임률	초당 50프레임

△ 그림 4-15 SR4000에서 촬영된 깊이맵과 흑백 영상

4.2.1.4 Camcube

Camcube는 독일의 PMD Technology사에서 출시한 깊이 카메라로 넓은 시야각과 함께 자유로운 마운트를 제공하며, 단일 화소당 조명 억제 기술을 사용하여 실내외 환경에서 모

두 촬영이 가능한 깊이 카메라이다 [92]. Camcube의 구성은 〈그림 4-16〉과 같이 되어있다. 중간에 위치한 것이 깊이 카메라이고, 양쪽의 달린 것이 광신호 발생을 위한 일루미네이션 장치이다. 깊이 카메라 자체의 크기도 60x67x60mm로 작은 편이다.

△ 그림 4-16 Camcube 깊이 카메라

Camcube 깊이 카메라의 깊이 획득 원리도 기존에 살펴본 깊이 카메라들과 유사하다. 카메라에서 발생된 광신호가 객체에 부딪혀 반사되어 돌아오는 시간을 이용하여 거리를 측정하는 것이다. 〈그림 4-17〉은 Camcube의 깊이 획득 과정을 보여준다. 즉, 신호가 물체에 반사되어 다시 카메라로 돌아오는 시간의 합을 이용하는 것이 식 (4-6)에 나타나 있다.

$$\overline{IP}+\overline{PS}=\sqrt{P_x^2+(I_y-P_y)^2+(I_z-P_z)^2}+\sqrt{P_x^2+(P_y-S_y)^2+(P_z-S_z)^2} \quad (4-6)$$

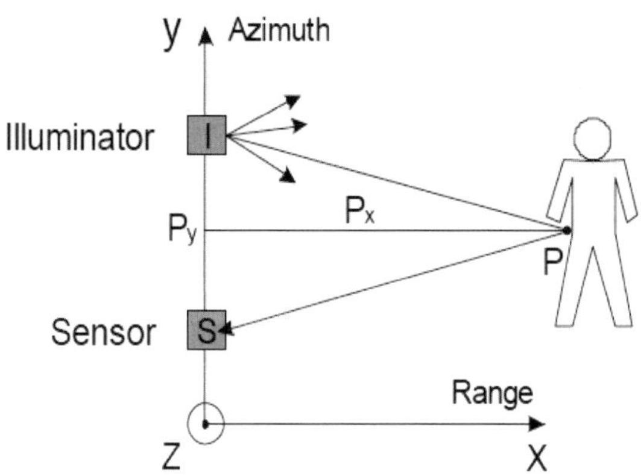

△ 그림 4-17 Camcube의 깊이 획득 원리

Camcube도 SR4000과 마찬가지로 장면에 대한 깊이맵과 흑백 영상을 동시에 획득할 수 있으며 소프트웨어와 하드웨어 트리거를 지원한다. 모션블러(motion blur)에 강인한 촬영 특성을 가지고 있는 것도 장점이다. 또한 3종류의 프레임률을 제공하는데, 프레임률이 높아질수록 촬영의 해상도는 떨어진다. Camcube의 이러한 특성들은 〈표 4-4〉에 정리되어 있으며, 〈그림 4-18〉은 Camcube에서 촬영한 깊이맵과 흑백 영상을 보여준다.

▼ 표 4-4 Camcube의 특성

항목	상세내용
Wavelength	870nm
깊이 측정 범위	0.3~7.0m
시야각	40x40도
깊이맵 해상도	200x200
프레임률	초당 40, 60, 80프레임 지원

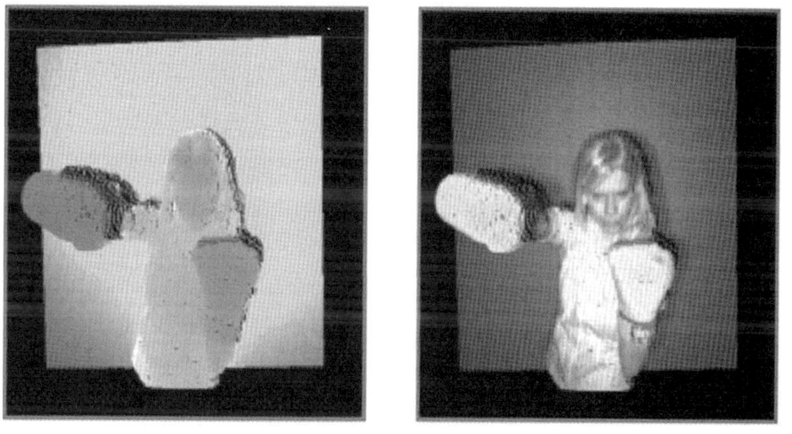

△ 그림 4-18 Camcube로 촬영된 깊이맵과 흑백 영상

4.2.2 구조광 깊이 카메라

능동형 깊이 획득 방법의 하나로 구조광(structured light) 방식의 깊이 카메라도 많이 사용된다. 구조광 깊이 카메라는 깊이를 얻고자 하는 객체를 향해 좁은 밴드의 빛을 비추게 되면, 다른 시점에서 볼 때에는 왜곡으로 나타날 수 있는 빛에 의한 선들, 즉 광 패턴(light pattern)이 발생한다. 이로부터 객체의 표면 형태를 복원하는 기술이 구조광 방식이다 [93, 94]. 구조광 깊이 카메라 시스템은 〈그림 4-19(a)〉와 같이 카메라와 프로젝터로 구성되어

있다. 사용되는 광 패턴에는 다양한 종류가 있는데, 〈그림 4-19(b)〉와 같은 평행 줄무늬 (parallel stripe) 형태가 가장 많이 사용된다. 복원된 물체는 〈그림 4-19(c)〉와 같고, 이 결과를 실시간으로 획득할 수 있다.

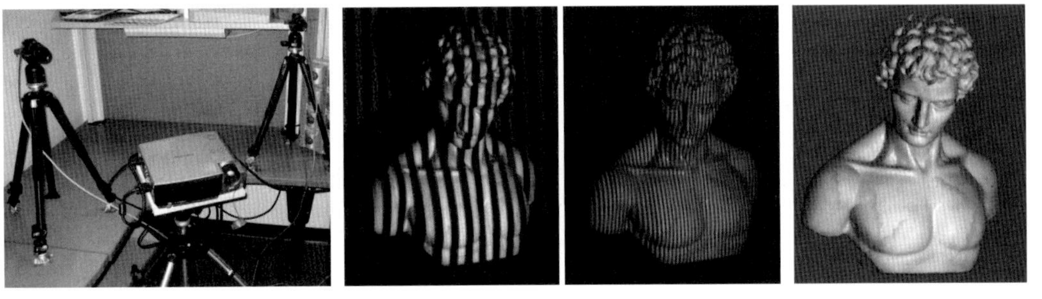

(a) (b) (c)

△ 그림 4-19 구조광 깊이 카메라를 이용한 깊이 획득

구조광 방식을 사용하는 깊이 카메라 중 가장 대중적인 모델은 마이크로소프트에서 출시한 키넥트(Kinect)이다. 키넥트 카메라는 본래 비디오 게임에서 사용자의 움직임을 감지하여 입력하는 장치로 개발되었으나, 저렴한 가격과 작은 크기로 인한 설치의 용이성, 깊이맵의 품질 등 여러 가지 장점들로 인해 이제는 다양한 3차원 응용 분야에서 널리 사용되고 있다. 또한 키넥트는 깊이를 측정할 수 있는 범위를 조절할 수 있으며, 자체적인 카메라 보정 기능과 함께 Software development kit (SDK)를 제공하여 누구나 키넥트를 자유롭게 이용할 수 있도록 돕고 있다.

〈그림 4-20〉은 키넥트와 키넥트에서 촬영된 깊이맵을 보여준다. 키넥트는 적외선 프로젝터와 CMOS 센서로 이루어져 있는데, 둘 사이의 거리 차이로 인해 촬영되는 색상 영상과 깊이맵 사이에는 약간의 시차가 존재한다.

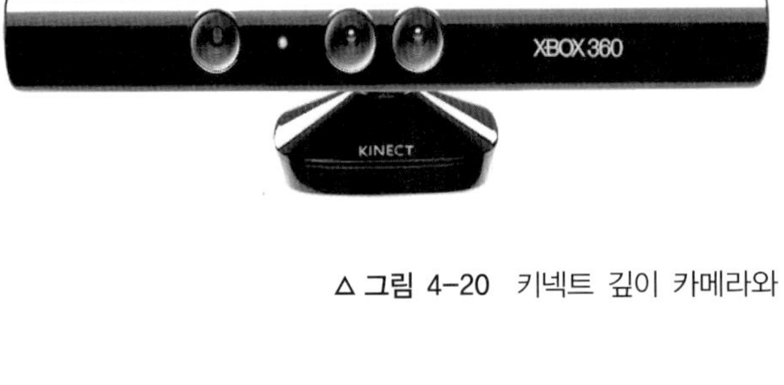

△ 그림 4-20 키넥트 깊이 카메라와 촬영된 깊이맵

한편 마이크로소프트는 2014년 7월 키넥트의 두 번째 버전인 키넥트2를 출시했는데, 키넥트2는 기존의 구조광 방식을 버리고 TOF 방식을 사용하여 깊이를 획득한다. 키넥트2는 기존의 키넥트에 비해 정확도와 반응 속도가 빨라졌으며, 기존보다 향상된 기능을 가지는 SDK도 제공된다 [95]. 〈그림 4-21〉은 키넥트2를 보여준다.

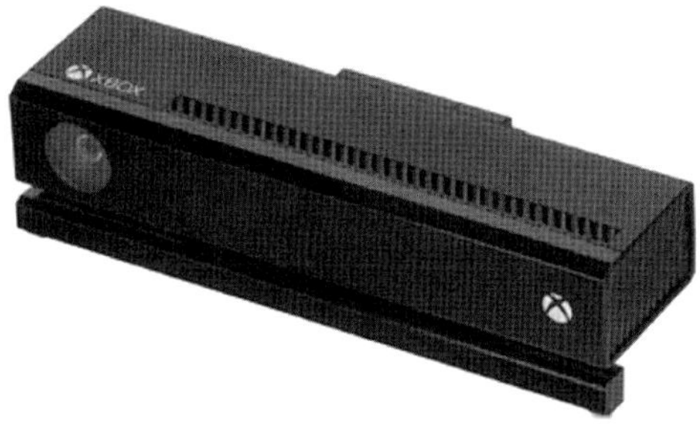

△ 그림 4-21 키넥트2

4.3 수동형 방식의 깊이 정보 획득

지금까지는 깊이 획득 장비를 이용한 능동형 방식의 깊이 획득 방법을 살펴보았다. 수동형 방식의 깊이 정보 획득은 이러한 특별한 장비 없이 촬영된 2차원 좌우영상을 이용하여 영상에 해당하는 깊이맵 혹은 변위맵을 계산하는 것이다. 3차원 입체 영상 제작을 위해 수동형 방식으로 깊이 정보를 획득하는 방법은 대표적으로 스테레오 정합이 있다. 스테레오 정합은 양안 깊이 단서(binocular depth cue)에 기반하여 양안식 영상에서 변위맵을 구하는 것이다. 한편, 단일 시점 영상에서 깊이 정보를 유추하는 방법을 2차원 영상의 3차원 변환이라고 한다. 이 방법은 단안 깊이 단서(monocular depth cue)를 이용한다. 본 절에서는 이와 같은 두 종류의 깊이 정보 획득 방식의 개념과 세부 내용을 소개한다.

4.3.1 스테레오 정합을 이용한 깊이 정보 획득

〈그림 4-22〉는 양안 깊이 단서의 개념을 보여준다. 사람의 두 눈의 위치 차이로 인해 응시하고 있는 장면은 시차를 갖는 두 장의 영상으로 좌, 우 눈에 각각 입력된다. 사람의 시각 시스템은 영상 내의 객체가 가지는 시차, 즉 변위가 작으면 멀리 있는 물체로, 변위가 크면 가까이 있는 물체로 인식한다.

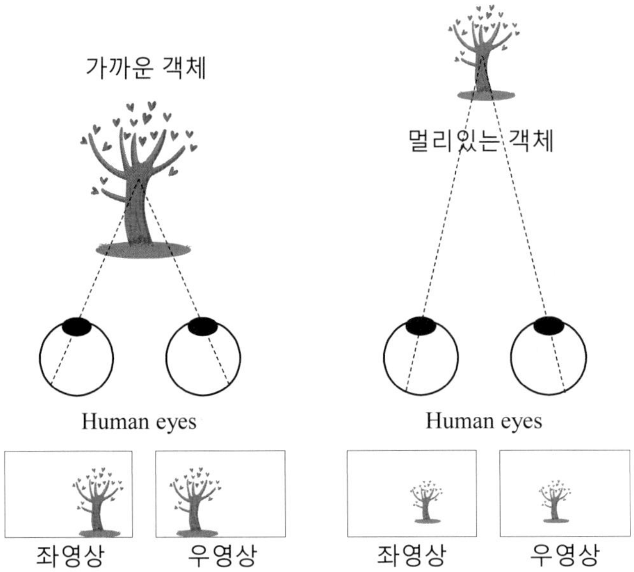

△ **그림 4-22** 양안 깊이 단서

스테레오 정합은 이러한 양안 깊이 단서에 기반하여 장면의 깊이 정보를 계산한다. 스테레오 정합은 컴퓨터 비전 분야에서 오랜 기간 동안 연구되어 왔고, 아직도 활발하게 연구되고 있는 분야 중 하나이다. 그만큼 스테레오 정합은 좋은 성능을 내기가 쉽지 않고, 여러 가지 고려해야 할 변수들이 많다.

지금까지 개발되어 온 스테레오 정합 기술은 먼저 특징 기반(feature-based) 스테레오 정합과 영역 기반(area-based) 스테레오 정합으로 나눌 수 있다. 특징 기반 스테레오 정합은 영상 내의 코너, 경계선, 곡선, 교차점 등 영상의 특징이 될 만한 부분을 먼저 추출한 뒤, 이 특징을 중심으로 현재 시점과 참조 시점을 비교한다. 이 방법은 속도가 빠르고, 잘 찾아지는 영상의 특징들에 대해서는 좋은 결과를 보이지만, 특징 이외의 부분에 대해서는 깊이 정보를 획득하지 않기 때문에 빈약한(sparse) 깊이 정보를 획득하게 된다. 또한 객체의 폐색(occlusion) 영역이나 변위의 불연속 영역에서 취약한 결과를 보이기 때문에, 특징 기반의 스테레오 정합 방법에 대한 연구는 최근 많이 이루어지지 않고 있는 실정이다.

반면, 영역 기반 스테레오 정합은 영상 내 모든 화소를 고려하고 그에 대한 깊이 정보를 계산한다. 화소가 가진 색상이나 밝기 값을 이용하여 현재 시점과 참조 시점을 비교하기 때문에 촘촘한(dense) 깊이 정보를 획득할 수 있다. 하지만 색상 값에 의존하기 때문에 잡음에 약한 경향이 있다. 영역 기반 스테레오 정합은 수행 방법에 따라 다시 지역적(local) 방법과 전역적(global) 방법으로 나눌 수 있다. 지역적 방법은 영상 내에서 패치(patch) 등을 이용하여 현재 화소에 대한 참조 시점에서의 상응점을 찾아 바로 변위 값으로 사용하는 방식이고, 전역적 방법은 평활화(smoothness) 계수를 설정하여 주변 변위 값과의 상관성을 높이고 지역적 방법으로는 정확한 값을 구하기 힘든 부분들을 보완할 수 있는 최적화(optimization) 기반의 방식이다.

따라서 이 절에서는 특징 기반 스테레오 정합의 설명은 생략하고, 스테레오 정합의 제약조건과 영역 기반 스테레오 정합 방법을 중점적으로 설명한다.

4.3.1.1 스테레오 정합의 제약조건

스테레오 정합은 오랜 기간 연구되어 왔지만, 아직 일반적이고 완벽한 해(solution)는 없는 상태라고 할 수 있다. 왜냐하면 영상이 가진 특성에 따라 고려해야 할 부분들이 바뀌기 때문이다. 따라서 여러 가지 가정을 제약조건(constraint)으로 설정해 놓은 후 그 안에서 최적의 해를 구해야 한다. 이 절에서는 스테레오 정합시 고려되어야 할 일반적인 제약조건을 설명한다.

첫째는 에피폴라 제약조건(epipolar constraint)으로써, 스테레오 정합의 입력이 되는 영상은 정렬되어 있어야 한다는 것이다. 영상이 정렬되면 한 시점에서 어떤 점에 대한 인접 시점의 상응점을 찾을 때, 탐색 범위가 동일한 스캔라인 상으로 제한되므로, 시간과 성능 두 가지 측면에서 많은 이득을 가져올 수 있다.

둘째는 유일성 제약조건(uniqueness constraint)으로, 한 시점에서의 어떤 점에 대한 인접 시점의 상응점은 하나만 존재한다는 것이다 [96]. 유일성 제약조건은 불투명한 물체에 대해서는 유효하나, 투명한 물체가 있을 경우에는 성립하지 않는다. 예를 들면, 어항에 있는 물고기에 대한 영상이 있을 때, 물고기에 해당하는 화소는 어항과 물고기의 두 개의 깊이 값은 가지게 된다. 또한, 기울어져 있는 물체가 있을 때, 두 개의 다른 시점에서 그 물체를 바라보면 영상에 촬영된 물체의 크기가 달라지고, 이것은 한 개의 점이 두 개의 점으로, 혹은 두 개의 점이 한 개의 점으로 상응되는 원인이 되기도 한다 [97].

셋째는 순차 제약조건(ordering constraint)이다. 순차 제약조건은 왼쪽 시점에서의 화소의 배치 순서는 오른쪽 시점에서도 동일하다는 가정이다. 순차 제약조건은 물체에 의해 가려진 폐색(occlusion) 영역의 탐지에 매우 중요한 역할을 한다. 하지만 〈그림 4-23〉과 같이 폭이 얇은 물체의 경우는 순차 제약조건에 위배된다.

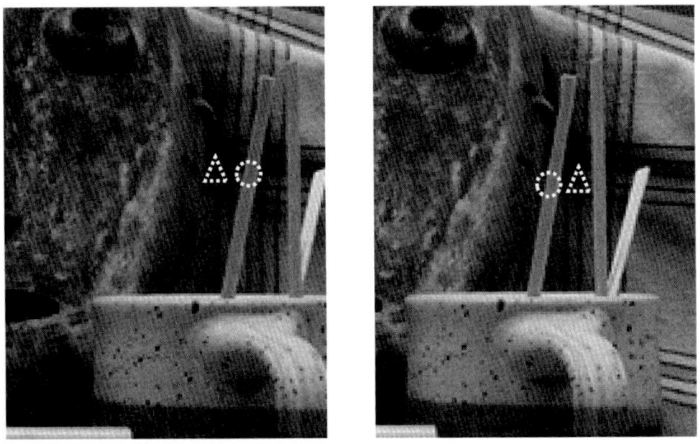

△ 그림 4-23 순차 제약조건의 위배

넷째는 밝기 변화 제약조건으로써, 두 시점에서의 영상은 카메라의 위치 차이나 외부 환경의 영향과 무관하게 동일한 밝기 값을 가진다는 가정이다. 이것을 램버시안 표면(Lambertian surface)이라고도 한다.

다섯째는 평활 제약조건(smoothness constraint)이며, 일반적인 장면을 촬영한 영상 내 객체들은 동일하거나 비슷한 깊이를 가진다는 가정이다 [96]. 즉, 한 객체 내에서의 변위 값은 매우 부드럽게 변하며, 객체의 경계 부분에 이르러서 급격한 변화를 일으킨다는 것이다. 이러한 가정은 대부분의 경우에 해당되지만, 머리카락이나 털과 같이 얇고 촘촘한 구조를 가지는 영역에서는 위배된다. 평활 제약조건은 대부분의 전역적 방법에서 가정하고 있다.

4.3.1.2 상응점 탐색을 이용한 지역적 방법

〈그림 4-24〉와 같이 지역적 방법은 현재 시점에서의 패치를 스캔라인을 따라 인접시점의 각 위치에서 움직여가면서 패치 내 화소 값을 비교한다. 이때, 가장 오차가 작아지는 위치의 화소가 상응점이 되고, 두 상응점 간 수평 좌표의 거리 차이 값이 변위 값이 되어 현재 시점의 현재 화소에 저장된다. 이러한 과정을 현재 시점의 모든 화소에 대해서 수행하면 현재 시점에 대한 변위맵이 생성된다. 일반적으로 수행 시간을 줄이고 성능을 보장하기 위해서 탐색 범위를 장면의 최소 및 최대 변위 값으로 미리 지정해준다.

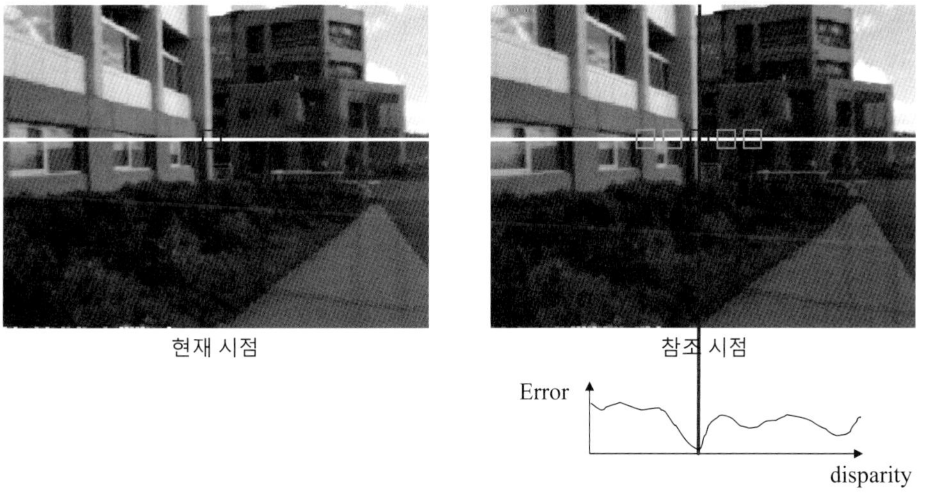

△ 그림 4-24 스테레오 정합의 원리

지역적 스테레오 정합에서 한 가지 중요한 것은 패치끼리 화소 값을 비교하여 오차를 구할 때, 즉, 정합 비용(matching cost)을 구할 때 사용할 정합 방법(matching criterion)을 결정하는 것이다. 보통은 패치 내의 화소에 대하여 식 (4-7)과 같은 절대오차합(sum of absolute differences, SAD)이나 식 (4-8)과 같은 제곱오차합(sum of squared differences, SSD)를 많이 사용한다.

$$SAD(d) = \sum_i \sum_j |I_L(x+d+i, y+j) - I_R(x+i, y+j)| \tag{4-7}$$

$$SSD(d) = \sum_i \sum_j \{I_L(x+d+i, y+j) - I_R(x+i, y+j)\}^2 \tag{4-8}$$

위의 두 식을 적용할 때 두 영상이 정렬되어 있는 상태라면 같은 스캔라인상에서만 탐색을 하기 때문에 수직축 방향으로의 탐색인 j를 생략할 수 있다. SAD와 SSD는 기본적인 계산은 같고, 계산된 오차에 제곱을 하느냐 마느냐의 차이를 보인다. 일반적으로는 SSD가 더 좋은 성능을 보인다고 알려져 있으나, 두 방법의 장단점은 사용되는 영상이나 실험 환경에 따라 달라질 수 있다.

스테레오 정합의 성능은 사용되는 패치의 크기에 따라서 달라질 수 있다. 작은 패치를 사용할 경우, 장면의 세밀한 부분까지 커버할 수 있지만, 잡음에 민감한 특성을 나타낸다. 그리고 매칭되어야 할 무늬나 특징이 없는 영역에서는 좋지 않은 성능을 보인다. 크기가 큰 패치를 사용할 경우에는 잡음에 강인한 특성을 나타내지만, 장면의 세밀한 부분까지 다룰 수 없는 단점이 있다.

〈그림 4-25〉는 패치의 크기에 따른 스테레오 정합 특성을 잘 보여준다. 〈그림 4-25(a)〉와 같은 입력 영상에 대해 크기가 각각 3, 20인 패치(가로 세로의 화소 범위)로 정합을 수행했을 때의 결과가 〈그림 4-25(b)〉와 〈그림 4-25(c)〉에 나타나 있다. 패치 크기가 작을 때에는 나뭇가지와 같은 얇은 객체도 그 형체가 유지되며 깊이 정보를 획득할 수 있지만, 나뭇잎이나 잔디 영역과 같이 매칭할 특징이 적거나 반복되는 곳에서는 잡음이 심하게 발생한다. 반면 큰 크기의 패치를 사용했을 경우에는 작은 패치의 경우와 같은 잡음은 발생하지 않지만, 나뭇가지와 같은 영상의 세밀한 부분들에서 정확한 깊이 정보를 획득하지 못한다.

(a) (b) (c)

△ 그림 4-25 패치 사이즈에 따른 스테레오 정합 결과

한편, 정규상호상관도(Normalized cross correlation, NCC)는 두 패치 사이의 선형적인 밝기 차이와 기하학적 유사도를 비교하는 방법으로써, SSD와 SAD보다 복잡도는 높지만 더 높은 성능을 보이며, 색상이나 밝기의 변화에 영향을 적게 받는다. 즉, 두 패치의 화소 값들 사이에 어떤 상수 값만큼 오프셋 되어 있어도 NCC는 그 영향에 독립적으로 동작하기 때문에 색상 차이가 있는 양안식 영상에서 좋은 성능을 낼 수 있다. NCC는 식 (4-9)와 같이 두 영상의 화소 값의 공분산(covariance)을 분자로 하고, 화소의 표준편차(standard deviation)를 분모로 한다. 이때, 표준편차는 분산(variance)의 제곱근 값을 취한다.

$$NCC(d) = \frac{Cov[I_L(x,y), I_R(x+d,y)]}{\sqrt{var_{I_L}(x,y) var_{I_R}(x+d,y)}} \tag{4-9}$$

〈그림 4-26〉은 Middlebury에서 제공하는 ‘Teddy’ 영상을 이용하여 변위맵을 구한 결과

를 보여준다. 〈그림 4-26(a)〉, 〈그림 4-26(b)〉, 〈그림 4-26(c)〉는 각각 SAD, SSD, NCC를 매칭함수로 사용한 결과를 보여주며, 오른쪽으로 갈수록 패치의 사이즈를 3, 5, 7, 9로 조절하면서 실험한 결과이다. 최소 변위와 최대 변위는 각각 10과 60으로 제한했고, 계산된 변위에 4배로 스케일한 결과이다. 〈그림 4-26〉에서 보듯이, 패치의 크기가 작을 때에는 잡음이 많이 발생한 것을 볼 수 있지만, 패치의 크기가 커질수록 잡음이 줄어들었고, 대신 영상의 세밀한 부분들이 조금 뭉개진 것을 확인할 수 있다. SAD와 SSD는 거의 유사한 결과를 나타내었고, NCC의 경우는 큰 패치를 사용했을 때 더 좋은 성능을 나타낸 것으로 확인된다. 그리고 전체적으로 볼 때, 무늬가 없는 영역에서 NCC가 SAD와 SSD보다 좋은 성능을 보인다.

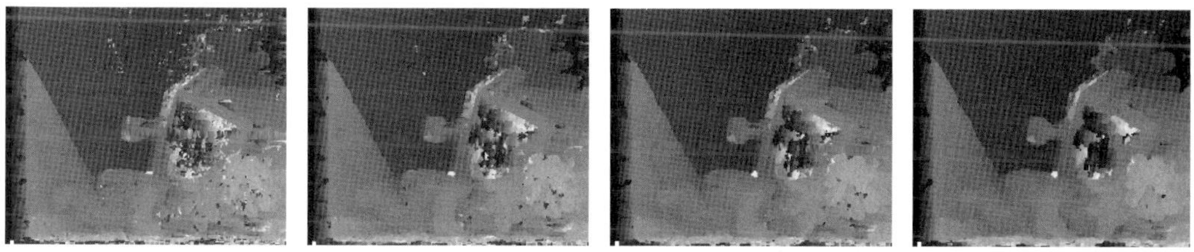

(a)

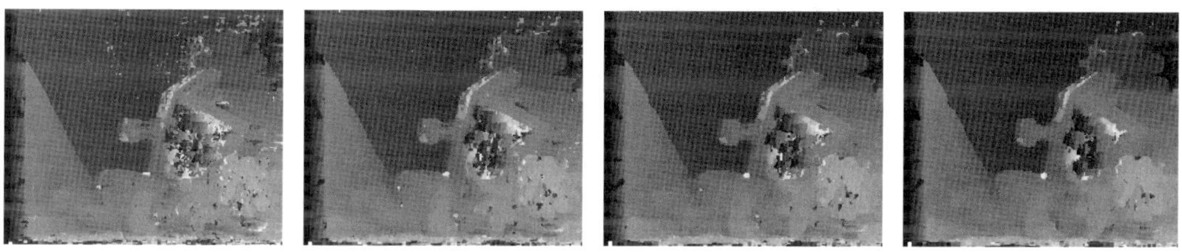

(b)

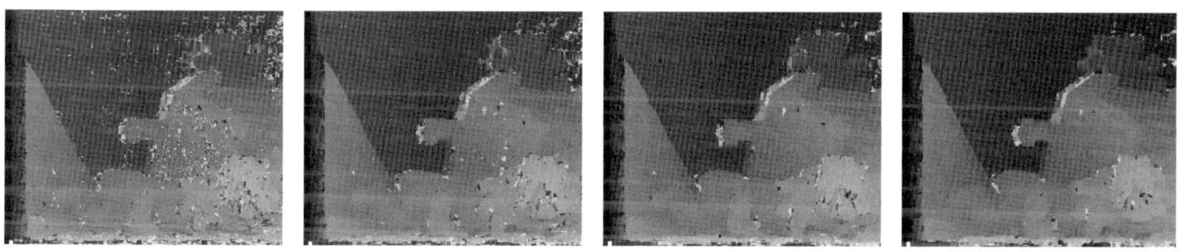

(c)

△ 그림 4-26 SAD, SSD, NCC의 스테레오 정합 결과

앞서 언급했듯이, 매칭 방법과 패치의 크기는 영상의 특성과 크기 등 여러 가지 요인들의 영향을 많이 받기 때문에 어느 한 방법이 가장 우수하다고 단정하기 어렵다. 아래 소스코드

는 SAD, SSD, NCC를 이용하여 패치 크기를 조절할 수 있는 스테레오 정합 방식을 구현한 것이다. 색상 영상은 left.bmp와 right.bmp라는 이름으로 입력되며, 변위 계산은 흑백 영상으로 변환된 후에 이루어지며, 우측 시점 영상을 참조하여 좌측 시점의 변위맵을 구한다. 알고리즘 수행 전 최소 변위와 최대 변위 값을 미리 입력해 주어야 하며, 이때 패치의 크기, 매칭 방법, 그리고 결과 변위맵을 몇 배로 스케일할 것인지도 결정한다. 영상의 입출력 및 영상 데이터 접근 등에 OpenCV 함수가 일부 사용되었다.

```
#define MIN_DISP    10      // minimum disparity
#define MAX_DISP    60      // maximum disparity
#define W_SIZE      5       // window(patch) size, must be odd number
#define METHOD      1       // 0: SAD, 1: SSD, 2: NCC
#define SCALE       4       // disparity scale

int width, height, widthStep;

double SumOfAbsoluteDifferences(IplImage *left, IplImage *right, int i, int j, int d, int p1, int p2,
int q1, int q2)
{
    float diff;
    int count = 0;
    double sum =0.0;

    for(int p=p1; p <= p2; p++)
    {
        for(int q=q1; q <= q2; q++)
        {
            if(j-d+q < 0 || j-d+q > width-1)
                continue;
            else
            {
                diff = (float)(left->imageData[(i+p)*widthStep + (j+q)] - right->imageData[(i+p)*widthStep +
                (j-d+q)]);
                count ++;
            }

            if(diff < 0) diff *= (-1);

            sum += diff;
        }
    }
```

```
    if(sum != 0)
        sum /= (float)count;

    return sum;
}

double SumOfSquaredDifferences(IplImage *left, IplImage *right, int i, int j, int d, int p1, int p2,
int q1, int q2)
{
    float diff;
    int count = 0;
    double sum =0.0;

    for(int p=p1; p <= p2; p++)
    {
        for(int q=q1; q <= q2; q++)
        {
            if(j-d+q < 0 || j-d+q > width-1)
                continue;
            else
            {
                diff = (float)(left->imageData[(i+p)*widthStep + (j+q)] - right->imageData[(i+p)*widthStep +
                (j-d+q)]);
                count ++;
            }

            sum += diff*diff;
        }
    }

    if(sum != 0)
        sum /= (float)count;

    return sum;
}
double NormalizedCrossCorrelation(IplImage *left, IplImage *right, int i, int j, int d, int p1, int p2,
int q1, int q2)
{
    float meanL, meanR, stdL, stdR;
    int count = 0;
    double sumL = 0.0, sumR = 0.0, sum = 0.0;
```

```
// calculate mean
meanL = 0;
meanR = 0;
for(int p=p1; p <= p2; p++)
{
    for(int q=q1; q <= q2; q++)
    {
        if(j-d+q < 0 || j-d+q > width-1)
            continue;
        else
        {
            sumL += left->imageData[(i+p)*widthStep + (j+q)];
            sumR += right->imageData[(i+p)*widthStep + (j-d+q)];

            count ++;
        }
    }
}

if(count != 0)
{
    meanL = (float)(sumL/(double)count);
    meanR = (float)(sumR/(double)count);
}

// calculate standard deviation
count = 0;
sumL = 0.0;
sumR = 0.0;
stdL = 0;
stdR = 0;

for(int p=p1; p <= p2; p++)
{
    for(int q=q1; q <= q2; q++)
    {
        if(j-d+q < 0 || j-d+q > width-1)
            continue;
        else
        {
            sumL += pow(left->imageData[(i+p)*widthStep + (j+q)] - meanL, 2);
            sumR += pow(right->imageData[(i+p)*widthStep + (j-d+q)] - meanR, 2);
```

```
                count ++;
            }
        }
    }

    if(count != 0)
    {
        stdL = (float)(sumL/(double)count);
        stdR = (float)(sumR/(double)count);
    }


    //calculate cost
    count = 0;
    for(int p=p1; p <= p2; p++)
    {
        for(int q=q1; q <= q2; q++)
        {
            if(j-d+q < 0 || j-d+q > width-1)
                continue;
            else
            {
                sum += (left->imageData[(i+p)*widthStep + (j+q)] - meanL) * (right->imageData[(i+p)*widthStep
                + (j-d+q)] - meanR) / sqrt(stdL*stdR);
                count ++;
            }
        }
    }

    if(count != 0)
        sum /= (double)count;

    return sum;
}

IplImage *StereoMatching(IplImage *left, IplImage *right)
{
    int w_search = (W_SIZE/2) + 1;
    double cost, min_cost, max_cost;
    int disp = 0;

    IplImage *disparity = cvCreateImage(cvGetSize(left), 8, 1);
```

```
// variables for patch guard
int guard1_i = 0, guard2_i = 0;
int guard1_j = 0, guard2_j = 0;
for(int i = 0; i < height; i++)
{
   for(int j = 0; j < widthStep; j++)
   {
      min_cost = INT_MAX;
      max_cost = INT_MIN;

      for(int d = MIN_DISP; d < MAX_DISP; d++)
      {
         if(j-d < 0)
            continue;

         // guard setting
         guard1_i = 0; guard2_i = 0;
         guard1_j = 0; guard2_j = 0;

         if(i==0) guard1_i = w_search;
         else if(i > 0 && i < w_search) guard1_i = w_search - i;
         else if(i == height-1) guard2_i = -w_search;
         else if(i < height-1 && i > height-1-w_search) guard2_i = -w_search+(height-1-i);
         else guard1_i = guard2_i = 0;

         if(j==0) guard1_j = w_search;
         else if(j > 0 && j < w_search) guard1_j = w_search - j;
         else if(j == width-1) guard2_j = -w_search;
         else if(j < width-1 && j > width-1-w_search) guard2_j = -w_search+(width-1-j);
         else guard1_j = guard2_j = 0;

         if(METHOD == 0)
            cost = SumOfAbsoluteDifferences(left, right, i, j, d, -w_search+guard1_i, w_search
            +guard2_i, -w_search+guard1_j, w_search+guard2_j);
         else if(METHOD == 1)
            cost = SumOfSquaredDifferences(left, right, i, j, d, -w_search+guard1_i, w_search
            +guard2_i, -w_search+guard1_j, w_search+guard2_j);
         else
            cost = NormalizedCrossCorrelation(left, right, i, j, d, -w_search+guard1_i, w_search+
            guard2_i, -w_search+guard1_j, w_search+guard2_j);

         if(METHOD < 2)   // for SAD and SSD
```

```
                {
                    if(cost < min_cost)
                    {
                        min_cost = cost;
                        disp = d;
                    }
                }
                else    // for NCC
                {
                    if(cost > max_cost)
                    {
                        max_cost = cost;
                        disp = d;
                    }
                }

                disparity->imageData[i*widthStep + j] = (uchar)disp * SCALE; // scaling
            }
        }
    }

    return disparity;
}

void main()
{
    // error messages
    if(W_SIZE%2 == 0 || W_SIZE < 2)
    {
        printf("Window size must be odd number or greater than 3...₩n");
        goto END;
    }

    if(METHOD > 2 || METHOD < 0)
    {
        printf("Check the matching method... 0: SAD, 1: SSD, and 2: NCC₩n");
        goto END;
    }

    if(MIN_DISP < 0 || MAX_DISP > 255 || MIN_DISP >= MAX_DISP)
    {
        printf("Check the minimum and maximum disparity values...₩n");
```

```
        goto END;
    }

    if(MAX_DISP * SCALE > 255)
    {
        printf("Scale is too large...₩n");
        goto END;
    }

    // image reading
    IplImage *left_img, *right_img;
    left_img = cvLoadImage("left.bmp", 0);
    right_img = cvLoadImage("right.bmp", 0);

    width = left_img->width;
    height = left_img->height;
    widthStep = left_img->widthStep;

    // disparity map generation
    IplImage *left_disp = cvCreateImage(cvGetSize(left_img), 8, 1);

    for(int i = 0; i < height; i++)
    {
        for(int j = 0; j < width; j++)
        {
            left_disp->imageData[i*widthStep + j] = 0;
        }
    }

    // Stereo matching
    left_disp = StereoMatching(left_img, right_img);
    cvSaveImage("result.bmp", left_disp);

    cvReleaseImage(&left_img);
    cvReleaseImage(&right_img);
    cvReleaseImage(&left_disp);

END:
    {
        return;
    }
}
```

4.3.1.3 최적화를 이용한 전역적 방법

앞에서 설명한 지역적 방법을 통해 변위를 계산하는 스테레오 정합은 구현과 연산이 간단하다는 장점이 있지만, 정합해야 할 부분에 무늬가 없거나 반복적인 무늬가 존재하는 영역, 객체에 의해 가려진 영역과 같은 곳에서는 그 성능이 현저하게 떨어진다. 하지만 전역적 방법은 지역적 방법과 같이 스캔라인 상에서의 정합 비용을 계산하는 동시에 변위의 인접 화소에 대한 평활 제약조건을 고려하고, 영상 전체에 대해 최적의 해를 찾아가는 방법으로 변위맵을 구한다. 따라서 지역적 방법으로 좋은 변위 값을 계산하기 불가능했던 영역에서도 정확한 변위 값을 얻을 확률이 높아지고, 결과적으로 더 우수한 변위맵을 얻을 수 있는데, 물론 이 방법의 복잡도는 높아진다.

전역적 방법에서 고려하는 변위의 인접 화소에 대한 평활도는 인접한 화소들은 유사한 변위 값을 가진다는 가정에서 출발한 것이다. 즉, 객체의 경계부가 아닌 곳에서는 같거나 거의 비슷한 변위 값을 가지며, 급격한 변위 값의 변화가 일어나지 않는다는 가정이다. 이와 같은 가정을 변위 계산에 반영하기 위해서 전역적 방법은 에너지 함수(energy function)을 이용한 에너지 최소화(energy minimization) 과정을 사용한다. 이때, 에너지 함수는 두 가지 제약사항을 가지는데, 첫 번째는 색상의 유사도이고, 두 번째는 인접 화소의 변위의 유사도이다. 이 두 가지 제약사항은 에너지 함수 E의 자료 항(data term)과 평활화 항(smoothness term)으로 나타내며, 식 (4-10)과 같이 에너지 함수로 나타낸다. 식 (4-10)에서 d는 변위 값을 의미한다.

$$E(x,y,d) = E_{data}(x,y,d) + E_{smooth}(x,y,d) \tag{4-10}$$

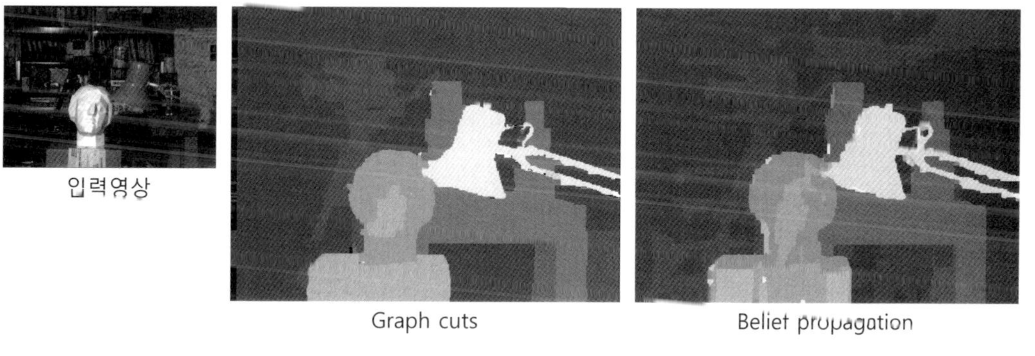

△ 그림 4-27 그래프 컷과 신뢰 확산을 이용한 변위맵 생성

위와 같은 에너지 함수를 그래프 컷(graph cuts)이나 신뢰 확산(belief propagation)과 같은 최적화 알고리즘을 이용하면 영상의 각 화소에 대한 최적의 변위 값을 구할 수 있다. 〈그림 4-27〉은 Middlebury에서 제공한 Tsukuba 영상에 대하여 그래프 컷과 신뢰 확산을 이용하여 구한 변위맵을 보여준다.

이 절에서는 최적화를 이용한 전역적 스테레오 정합 과정을 설명하기 위해 먼저 마르코프 랜덤 필드(Markov random field, MRF) 모델을 소개하고, 최적화 과정인 그래프 컷과 신뢰 확산 알고리즘의 기본 개념을 간략히 설명한다.

4.3.1.3.1 마르코프 랜덤 필드 모델

MRF 모델은 영상의 화소나 영상에서 추출된 특징에 대해서 확률 모델을 정의하는데 매우 효과적으로 이용된다. 각 화소의 변위 값을 구하는 것은 물론 영상 복원, 영상 분할(segmentation), 경계 검출, 표면 복원, 객체 인식 등에도 MRF 모델이 유용하게 사용된다. MRF는 Hammersley와 Clifford, 그리고 Besag에 의해 깁스 랜덤 필드(Gibbs random field, GRF)와 동등(equivalent)함이 증명되었다. 대부분의 MRF 응용에서 사용되는 MRF의 결합분포(joint distribution)를 유도하는 과정이 매우 복잡하기 때문에, 더 간단한 깁스 분포(Gibbs distribution)를 대신 사용할 수 있다.

깁스 분포는 식 (4-11)과 같이 쓸 수 있고, $P(l)$은 l이라는 값을 가지게 될 확률을 말한다. l은 집합 L에 속하는 라벨(label)이며, $U(l)$은 에너지 함수이다. 깁스 분포를 이용하여 가능한 모든 $P(l)$을 구할 수 있다.

$$P(l) = \frac{1}{Z}\exp(-\frac{1}{\lambda}U(l)), \text{ where } Z = \sum_{l \in L}\exp(\frac{-1}{\lambda}U(l)) \tag{4-11}$$

그리고 에너지 함수 U는 가능한 클리크 포텐셜(Clique potential) V_c의 합으로 식 (4-12)와 같이 나타낼 수 있다.

$$U(l) = \sum_{c \in C} V_c(l) \tag{4-12}$$

식 (4-11)에서 에너지와 확률은 반비례 관계로 에너지가 커지면 확률이 낮아지고, 반대로 에너지가 작아지면 확률이 커진다. 모델을 정의하기 위해 베이즈 이론(Bayes' theorem)과 최대사후확률(Maximum a posteriori, MAP)을 이용하면 모델링 분야에서 가장 많이 이용되는 MAP-MRF 구조로 변위를 구하는 문제를 전개할 수 있다. 즉, 구하고자 하는 값

인 변위를 l이라 하고, 사전확률(prior probability) $P(l)$과 관측치(evidence)에 대한 확률 $P(d_p)$가 주어졌을 때, 우도확률(likelihood probability)은 $P(d_p|l)$과 같이 쓸 수 있다. 여기서 관측치, 즉 우리가 가지고 있는 데이터가 있을 때의 변위 값 l에 대한 확률을 사후확률(posterior probability)로 식 (4-13)과 같이 표현한다.

$$P(l|d_p) = \frac{P(d_p|l)P(l)}{P(d_p)} \tag{4-13}$$

여기서 관측치에 대한 확률 $P(d_p)$은 0보다 큰 상수로 간주할 수 있으므로 최대사후확률은 식 (4-14)와 같이 구할 수 있다.

$$l^* = \mathrm{argmax}_{l\in L} P(d_p|l)P(l) \tag{4-14}$$

이제 식 (4-14)의 우도확률과 사진확률의 에너지 함수와의 관계를 생각해 보면 다음과 같다. 먼저 우도확률 $P(d_p|l)$은 영상 내 화소 p에 대한 라벨 l이 주어졌을 때 관측되는 값, 즉, 변위 값이 주어졌을 때 상응점 사이의 색상차이 혹은 밝기차이로 주어지는 값 D_p로 식 (4-15)와 같이 나타낼 수 있다.

$$P(d_p|l) \propto \exp(-\sum_{p\in P} D_p(l_p)) \tag{4-15}$$

또 사전확률 $P(l)$은 앞서 설명한 깁스 분포에 의해 식 (4-16)과 같이 쓸 수 있다.

$$P(l) \propto \exp(-\sum_{c\in C} V_c(l)) \tag{4-16}$$

이를 종합해 보면, 사후확률과 에너지 함수의 관계는 식 (4-17)과 같고, 이때 에너지 함수는 식 (4-18)처럼 쓸 수 있다.

$$P(d_p|l)P(l) \propto \exp(-U(l|d_p)) \tag{4-17}$$

$$U(l|d_p) = U(d_p|l) + U(l) \tag{4-18}$$

따라서 식 (4-14)는 식(4-19)와 같이 사후확률과 관계된 에너지 함수를 최소화하는 식으로 다시 쓸 수 있다.

$$l^{*} = \text{argmin}_{l \in L} U(l|d_p) \tag{4-19}$$

마지막으로, 식 (4-16)에서의 클리크를 화소 p의 주변 화소로 정의하고, 에너지 함수를 E라고 하면 식 (4-20)과 같이 쓸 수 있고, 이 식은 앞서 소개한 식 (4-10)에 해당한다. 사전확률에 해당하는 부분이 자료항, 그리고 우도확률에 해당하는 부분이 인접화소에 관계된 평활화 항이다.

$$E(l) = U(l|d_p) = \text{argmin}_{l \in L}\left(\sum_{q \in N(p)} V_{p,q}(l_p, l_q) + \sum_{p \in P} D_p(l_p)\right) \tag{4-20}$$

4.3.1.3.2 그래프 컷

그래프 컷 알고리즘은 영상으로부터 그래프를 구성하고, 이 그래프를 이용하여 최대흐름(max-flow) 및 최소 컷(min-cut) 문제를 풀어나가는 과정으로 에너지 최소화 과정에 이용된다 [82]. 〈그림 4-28〉과 같은 가중치와 방향을 가지는 그래프 G는 소스(source, src), 싱크(sink, snk)라고 하는 두 개의 특별한 정점(vertex)을 가지고 있다. 스테레오 정합에서는 영상의 한 점 p_1에서 최소 비용을 가지는 변위가 이러한 목적을 가지는 그래프의 최소 컷(minimum cut)을 계산하는 방법으로 구해진다.

최소 컷이란 그래프를 자르는 모든 경우 중 최소의 비용을 가지는 경우를 말한다. 예를들면, 변위의 범위가 0부터 3까지로 주어져 있을 때, 먼저 〈그림 4-28(a)〉와 같은 그래프를 그린다. 끝이 아닌 노드(node) 사이의 선(edge)은 특정한 변위 값 d에서의 화소 간 값의 차이로 가중치가 부여되며, 선의 두께는 화소 간 값의 차이에 비례한다. 따라서 최소 절단에 의해 변위 값이 1일 때의 선이 절단된다. 〈그림 4-28(b)〉와 같이 여러 화소를 동시에 고려하는 경우에도 마찬가지이다. 그러나 지금까지는 인접 화소의 변위 값이 현재 화소에 영향을 주지 않았다. 인접 화소의 영향을 고려하면, 즉 평활 제약조건을 고려하면 〈그림 4-28(c)〉와 같이 최소 절단을 수행할 수 있다.

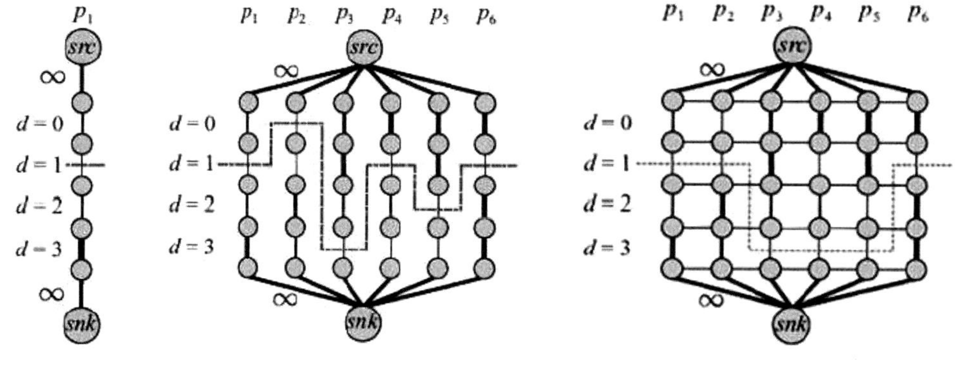

△ 그림 4-28 스테레오 정합에서의 그래프 절단

그래프 컷을 이용한 스테레오 정합의 소스코드는 Stereo Matcher라는 이름으로 아래 웹 사이트에 공개되어 다운로드 받을 수 있다.

http://vision.middlebury.edu/stereo/code/

4.3.1.3.3 신뢰 확산

신뢰 확산은 어떤 값을 추정하는 문제에 있어서 다방면으로 유용하게 사용되는 알고리즘이다 [79-81]. 신뢰 확산은 주변 노드, 즉 화소 간에 메시지(message)라 불리는 값들을 마르코

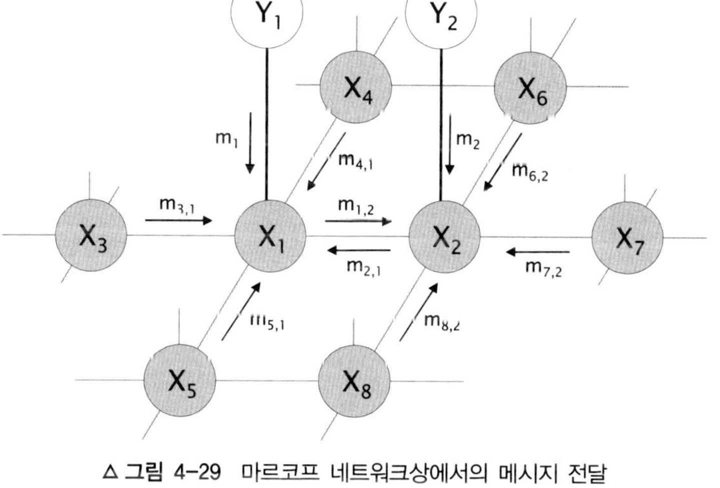

△ 그림 4-29 마르코프 네트워크상에서의 메시지 전달

프 네트워크(Markov network) 상에서 확산시키며 한 노드에서 모든 메시지 값들의 곱을 최대사후확률로 계산하여 변위를 구한다. 메시지는 가능한 변위의 개수만큼의 차원을 가지는 벡터이다. 〈그림 4-29〉는 스테레오 정합에서의 마르코프 랜덤 필드 모델을 보여준다.

화소에 대한 변위 값을 구하기 위해 y는 각 변위 후보에 대한 정합 비용의 값을 가지고 있는 상태이다. $m_{pq}(x_p, x_q)$는 노드 x_p에서 노드 x_q로 보낸 메시지이고, $m_p(x_p, y_p)$는 노드 y_p에서 노드 x_p로 보낸 메시지이며, $b_p(x_p)$는 노드 x_p에서의 신뢰도(belief)를 의미한다. 위의 두 메지지 항을 간단히 $m_{pq}(x_q)$, $m_p(x_p)$로 표현한다.

신뢰 확산은 이제 세 단계로 수행되는데, 첫째는 메시지를 모두 동일한 분포를 가지도록 초기화하는 단계이고, 두 번째는 식 (4-21)과 같이 메시지를 수렴할 때까지 반복적으로 업데이트하는 것이다.

$$m^t_{pq}(x_q) = \min_{x_p}\left\{ V(x_p, x_q) + D_p(x_p) + \sum_{s \in N(p) \backslash q} m^{t-1}_{sp}(x_p) \right\} \qquad (4\text{-}21)$$

위 식에서 $N(p)\backslash q$는 q를 제외한 p의 인접화소를 말한다. 세 번째로 각 노드에서의 신뢰도를 식 (4-22)와 같이 계산한다.

$$b_q(x_q) = D_q(x_q) + \sum_{p \in N(q)} m^t_{pq}(x_q) \qquad (4\text{-}22)$$

최종적으로 구하고자 하는 값인 x^*_q는 각 노드에서 $b_q(x_q)$를 최소화 하는 x_q의 값으로 식 (4-23)과 같이 선택된다.

$$x^*_q = \mathrm{argmax}_{x_q} b_q(x_q) \qquad (4\text{-}23)$$

신뢰 확산을 이용한 스테레오 정합의 공개 소스코드는 아래 웹사이트에서 다운로드 받을 수 있다. 먼저는 계층적 신뢰 확산(hierarchical belief propagation, HBP)을 이용한 방법이고, 두 번째는 상수공간 신뢰 확산(Constant-space belief propagation, CSBP)를 이용한 방법이다 [80, 81].

http://cs.brown.edu/~pff/bp/

http://www.cs.cityu.edu.hk/~qiyang/publications/code/cvpr-10-csbp/csbp.htm

4.3.1.4 깊이 불연속 보존 깊이 획득

앞에서 설명했듯이 스테레오 정합 방식은 불연속 영역과 폐색 영역에서 취약점을 나타낸다. 본 절에서는 깊이 불연속 보존을 통한 정확한 스테레오 정합에 대해서 설명한다. 스테레오 정합에서 경계 영역의 깊이 정보는 서로를 구별할 수 있는 실마리를 제시하기 때문에 정확한 변위맵을 측정하는데 중요한 역할을 한다. 그러나 〈그림 4-30〉에서 보듯이, 경계 주변의 화소들은 얼룩진 색상 값을 갖는다. 이 명확하지 않은 화소는 불연속 영역의 변위를 정확히 측정하는데 영향을 미친다 [98]. 불연속 영역의 모호성을 줄이기 위해서 몇몇 접근법들은 세그멘테이션이나 화소의 유사 측정을 이용하여 변화하는 윈도우 크기나 적응적인 윈도우 모양을 사용하기도 한다. 하지만 세그멘테이션을 사용하는 경우는 세그멘테이션의 결과가 깊이 획득 알고리즘보다 더 많은 영향을 끼치고, 화소 유사 측정을 이용하는 방법은 텍스처가 없는 영역에서 좋지 못한 결과를 만들고, 영상 노이즈에 매우 민감하다.

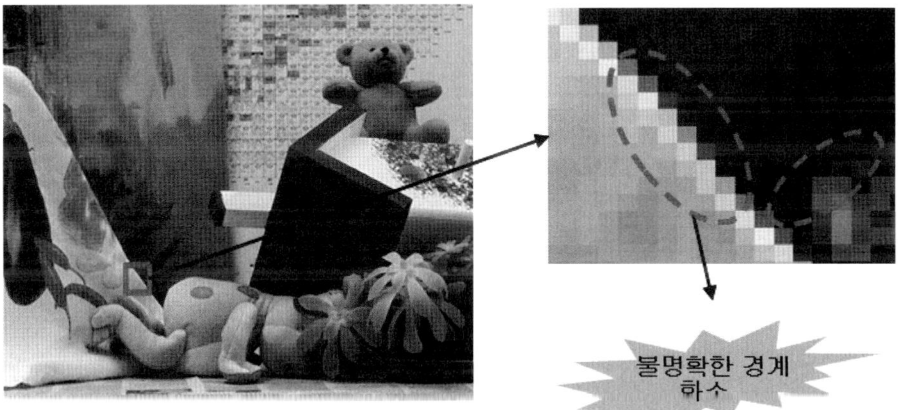

△ 그림 4-30 경계 영역에서의 얼룩진 화소 문제

거리 변환(distance transform)은 영상에서 추출된 경계 영역과 그 영상에 존재하는 화소 사이의 최단거리를 나타낸다 [99]. 컴퓨터 비전 분야에서 거리 변환은 인간의 움직임을 추적하는 데 많이 쓰인다 [100, 101]. 이 절에서는 스테레오 정합에 거리 변환을 적용시킨다. 거리 변환을 적용하기 전에 영상의 경계 영역을 추출한다. 경계 영역은 Canny 경계 검출을 사용하여 추출한다 [102]. Canny 경계 검출의 적용은 과도한 경계 정보를 발생시키기 때문에 불연속 영역의 깊이 정확도를 향상시키기 위해서 필수적이지 않은 고립된 경계 영역은 중간 필터를 이용하여 제거한다. $\alpha-\beta$거리 변환에 기반하여, 반복 횟수 k에서의 화소 (i, j)에서의 거리 변환 값 $r_{i,j}^{k}$은 다음과 같이 계산된다.

$$r_{i,j}^{k} = \begin{bmatrix} r_{i-1,j-1}^{k-1}+\beta & r_{i-1,j}^{k-1}+\alpha & r_{i-1,j+1}^{k-1}+\beta \\ r_{i,j-1}^{k-1}+\alpha & r_{i,j}^{k-1} & r_{i,j+1}^{k-1}+\alpha \\ r_{i+1,j-1}^{k-1}+\beta & r_{i+1,j}^{k-1}+\alpha & r_{i+1,j+1}^{k-1}+\beta \end{bmatrix} \tag{4-24}$$

α와 β는 거리 변환의 강도를 조절한다 [103]. 거리 변환 값이 '0'에 가까울수록 화소는 경계 영역에 속한다. 〈그림 4-31〉은 1-2 거리 변환의 변화하는 과정을 보여준다.

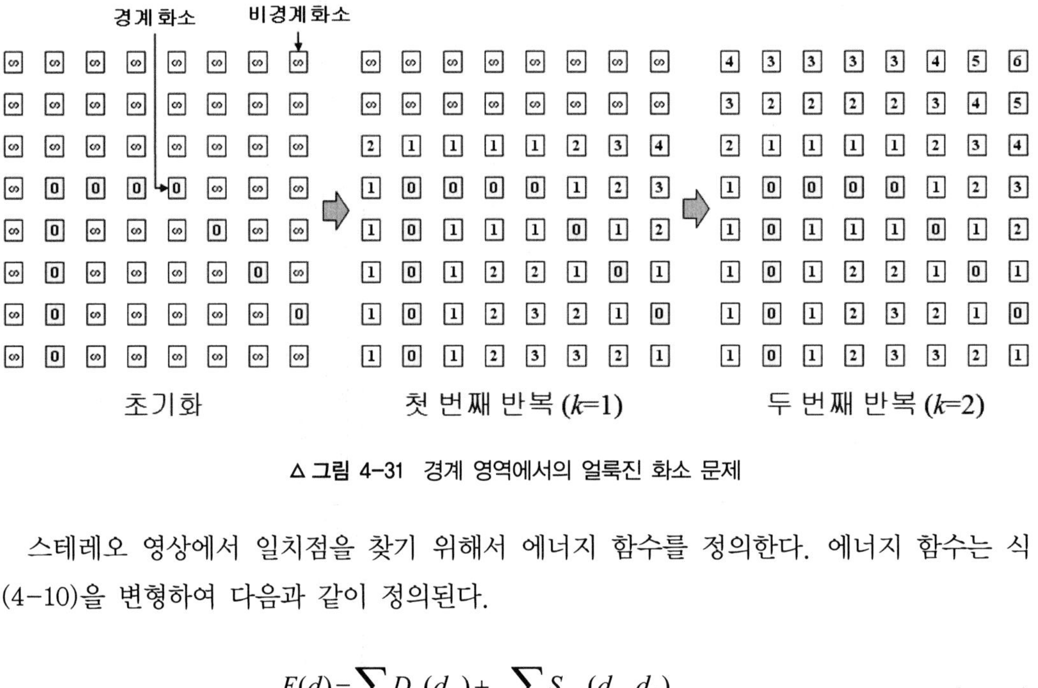

△ 그림 4-31 경계 영역에서의 얼룩진 화소 문제

스테레오 영상에서 일치점을 찾기 위해서 에너지 함수를 정의한다. 에너지 함수는 식 (4-10)을 변형하여 다음과 같이 정의된다.

$$E(d) = \sum_{s} D_s(d_s) + \sum_{s,t \in N(s)} S_{s,t}(d_s, d_t), \tag{4-25}$$

정의된 함수 식 (4-25)는 식 (4-10)에 정의된 것처럼 자료 항과 평활화 항으로 구성되어 있다. $D_s(d_s)$가 자료 항이고, $S_{s,t}(d_s, d_t)$는 화소 s와 t 사이의 평활화 항이다. s는 지역창 $N(s)$에서의 중앙 화소이고, t는 s의 주변 화소이다. 함수는 화소 s의 변위 d_s를 구하는 과정이다. 식 (4-25)의 에너지 함수는 상수 공간 신뢰 확산 (Constant Space Belief Propagation, CSBP)에 의해서 최적화된다.

여기서 자료 항은 정합 계산을 위해서 두 블록 사이의 가중 절대 색상차가 이용된다. 특히 t에서 거리 변환 값 dt_t는 경계 영역에서 더 나은 변위 예측을 위해서 정합 계산을 통제한다.

$$D_s(d_s)=\frac{\sum_{t\in N(s)} W_{s,t}(dt_t)\cdot F_{s,t}(d_s)}{\sum_{t\in N(s)} W_{s,t}(dt_t)} \tag{4-26}$$

W_t는 거리 변환 값을 고려한 t에서의 가중치 함수이고, $F_{s,t}(d_s)$는 s에 대한 t에서의 절대 색상차이다.

$$F_{s,t}(d_s)=\min(|I_L(x_s,y_s)-I_R(x_t+d_s,y_t)|,T_d) \tag{4-27}$$

(x_s, y_s)와 (x_t, y_t)는 s와 t의 수평, 수직 좌표이다. T_d는 자료 항 비용의 한계치를 조절한다. 거리 벼환 기반 가중치 함수 W_t는 다음과 같다.

$$W_{s,t}(dt_t)=f(dt_t)\cdot g(|I_{L,s}-I_{L,t}|) \tag{4-28}$$

$f(\cdot)$는 거리 변환 가중치 함수이고 g는 색상 가중치 함수이다. $|\cdot|$는 s에서의 색상값과 t에서의 색상값 사이의 유클리디안 거리를 계산하기 위한 연산자이다. 여기서 f와 g는 다음과 같이 모델링된다.

$$f(dt_t)=1-e^{-\frac{dt_t^2}{2\sigma_f}},\ g(|I_{L,s}-I_{L,t}|)=e^{-\frac{|I_{L,s}-I_{L,t}|^2}{2\sigma_g}} \tag{4-29}$$

σ_f와 σ_g는 f아 g의 평활 매개변수로 가우시안 함수의 표준편차로써 정의된나. 식 (4-29)에서 거리 변환 가중치 함수 f는 거리 변환값 dt_t에 반비례한다. 경계 영역에 명확하지 않은 화소는 일치점을 찾기를 모호하게 함으로 f는 작은 가중치 값을 부여한다. 평활화 항 $s_{s,t}$는 주변 화소들과의 변위들 사이의 차이의 정도를 나타낸다.

$$S_{s,t}(d_s, d_t) = \min(\lambda | d_s - d_t |, T_s) \tag{4-30}$$

〈그림 4-32〉는 일반적인 전역적 방법을 이용한 스테레오 정합과 거리 변환을 이용하여 깊이 불연속 보존 깊이 획득 방법의 시각적인 차이를 보여준다. 〈그림 4-32(a)〉와 〈그림 4-32(c)〉는 기존의 방법의 결과를 나타내고, 〈그림 4-32(b)〉와 〈그림 4-32(d)〉는 깊이 불연속 보존을 이용한 방법의 결과를 나타낸다. 결과로부터 경계 영역을 고려한 방법이 객체 경계가 좀더 명확함을 알 수 있다.

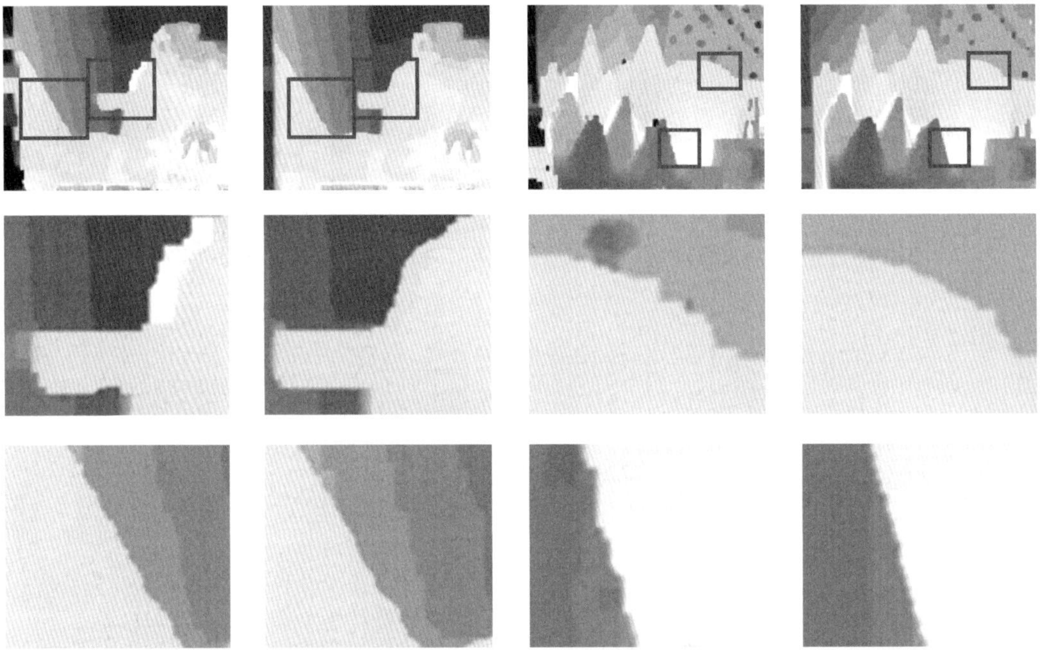

(a) (b) (c) (d)

△ 그림 4-32 깊이 결과 비교

4.3.1.5 폐색 영역을 고려한 깊이 획득

스테레오 정합에서 두 영상이 서로 다른 위치에서 획득되기 때문에 한 영역에서는 보이지만 다른 영역에서는 가려져서 보이지 않는 폐색 영역이 존재한다. 폐색 영역은 한 영상에서만 보이기 때문에 정확한 변위의 예측이 어렵다. 하지만 폐색 영역을 찾아서 합리적인 변위를 할당하는 작업은 사용가능한 변위맵을 만들기 위해서 도전적이지만 중요한 과제이다. 〈그림 4-33〉은 폐색 영역이 발생하는 경우를 보여준다.

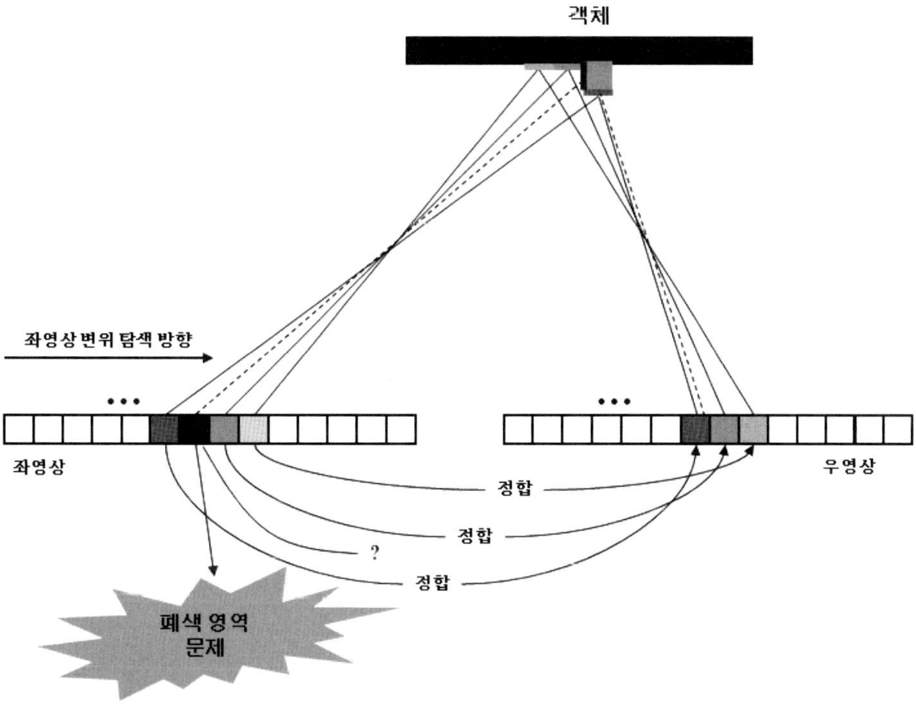

△ 그림 4-33 폐색 영역 문제 발생

폐색 영역을 찾고 폐색 영역의 변위를 예측하는 가장 단순한 방법은 교차 검사와 외삽법을 사용하는 방법이다 [104]. 교차 검사는 좌우 변위맵으로부터 각 화소에서 변위 값이 일치하는지를 확인하는 작업이다. 교차 검사를 만족하지 않는 경우에는 폐색 영역이라고 간주하고, 보이는 영역에서의 변위를 외삽법에 의해 폐색 영역으로 확장한다.

많은 알고리즘들은 예측된 변위 지도를 이용하여 폐색 영역을 예측하는 작업과, 예측된 폐색 영역 지도를 가지고 변위를 예측하는 작업을 번갈아가면서 반복적으로 수행한다 [105]. 그러나 이러한 경우에는 반복 횟수만큼 복잡도가 비례하여 증가한다. 따라서 복잡도를 줄이기 위해서 반복적인 최적화 방법을 적용하지 않을 수도 있다.

기존의 방법으로 구한 변위맵이 있다면 폐색 영역을 탐지하기 위해서 두 가지 제약사항을 사용할 수 있다 [98]. 이들은 투영 제약사항과 교차 검사 제약사항이다. 투영 제약 사항에서는 좌영상의 변위맵을 사용하여 좌영상의 모든 화소가 우영상으로 투영된다. 좌영상의 여러 화소가 우영상의 동일한 화소에 투영이 되면 하나의 화소를 제외하고는 모두 폐색 영역의 화소이다. 이 경우 변위맵이 믿을만하다면 여러 매칭된 화소들 중에서 가장 큰 변위 값을 갖는 화소가 보이는 화소이고, 나머지는 모두 가려진 화소가 된다. 그러나 정확성을 확신할 수 없기 때문에 모든 매칭 화소가 가려진 폐색 영역의 화소로 가능하다고 간주한다. 〈그림 4-34〉는 투영 제약 사항에 대해서 설명한다. 파란색으로 표시된 부분은 폐색 영역 후보가 된다.

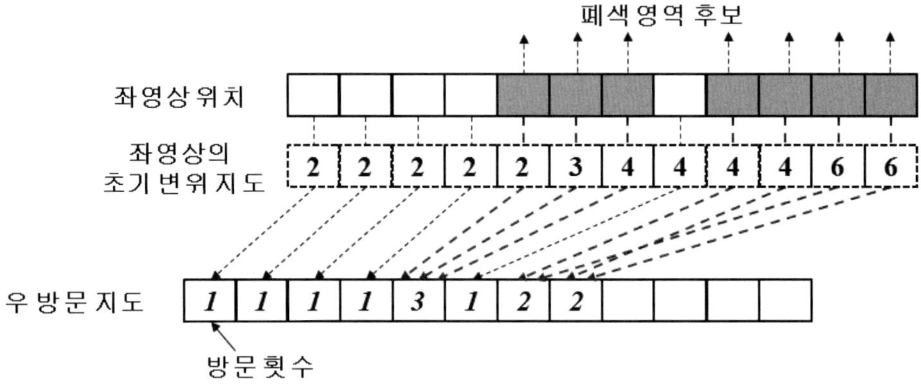

△ 그림 4-34 투영 제약사항: 여러 화소가 하나의 화소로 매핑이 되면 폐색영역으로 간주됨

부정확한 변위맵을 가지고 정확한 폐색 영역 지도를 얻기 위해서, 투영 제약사항을 위한 에너지 함수를 정의한다. 에너지 함수는 확률에 기반한다. $G_L(s;D_L)$은 투영 제약 사항에 의한 이진 지도이다.

$$E_G(D_L) = \sum_s w_b |o_s - G_L(s;D_L)| \tag{4-31}$$

교차 검사 제약 사항은 두 변위맵부터 상호 일치성을 평가한다. 좌영상의 특정 화소가 폐색 영역이 아니면, 이 화소에서는 좌영상과 우영상 변위맵으로부터의 변위 값이 일치해야 한다. 교차 검사 제약사항을 위한 에너지 함수는 다음과 같다.

$$E_c(D_L, D_R) = \sum_s |o_s - C_L(s;D_L, D_R)| \tag{4-32}$$

$$\begin{cases} C_L = 0, & \text{if } D_L(x_s) = D_R(x_s - D_L(x_s)) \\ C_L = 1, & otherwise \end{cases} \tag{4-33}$$

여기서 D_L과 D_R은 각각 좌영상과 우영상의 변위지도를 나타낸다. x_s는 좌영상의 화소이다. C_L이 '0'인 것은 현재 화소의 변위 값이 믿을만하다는 의미이다.

폐색 영역 탐지를 위한 최종 에너지 함수는 다음과 같다.

$$E_O = \sum_s (1-o_s)D_s(d_s) + \lambda_o o_s + \lambda_G E_G(D_L) + \lambda_C E_C(D_L, D_R) + \sum_{s,\, t \in N(s)} \lambda_s |o_s - o_t| \tag{4-34}$$

최종 함수는 투영 제약 사항과 교차 검사 제약 사항 외에도 변위 지도로부터 얻어진 두 영상의 일치하는 화소의 휘도 성분 차이도 데이터 항에 추가한다. 이는 두 제약 사항에 의해 보이는 부분이라고 인식된 화소라도 영상 간 휘도 차이가 크다면 잘못된 정합일 수 있다는 가정에 의한 것이다. 마지막 항은 폐색 영역 탐지 함수의 평활화 항을 나타낸 것이고, 화소 s의 주위 화소들과의 관계를 이용한다. 최종 정의된 함수는 신뢰 확산 알고리즘을 이용하여 최적화된다.

폐색 영역을 탐지한 후, 합리적인 변위 값이 폐색 영역의 화소에 부여되어야 한다. 폐색 영역은 한 영상에서만 보이므로, 정확한 변위 값을 결정하는 것은 불가능하다. 만약 주위의 화소들 중 보이는 영역에 있는 화소들을 사용한다면 폐색 영역에서 변위 예측이 가능하다. 일반적으로 폐색 영역의 화소에서 변위 값은 주위 배경에 보이는 화소의 변위 값과 유사하다. 따라서 보이는 영역의 화소를 폐색 영역의 화소로 전파시킬 수 있다.

폐색 영역을 구하면 우선 폐색 영역을 극좌 폐색 영역과 내부 영역으로 분류한다. 〈그림 4-35〉는 좌영상과 일치하는 폐색 영역 지도를 보여준다. 〈그림 4-35(b)〉에서 빨간색으로 표시된 부분은 극좌 폐색 영역이고, 나머지는 내부 영역이다. 극좌 부분은 우영상에서 영상의 왼쪽으로 사라지는 부분이므로, 극좌 폐색 영역에 대해서는 주변 영역에서 가장 유사한

△ 그림 4-35 폐색 영역의 분류

영역을 탐지하여 그 영역의 변위 값으로 폐색 영역을 채울 수 있다. 내부 폐색 영역은 객체가 객체의 왼쪽 편에 있는 배경을 가려서 생기기 때문에 좌측 배경의 유사한 영역으로부터 변위 값을 가져올 수 있다. 이를 반영한 폐색 영역 채움 알고리즘의 마스크 모양은 〈그림 4-36〉처럼 나타낼 수 있다.

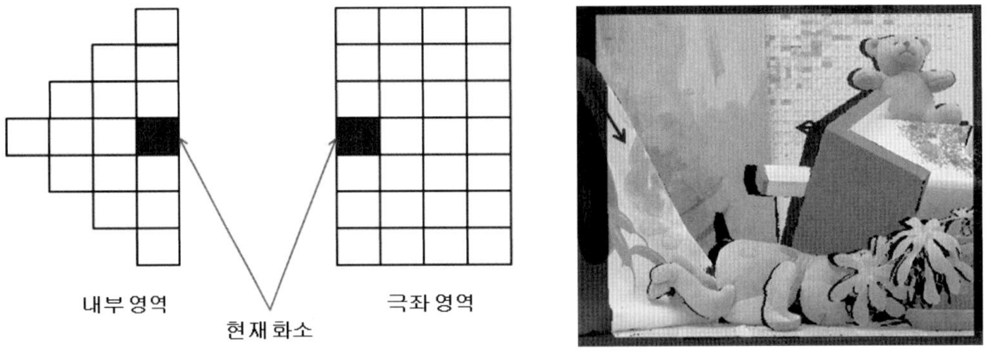

△ 그림 4-36 폐색 영역 처리를 위한 마스크

〈그림 4-37〉은 폐색 영역 처리한 결과를 보여준다. 위쪽 영상들은 폐색 영역 처리를 하지 않은 변위맵이고, 아래 영상들은 폐색 영역을 처리한 변위맵들이다. 폐색 영역 처리를 한 변위맵이 더 정확한 결과를 보여줌을 알 수 있다.

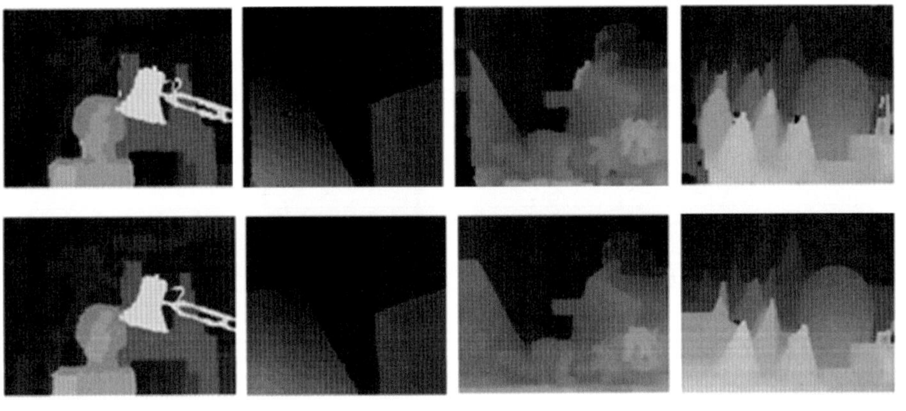

△ 그림 4-37 폐색 영역 처리한 변위맵 결과

4.3.2 수렴형 카메라 배열에서의 깊이 정보 획득

4.3.2.1 수렴형 배열에서의 영상 정렬화의 문제점

지금까지의 스테레오 정합 방법들은 주로 평행형 배열로 촬영되었다는 가정 하에 개발되었다. 하지만 최근 3차원 영상을 촬영 시 두 카메라의 시야 범위를 비슷하게 하기 위해서 수렴형 카메라 배열이 많이 이용되기 때문에 이전 평행형 배열에서의 방법들을 적용하면 문제가 발생한다. 기존의 스테레오 정합은 보통 정확도와 속도 향상을 위해 두 영상을 정렬화하여 동일한 스캔 라인 위에서 정합 과정을 수행한다. 하지만 이러한 정렬화는 평행형 배열에서는 유용하지만, 수렴형 배열에서는 영상 왜곡을 발생시킨다. 이는 평행형 배열은 두 영상이 거의 동일한 평면에 놓여있지만, 수렴형 배열은 수렴각이 존재하기 때문이다.

정렬화된 두 영상은 한 평면상에 위치한 각각의 영상 평면을 가지며, 동일 선상에 위치한 두 카메라에서 촬영된 영상의 특성을 가진다. 두 영상의 대응점들은 동일한 수직 좌표를 가지며, 결과적으로 두 영상 사이에는 수평 방향의 변위만이 존재하게 된다 [67]. 〈그림 4-38〉은 수렴형 카메라에서의 영상 정렬화 과정을 보여준다. 서로 다른 평면에 존재하던 두 카메라는 동일한 평면으로 옮겨지고, 대응점에 대한 에피폴라 선은 일치하게 된다.

〈그림 4-38〉에서 p_L과 p_R은 각각 좌우 영상에서의 일치하는 임의의 한 점을 나타낸다. 두 일치점이 실제 3차원 공간에 있는 위치를 P로 나타냈다. l_L과 l_R은 각 좌우 영상의 에피폴라 선이다.

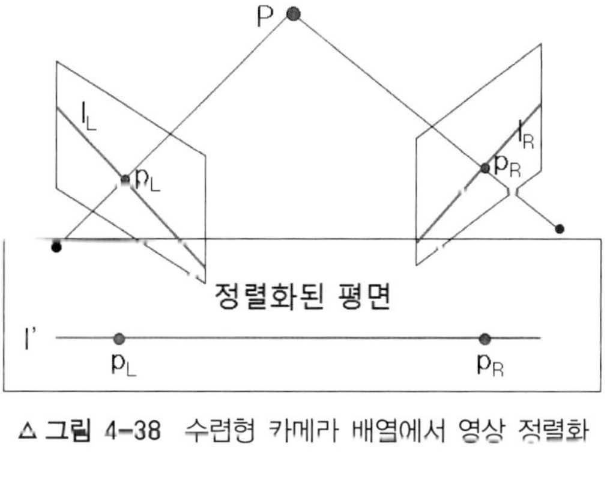

△ 그림 4-38 수렴형 카메라 배열에서 영상 정렬화

수렴형 배열에서 영상 정렬화의 원본 영상 훼손 문제는 수렴각을 갖는 두 평면을 동일 평면으로 옮겨서 발생한다. 그 예로 원본 영상에서 서로 다른 영역에 있는 여러 화소가, 정렬화된 평면의 한 화소로 옮겨지거나, 옮겨진 화소가 영상 평면의 밖에 있게 되는 경우이다. 〈그림 4-39〉는 수렴형 배열의 카메라로 획득된 영상에 정렬화 과정을 수행할 경우 왜곡이 발생할 수 있는 예를 보여준다. 여러 화소는 영상 정렬화에 의해서 오직 한 화소로 투영될 수 있다. 이는 영상 정보의 손실을 가져온다.

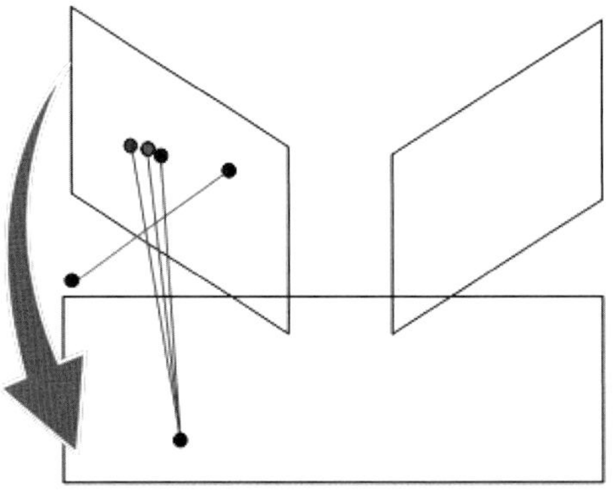

△ 그림 4-39 수렴형 카메라 배열에서의 영상 정렬화 문제의 예

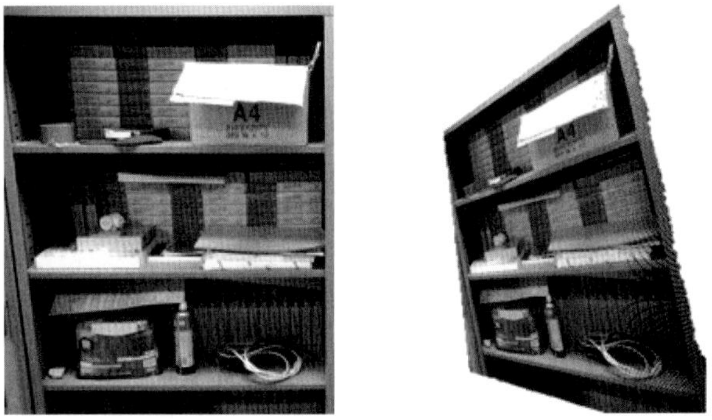

(a) (b)

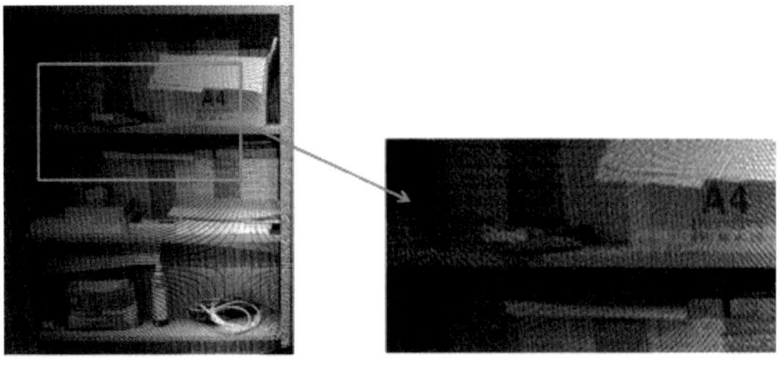

(c)

△ 그림 4-40 수렴형 카메라 배열에서의 영상 정렬화 문제의 예

<그림 4-40>은 실제로 영상 정렬화를 처리한 결과를 보여준다. <그림 4-40(a)>는 원본 영상을, <그림 4-40(b)>는 정렬된 영상을 보여준다. <그림 4-40(c)>는 정렬된 영상에서 다시 원본 영상 평면으로 다시 투영했을 때의 영상과, 이를 확대한 영상을 보여준다. 영상 정렬화를 거친 두 영상은 스캔 라인은 거의 일치하게 할 수 있지만 <그림 4-40>에서 보듯이 원본 영상의 일부가 정렬화를 거치면서 소실될 수 있음을 보여준다. 이와 같이 영상 정렬화를 이용해서는 수렴형 배열의 카메라로 획득된 영상을 보존하면서 3차원 정보를 얻기가 어렵다.

4.3.2.2 에피폴라 제약사항을 이용한 깊이 정보 획득

영상 정렬화를 통해서 수직 방향의 변위를 제거하는 방법은 영상의 왜곡 때문에 모든 화소의 변위를 구하기 어렵다. 그렇다고 대응점을 찾기 위해서 수평 방향 뿐 아니라 수직 방향까지 스캔하는 방법은 너무 소모적일 뿐 아니라 정확도 또한 떨어진다. 이런 경우, 에피폴라 제약 사항을 사용하여 이를 해결할 수 있다. 에피폴라 선은 좌시점에서 카메라 중심과 영상 평면에 맺힌 화소를 연결한 직선을 3차원 공간으로 보내고, 이를 우영상에 투영하여 획득한다. <그림 4-41>에서 에피폴라 선 위에, 좌영상에 존재하는 화소 p_1의 대응점인 p'_1이 놓여있다. 보통 1차원 변위는 쉽게 깊이 정보로 변환할 수 있지만, 제안한 방법으로 변위를 구할 경우 2차원 변위가 발생하고 음의 변위도 발생할 수 있기 때문에, 변위로 객체가 카메라에서 얼마나 떨어져 있는지 판단할 수 없다. 따라서 변위 값을 추출하지 않고 직접 깊이 값을 구한다.

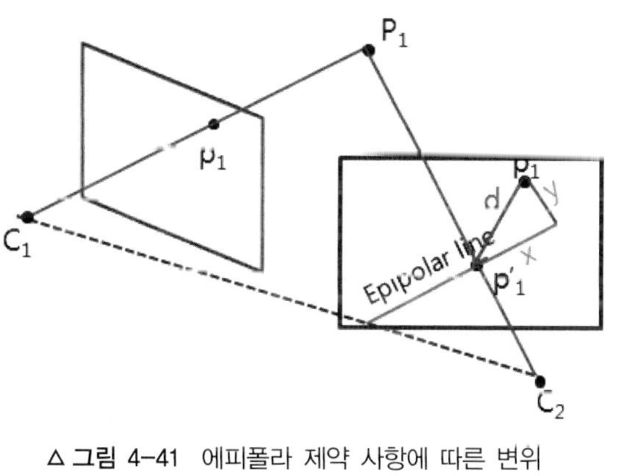

△ 그림 4-41 에피폴라 제약 사항에 따른 변위

깊이를 획득하기 위해서 마르코프 랜덤 필드 모델을 이용하여 에너지 함수를 정의하고 최적화한다 [106]. 에너지 함수는 식 (4-10)처럼 정의한다. 자료 항과 평활화 항은 다음과 같이 정의된다.

$$E_{data}(x, y, d) = U\{(I_{L(x,}\ y),\ I_R(x, y, d)\} \tag{4-35}$$

$$E_{smooth}(x, y, d) = \sum_{(p, q) \in N} W(p, q) \tag{4-36}$$

$U\{\cdot\}$는 좌·우영상의 화소값 차이, N은 주변 화소의 집합이고, $W(p, q)$는 주변 화소들의 변위 차이, $I_L(x, y)$는 좌영상의 좌표가 (x, y)일 때의 화소값, $I_R(x, y, d)$는 좌영상의 좌표 (x, y)가 깊이 값이 d일 때 우영상에 매칭되는 화소값을 나타낸다. $I_R(x, y, d)$을 구하기 위해서 워핑을 이용한다. 이를 위해 먼저 깊이의 범위를 정한다. 깊이 범위는 〈그림 4-42〉에 제시된 것처럼 최소·최대 깊이 위치에 있는 두 영상의 화소를 3차원 공간으로 보내서 만나는 점을 찾는 삼각화(Triangulation) 방법을 이용하여 구한다. 만나는 3차원 점을 알면 그 위치의 깊이를 알 수 있다

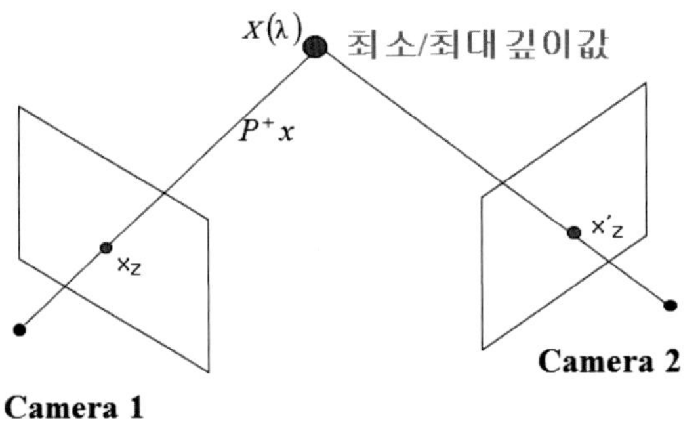

△ 그림 4-42 깊이 범위를 구하기 위한 삼각화 방법

이 범위를 구한 후, 깊이 값에 맞게 좌영상의 화소를 3차원 워핑 기술을 이용하여 우영상으로 투영한다 [107]. 3차원 워핑 기술은 5장에서 자세히 설명할 것이다. 각 깊이 값의 우영상에서의 대응 좌표가 정해지고, 이들은 $I_R(x, y, d)$의 화소값을 결정한다. 최종 에너지, 식 (4-10)은 최적화되어 깊이가 얻어진다. 얻어진 깊이 지도는 정확한 깊이 값을 위한 초기값으로 사용된다.

4.3.2.3 부정합 영역 탐지 및 처리

부정합 영역을 탐지하기 위해서 이전 절에서 구한 초기 깊이 지도를 이용하여 좌영상의 모든 화소를 우영상에 투영한다. 여기서 두 가지 종류의 폐색 영역 후보를 구할 수 있다. 첫 번째로 좌영상에서의 화소가 우영상의 영상 평면의 범위 밖으로 투영되는 화소인데, 이들은 우영상과 매칭되지 않는 화소이기 때문에 폐색 영역 후보로 간주할 수 있다. 에너지 함수는 다음과 같이 정의한다.

$$E_O(d_{u,v}) = \sum_{u,v} |o_{u,v} - G_O(u,v;d_{u,v})| \tag{4-37}$$

$G_O(u,v;d_{u,v})$은 우영상 평면 범위 밖으로 화소가 투영되는지를 나타내는 이진 지도이다. 우영상의 평면 범위 안으로 투영이 된다면 '0', 그렇지 않으면 '1'로 세팅한다. $o_{u,v}$는 추정에 의한 폐색 영역 값이다. 화소가 폐색 영역으로 가정되면 '1'로 세팅된다. 즉, 정확히 예측되면 에너지 값이 작아지게 된다.

두 번째는 좌영상의 여러 화소가 우영상의 동일한 화소에 투영되는 경우이다. 이러한 화소 중 일부는 실제로 3차원 공간에서 다른 화소에 가려진 화소이다. 이에 관한 에너지 함수는 다음과 같다.

$$E_W(d_{u,v}) = \sum_{u,v} w_w |o_{u,v} - G_W(u,v;d_{u,v})| \tag{4-38}$$

$G_W(u,v;d_{u,v})$에서는 우영상의 동일한 화소에 투영된 좌영상의 다중 화소를 '1'로 세팅한다. 확률적으로 다중 매칭 화소 중 가장 깊이 값이 큰 화소가 보이는 부분일 가능성이 가장 크기 때문에 w_w를 이용하여 가중치를 달리 적용한다. 〈그림 4-43〉은 투영을 사용한 두 종류의 부정합 영역 검출 방법을 설명한다.

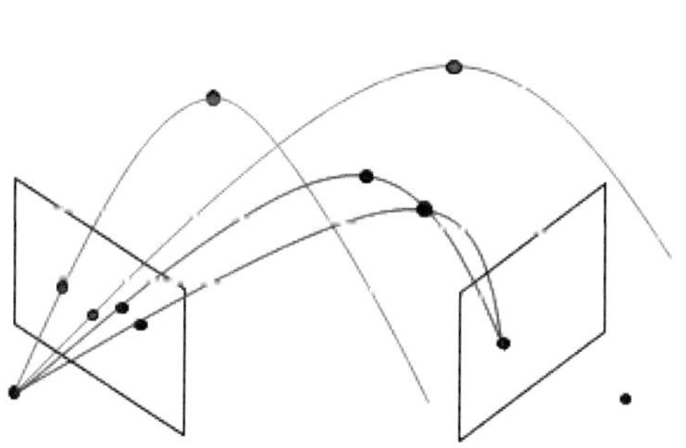

△ 그림 4-43 투영을 사용한 부정합 영역 탐지

부정합 영역 탐지를 위한 다른 방법은 대응점이라고 판단되는 두 화소들이 실제로 3차원 공간에서 같은 위치에 존재 하는지를 확인하는 것이다. 특정 화소가 부정합 영역이 아니라면, 두 영상에서 3차원 공간으로 보낸 위치는 동일해야한다. 3차원 공간에서의 부정합 영역 탐지 에너지 함수는 다음과 같다.

$$E_C(d_{u,v}, d_{u',v'}) = \sum_{u,v} |o_{u,v} - G_C(u,v;d_{u,v}, d_{u',v'})| \tag{4-39}$$

$G_c(u,v;d_{u,v}, d_{u',v'})$는 두 영상에서 3차원 공간으로 보낸 위치가 동일하면 '0', 아니면 '1'의 값을 갖는다. 〈그림 4-44〉는 3차원 공간에서의 부정합 영역을 탐지하는 방법에 대해서 나타낸다.

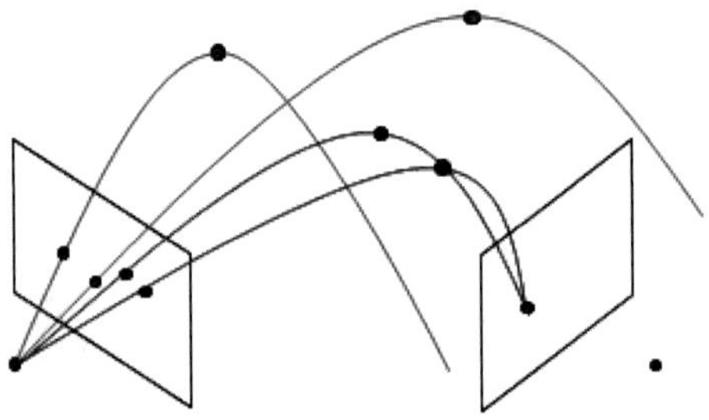

△ 그림 4-44 3차원 공간에서의 부정합 영역 탐지

부정합 영역을 탐지 최종 에너지 함수는 상기한 에너지 함수의 합으로 다음과 같이 나타낸다.

$$\begin{aligned} E_{OD} = \sum_{u,v} (1 - o_{u,v}) E_{data}(x, y, d_{u,v}) + \lambda_a o_{u,v} + \lambda_O E_O(d_{u,v}) + \lambda_w E_w(d_{u,v}) \\ + \lambda_c E_c(d_{u,v}, d_{u',v'}) + \sum_{p,q \in N} \lambda_s |o_p - o_q| \end{aligned} \tag{4-40}$$

식 (4-40)은 두 에너지 함수 외에도 두 대응점의 휘도 성분 차이도 포함한다. 이는 폐색 영역 탐지 조건들에서 보이는 부분이라고 인식된 화소라도 영상간 휘도 차이가 크다면 잘못된 정합일 수 있다는 가정에 의한 것이다. 탐지된 부정합 영역에는 주변의 보이는 영역에 있는 화소 중 폐색 영역과 비슷한 영역이라고 판단되는 화소를 이용하여 깊이 값이 채워진다 [108]. 이와 같이 얻어진 깊이 지도는 후처리를 거쳐서 깊이 지도의 질을 향상시킨다 [109]. 〈그림 4-45〉는 영상 정렬화를 적용한 일반적인 스테레오 정합 방식들과 영상 정렬화를 제거해서 영상 왜곡을 줄이고, 부정합 처리까지 한 결과를 비교한다. 〈그림 4-45(a)〉는 원본 영상,

〈그림 4-45(b)〉는 가속화된 신뢰 확산 방식(accelerated belief propagation) [110], 〈그림 4-45(c)〉는 동기 신뢰 확산 (synchronous belief propagation) [110], 그리고 〈그림 4-45(d)〉는 영상 정렬화를 제거한 방법이다.

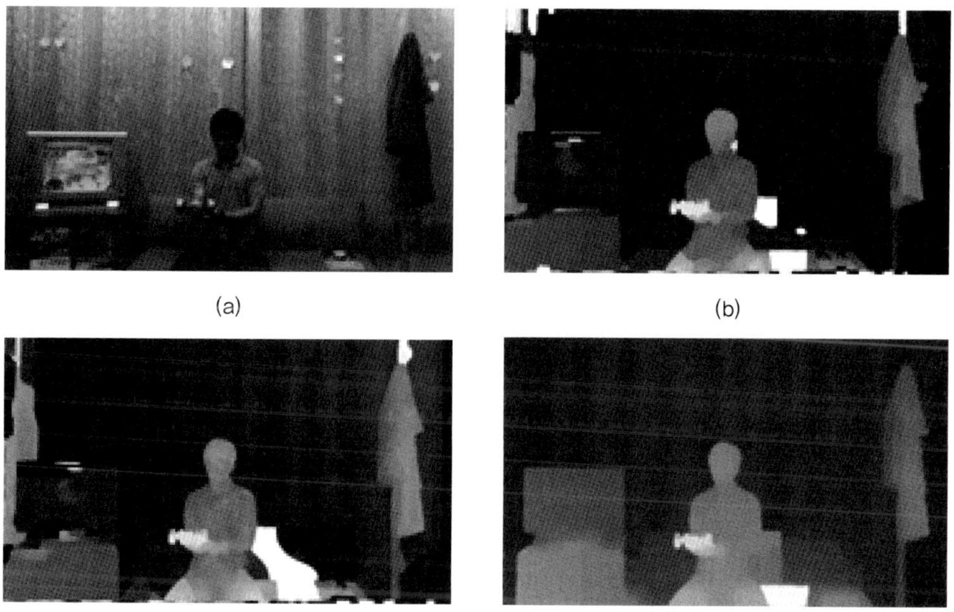

(a) (b) (c) (d)

△ 그림 4-45 3차원 공간에서의 부정합 영역 탐지

〈그림 4-45〉에서 보듯이 다른 방법들은 정렬화 과정에 의해서 많은 부분이 손실되었지만, 〈그림 4-45(d)〉의 방법은 모든 영역에서 정확한 깊이 정보를 획득함을 알 수 있다.

4.3.3 2차원 영상의 3차원 변환

지금까지는 수동형 깊이 생성 방법 중 양안 깊이 단서를 이용한 스테레오 정합을 살펴보았고, 이 절에서는 단안 깊이 단서를 이용하는 2차원 영상의 3차원 변환 방법을 소개한다. 2차원 영상의 3차원 변환은 이미 하나의 시점에서 촬영이 끝난 영상에 적용하여 해당 장면에 내힌 깊이 정보를 구하는 방법이다. 이와 같은 단일시점 영상은 깊이 정보를 구하기 위해 참조할 수 있는 정보가 양안식 영상에 비해 부족하기 때문에 좋은 성능을 기대하기는 어렵다. 영상 내에서 단안 깊이 단서를 찾아내고, 이것을 이용하여 상대적인 깊이 정보를 추정하는 것이다.

4.3.3.1 단안 깊이 단서

단안 깊이 단서는 평면의 영상을 보았을 때에도 깊이감을 느낄 수 있도록 해 주는 정보이다 [111]. 단안 깊이 단서는 영상 내에서 객체와 객체 사이, 혹은 객체와 배경 사이의 원근관계를 나타내기 때문에, 2차원 영상의 3차원 변환에 매우 중요한 역할을 한다. 〈표 4-5〉에 대표적인 단안 깊이 단서와 그 특징이 설명되어 있다 [112].

▼ 표 4-5 단안 깊이 단서

깊이 단서	특징
초점	가까이 있는 객체에 초점이 맞추어짐
직선원근	공간 내 평행선들이 지평선상의 소실점으로 모임
대기산란	대기의 산란 현상으로 인해 멀리 있는 객체의 채도와 선명도가 감소함
그림자	물체의 모양과 위치에 따라 그림자가 생김
상대적 크기	동일한 크기의 객체라도 가까이 있는 것이 상대적으로 크게 보임
움직임	가까이 있는 객체의 움직임이 멀리 있는 객체의 움직임보다 큼
가려짐	가까이 있는 객체에 의해 멀리 있는 객체의 일부가 가려짐

〈표 4-5〉의 각 항목을 간단히 소개하면 다음과 같다. 먼저 초점은 일반적으로 〈그림 4-46〉과 같이 카메라로부터 가까이에 있는 객체에 초점이 맞춰지고, 멀리 있는 객체나 배경은 초점이 흐려짐에 따라 장면 내에서의 원근을 구별할 수 있는 단서가 된다. 이와 같은 경우에는 초점이 맞춰진 영상의 고주파 성분이 많이 있는 부분이 가까이 있다고 판단할 수 있고, 상대적인 깊이 정보를 추정할 수 있다 [113].

△ 그림 4-46 초점을 이용한 깊이 단서

직선원근(linear perspective)은 〈그림 4-47〉과 같이 영상 내 두 개의 평행선이 하나의 소실점(vanishing point)에서 만남으로 깊이감을 느낄 수 있는 것을 말한다. 직선원근의 원리는 같은 크기의 객체라도 가까운 거리에 있을 때 망막에 상이 더 크게 맺히는 것으로 설명된다 [114]. 따라서 평행한 두 직선이 이루는 평면을 생각해 보았을 때, 가까이 있을 때에는 그 상이 크게 맺히지만, 멀어질수록 상이 작아지면서 결국 하나의 소실점에 모이게 된다. 이와 같은 직선원근은 객체의 크기, 소실점과 소실선(vanishing line) 등 이용할 수 있는 정보가 많기 때문에 가장 유용한 단안 깊이 단서로 사용된다.

△ 그림 4-47 직선원근을 이용한 깊이 단서

대기 산란은 객체의 선명도나 색상이 거리가 멀어짐에 따라 흐려지는 현상이다 [115]. 이 현상은 〈그림 4-48〉과 같이 대기 중의 먼지나 수증기 등에 의해서 발생하며, 이러한 정보를 이용하여 상대적인 깊이 정보를 추정할 수 있다.

△ 그림 4-48 대기 산란 효과를 이용한 깊이 단서

빛에 의해서 생기는 그림자 역시 중요한 깊이 단서가 된다 [116]. 그림자는 빛의 세기와 위치, 그리고 물체의 형상 등에 따라 결정되며, 그림자가 생기는 위치에 따라 〈그림 4-49(a)〉와 같은 표면 그림자(attached shadow)와 〈그림 4-49(b)〉와 같은 투영 그림자(cast shadow)로 나눌 수 있다. 표면 그림자는 객체의 형태에 대한 정보를 주며, 투영 그림자는 상대적인 깊이감을 주는 단서가 된다. 〈그림 4-49(b)〉와 같이 같은 크기, 같은 색상의 객체라도 그림자에 따라 깊이감이 달라질 수 있기 때문이다. 이러한 사실은 〈표 4-5〉의 상대적 크기와도 관련이 있는데, 〈그림 4-49(b)〉의 두 객체는 실제로 동일한 크기이지만 그림자에 의해 오른쪽 객체가 더 앞으로 나와 있는 상태이며, 따라서 조금 더 크게 보이는 효과가 있다.

(a)

(b)

△ 그림 4-49 그림자를 통한 단안 깊이 단서

단안 깊이 단서 중 움직임은 관찰자, 즉 카메라가 이동하고 있는 경우에 나타난다. 차를 타고 달리면서 창문 밖을 볼 때 발생하는 현상과 같은 원리이다. 앞쪽에 있는 건물과 나무들은 빠르게 지나가지만, 뒤쪽에 있는 산은 천천히 움직인다. 가까운 객체의 이동속도가 더 빠른 것이다. 카메라의 움직임이 있는 동영상에서 상대적 깊이를 추정하는 데 사용될 수 있다. 또한 가려짐은 가까이 있는 객체의 움직임에 의해서 멀리 있는 물체의 일부 또는 전체가 가려지거나 새롭게 드러나는 현상으로 깊이의 단서를 제공한다. 두 객체가 만났을 때, 가려짐이 발생하는 객체가 더 멀리 있는 것으로 간주되어 장면 내 상대적 깊이를 추정할 수 있다.

4.3.3.2 단일 시점 영상의 깊이 정보 추정 방법

단일 시점 영상에서의 깊이 정보 추정, 즉 2차원 영상의 3차원 변환을 수행하기 위해서는 알고리즘을 개발하여 자동으로 추정하는 방법과 수동으로 깊이를 할당하는 방법이 있다. 수동으로 깊이를 할당하는 방법은 영상의 모든 프레임마다 객체를 분리하고, 분리된 객체별로 상대적 깊이를 할당하는 것이다. 이 작업은 작업량이 매우 많고 정교한 기술을 필요로 하기 때문에, 한편의 영화를 3차원 변환하는데 걸리는 연인원은 100여명이나 필요하다고 한다. 자동으로 깊이 정보를 추정하는 알고리즘의 개발이 꼭 필요한 상황이다.

알고리즘 기반으로 깊이를 추정하는 방법으로는 〈그림 4-50〉과 같이 객체를 구분하지 않고 영상 내 소실점을 기반으로 하여 정해진 패턴의 깊이맵을 생성하는 방법이 있다 [117]. 〈그림 4-50(a)〉와 같은 단일시점 입력 영상이 있을 때, 〈그림 4-50(b)〉와 같은 기하학 깊이맵을 먼저 결정한다. 기하학 깊이맵은 소실점의 특징에 따라 몇 가지 패턴으로 미리 정의되어 있다. 그리고 〈그림 4-50(c)〉와 같이 객체 분할을 적용하여 깊이맵을 잘라내어 최종적으로 〈그림 4-50(d)〉와 같은 깊이맵을 생성한다. 또한 객체 구분 없이 한 깊이 값을 객체에 일괄 할당하는 방법 [118], 영상의 구도 및 움직임을 예측하여 깊이를 추정하는 방법 등 다양한 방법이 제안되었다 [119].

(a) (b) (c) (d)

△ 그림 4-50 소실점 기반의 깊이 추정

또한 〈그림 4-51(a)〉에 보인 영상에 대해, 〈그림 4-51(b)〉와 같은 영상의 영역별 분할, 〈그림 4-51(c)〉에 보인 영역의 통합을 수행한 후 미리 학습된 분류기에 따라 〈그림 4-51(d)〉처럼 하늘과 땅, 그리고 객체로 분류해 깊이 정보를 생성하는 방법도 발표되었다 [120]. 이러한 방법의 결과로 〈그림 4-51(e)〉와 같은 3차원 모델을 생성했다. 또한 분할된 객체를 통합하지 않고 객체마다 3차원 평면의 방정식을 정의하여 깊이맵을 생성하는 방법도 제안되었다 [121].

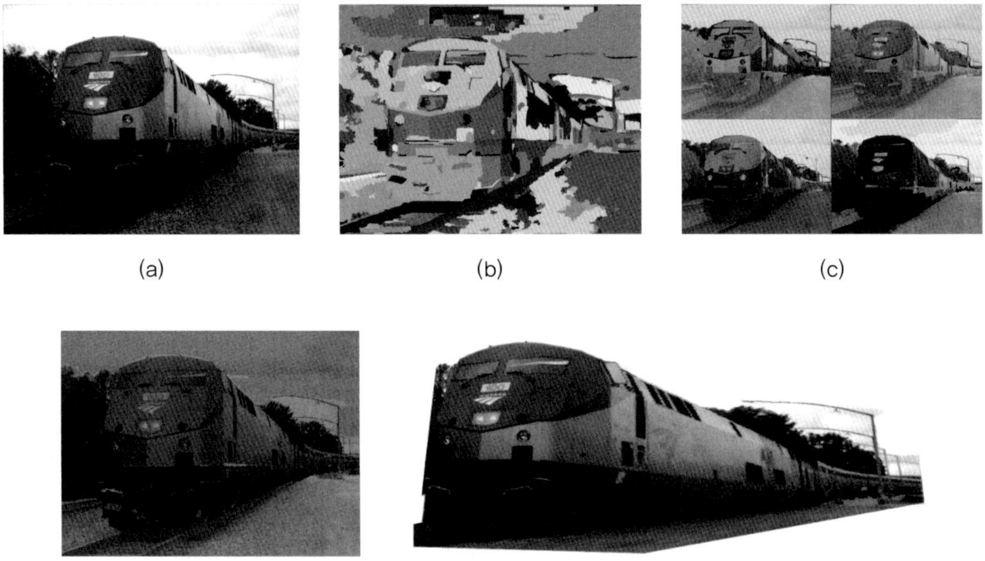

(a) (b) (c)

(d) (e)

△ 그림 4-51 영역분할과 영역통합 후 분류된 영상

이 절에서는 소실점을 기반으로 객체를 분류하고 그에 알맞은 깊이 정보를 할당하는 방법을 좀 더 자세히 설명한다 [122, 123]. 먼저 영상 내에서의 원근 정보를 획득해야 하는데, 〈그림 4-52〉와 같이 직선 성분들의 연장선들이 만나서 소멸하는 점을 소실점, 그 소실점을 지나는 선을 소실선으로 정의하고 이를 찾아낸다. 선의 검출에는 Canny 경계검출과 Hough 변환이 이용된다 [123, 124].

△ 그림 4-52 소실점과 소실선

소실점과 소실선을 찾아낸 이후에는 이 정보를 바탕으로 기본 깊이맵을 생성한다. 이해를 돕기 위해 소실점과 소실선이 검출된 〈그림 4-53(a)〉와 같은 실험 영상과, 이 영상에 대한 기본 깊이맵이 〈그림 4-53(b)〉에 나타나 있다. 기본 깊이맵이란 소실점 위쪽 부분에는 0의 깊이 값을 할당하고, 소실점 아래쪽의 지면 부분에 대해서는 점진적으로 증가하는 깊이 값을 식 (4-41)과 같이 할당한 깊이맵이다.

$$depth_y = \frac{255(y - Y_{VP})}{height - Y_{VP}} \tag{4-41}$$

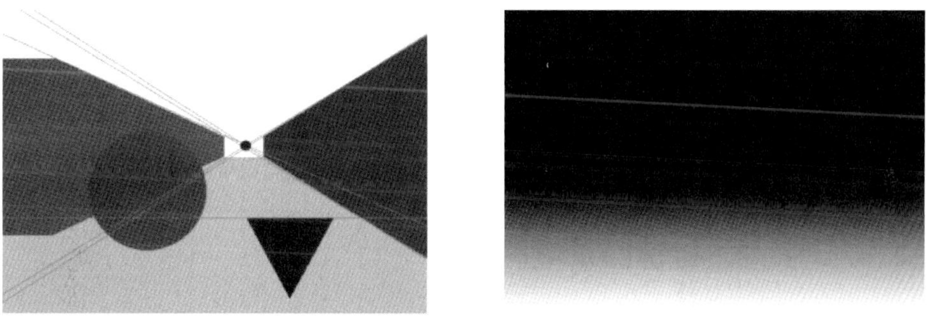

(a) (b)

△ 그림 4-53 기본 깊이맵의 생성

식 (4-41)에서 y는 현재 수직방향으로의 화소 위치, Y_{VP}는 소실점의 수직 위치, $height$는 영상의 수직 화소 수를 의미한다. 기본 깊이맵의 생성 후에는 객체를 두 종류로 분류한다. 첫째는 동일한 깊이를 가지는 평면 형태의 객체이고, 두 번째는 입체 형태의 객체로써 깊이 값이 객체 안에서 변하는 경우이다. 분류한 객체의 형태에 따라 깊이를 다르게 할당하게 되는데, 먼저 평면 객체에 대해서는 〈그림 4-54(a)〉와 같이, 기본 깊이맵에서 한 값을 취하여 해당 객체 전체에 할당한다. 입체 형태의 객체는 소실점에 가까워질수록 작은 깊이를 가져야 하므로 〈그림 4-54(b)〉와 같이 기본 깊이맵의 값의 변화를 따라가면서 값을 할당한다. 이러한 방법으로 생성된 깊이맵이 〈그림 4-54(c)〉에 나타나 있다.

(a) (b) (c)

△ 그림 4-54 객체의 형태에 따른 깊이 할당

실제 영상에 적용한 결과가 〈그림 4-55〉에 나타나 있다. 〈그림 4-55(a)〉와 같은 입력 영상에 대해 기본 깊이맵 생성과 객체 분류를 통한 깊이 할당을 통하여 생성한 깊이맵이 〈그림 4-55(b)〉에 나타나 있다. 그리고 입력 영상과 생성된 깊이맵을 이용하여 구성한 장면의 3차원 모델이 〈그림 4-55(c)〉에 나타나 있다.

(a) (b) (c)

△ 그림 4-55 2차원 영상의 3차원 변환 결과

4.4 혼합형 방식의 깊이 정보 획득

혼합형 깊이 정보 획득 방식은 앞서 설명한 수동형 및 능동형 방식의 깊이 획득 방식을 함께 사용하는 것을 말한다. 일반적으로 양안식 혹은 다시점 카메라와 깊이 카메라를 함께 구성한 카메라 시스템을 사용한다. 이러한 카메라 시스템은 두 방식의 상호보완적인 특성을 가지고 있다. 한 가지 예로, 깊이 카메라에서 실시간으로 획득되는 정확한 깊이 정보는 스테레오 정합이 실패하기 쉬운 무늬가 없는 영역과 같은 곳에 사용되어 깊이맵의 정확도를 높일 수 있다. 최근에는 다양한 종류와 특징을 가지는 깊이 카메라들이 출시되면서 이와 같은 혼합 방식의 깊이 정보 획득에 대한 연구가 활발히 진행되고 있다. 하지만 혼합 방식에서는 두 종류의 다른 카메라를 사용하기 때문에 둘 사이의 동기화 문제 등 기계적인 제약을 극복해야 하며, 성질이 다른 두 종류의 영상 간 상관도를 높이는 작업도 함께 수행되어야 한다. 본 절에서는 양안식 및 다시점 카메라와 깊이 카메라를 이용하여 장면의 깊이를 획득하는 몇 가지 방법을 소개한다.

4.4.1 카메라 구성 및 깊이 정보 생성 과정

〈그림 4-56〉은 광주과학기술원 실감방송연구센터에서 제작한 복합형 카메라 시스템(hybrid camera system)으로, 이는 다시점 카메라와 한 대의 ZCam으로 구성되어 있다[85, 125]. 다시점 카메라는 HD급의 해상도를 지원하며 양안식으로 혹은 다시점으로 이용할 수 있다. 각 카메라마다 한 대의 PC가 카메라 조작 및 저장소로 연결되어 있고, 별도의 동기화(synchronization)를 위한 장비는 갖추어져 있지 않다. ZCam에서 해상도가 상대적으로 큰 깊이맵을 제공한다는 장점이 있지만, 카메라들의 크기가 커서 조밀한 간격의 시스템을 구성할 수 없다는 단점도 있다.

△ 그림 4-56 ZCam을 이용한 카메라 시스템

〈그림 4-57〉은 광주과학기술원 실감방송연구센터에서 복합형 카메라 시스템 이후에 새로 제작한 다시점 깊이 카메라 시스템(multi-depth camera system)으로 다섯 대의 HD급

색상 카메라와 세 대의 Swiss Ranger 깊이 카메라를 사용하였다. 다시점 카메라는 최대 10대까지 확장할 수 있으며, 카메라 간 간격과 위치, 그리고 높낮이를 자유롭게 조절할 수 있다. 또한 〈그림 4-56〉의 복합형 카메라 시스템에 비해 카메라의 크기가 작아져서 조밀한 간격의 카메라 시스템을 구성할 수 있다. 깊이 카메라는 다섯 대까지 장착할 수 있지만, 동시 사용은 세 대로 제한된다. 또한 트리거(trigger) 발생기를 통해 서로 다른 두 종류의 카메라에 동기(synchronization) 신호를 동시에 제공해 줌으로써 30Hz의 동기화된 촬영이 가능하고, 모든 카메라의 촬영 동작을 한 PC에서 제어할 수 있도록 구성했다 [126].

△ 그림 4-57 GIST의 다시점 깊이 카메라 시스템

이와 같은 혼합형 카메라 시스템에서의 깊이 정보 생성 과정은 크게 촬영, 전처리, 깊이 생성의 세 부분으로 나눌 수 있다. 촬영은 카메라 시스템을 이용하여 장면의 영상 혹은 비디오를 획득하는 것이다. 촬영하는 영상의 목적이나 실험 방향에 따라 카메라의 배열 형태와 카메라 간격 등을 고려하여 카메라를 배치한다.

두 종류의 카메라를 이용하여 촬영할 때, 특히 깊이 카메라를 이용할 때 몇 가지 유의해야 할 사항을 〈표 4-6〉에 정리했다. 앞 장의 기하 오차보정이나 색상 보정을 설명할 때에도 언급했지만, 촬영 이후에 오차를 보정하는 것 보다는 촬영 전에 줄일 수 있는 〈표 4-6〉과 같은 유의사항들을 꼼꼼히 체크하여 촬영하는 것이 훨씬 더 효율적이다.

▼ 표 4-6 혼합형 카메라 시스템의 촬영 유의사항

유의 사항	내용
촬영범위	카메라의 위치 조절을 통해 색상 카메라와 깊이 카메라의 촬영범위를 맞추어야 함
촬영거리	깊이 카메라의 최대 촬영거리 내에서 촬영해야 함
객체표면	깊이 카메라 촬영 시, 반사나 반짝임 현상이 있는 금속, 비닐, 투명한 유리 등의 객체는 깊이 획득에 실패할 수 있으므로 주의해야 함
객체색상	깊이 카메라 촬영 시, 검정색이나 어두운 색상의 객체는 오차가 발생할 확률이 큼

촬영 이후에는 촬영된 영상의 전처리 과정이 필요하다. 이 과정은 2장에서 이미 많이 다루었다. 촬영에 사용된 카메라들의 카메라 보정, 다시점 색상 영상에 대한 기하 오차 보정과 색상 보정 등이다. Swiss Ranger 깊이 카메라를 사용하는 경우에는 촬영된 깊이맵에서 〈그림 4-58(a)〉와 같이 렌즈 왜곡이 발생하기도 하는데, 간단한 알고리즘을 사용하여 〈그림 4-58(b)〉와 같이 보정할 수 있다 [127].

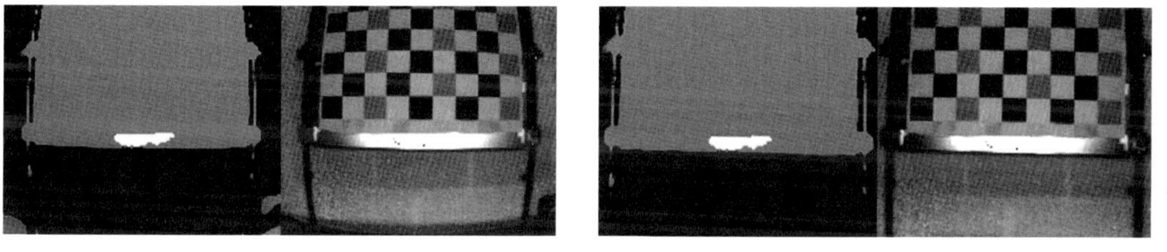

(a) (b)

△ 그림 4-58 Swiss Ranger 깊이 카메라의 렌즈 왜곡 보정

전처리 과정이 마무리되면 양안식 혹은 다시점 색상 영상과 깊이 카메라에서 촬영된 깊이맵을 이용하여 색상 영상의 위치에 해당하는 고해상도 깊이맵을 생성한다. 스테레오 정합이 주된 생성 방법이며, 깊이 카메라에서 촬영된 정보가 스테레오 정합에 부가적으로 포함되어 깊이 생성 과정의 성능을 개선하는 역할을 한다.

4.4.2 관심영역이 향상된 깊이맵 생성

관심영역(region of interest, ROI)이란 사용자가 지정한 특정 영역을 의미하기도 하지만 일반 영상에서 가장 중심 또는 가장 가까이 있는 객체의 영역을 의미하기도 한다. 이 절에서 설명하는 관심영역이 향상된 깊이맵이란 스테레오 정합으로 관심영역 밖의 영역에 대한 깊이를 구하고, 더 중요하다고 판단되는 관심영역에 대해 깊이 카메라를 이용해 향상된 깊이를 구하는 것을 의미한다. 〈그림 4-59〉는 관심영역이 향상된 깊이맵 생성을 위한 전체 알고리즘의 흐름을 보여준다 [125].

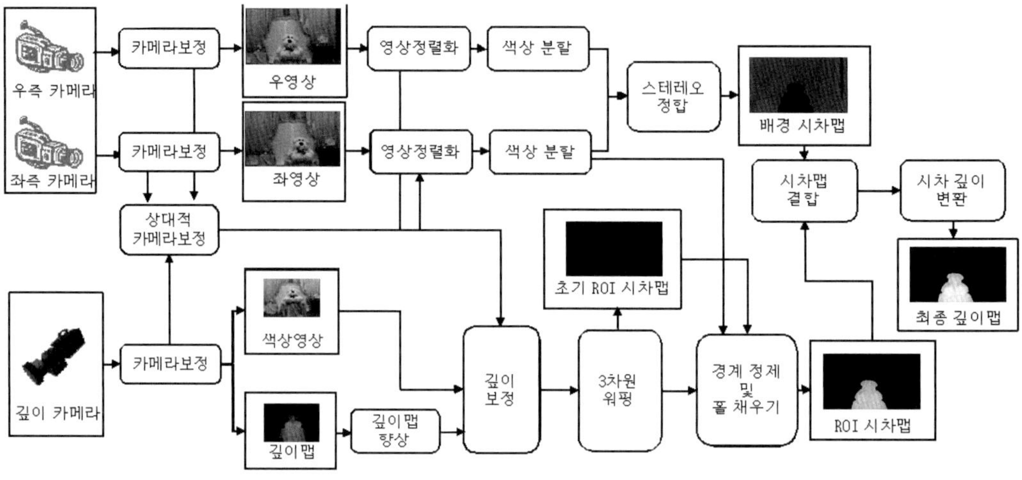

△ 그림 4-59 관심영역이 향상된 깊이맵 생성

〈그림 4-59〉는 여러 가지 복잡한 과정들이 많이 들어간 것처럼 보이지만, 촬영, 전처리, 깊이 생성의 세 단계로 나누어지고, 각각의 방법은 이미 설명한 알고리즘들이다. 양안식 카메라에서 촬영된 양안식 색상 영상은 카메라 보정과 영상 정렬을 거쳐 색상 영역으로 분할된다 [128]. 분할된 색상 영상을 이용하여 먼저 배경, 즉 관심영역이 아닌 곳의 변위맵이 생성된다. 깊이 카메라에서 촬영된 깊이맵은 역시 카메라 보정을 수행하고, 깊이맵의 오차를 제거하는 과정 후에 변위 값으로 변환되는데 이 부분이 깊이 보정이다. 변위 값으로 변환된 깊이맵은 3차원 워핑(3D warping)을 통해 〈그림 4-60〉과 같이 색상 영상의 위치로 투영된다. 3차원 워핑에 대해서는 다음 장에서 자세히 설명하려고 한다.

△ 그림 4-60 색상 영상의 관심영역 위치로 워핑된 초기 변위 정보

관심영역으로 워핑된 변위 값들 사이에는 해상도의 차이에서 기인한 홀이 발생한다. 이 홀을 식 (4-42)와 같이 채우면 관심영역에 대한 깊이 정보가 완성된다. 식 (4-42)는 분할된 색상영상의 영역을 이용하는데, 이 영역은 다른 영역에 속해있는 변위 값이 현재 홀 영역의 계산에 영향을 주지 못하도록 하는 역할을 한다.

$$R(x,y)_k = \frac{1}{n}\sum_i \sum_j R(x+i, y+j)_k \tag{4-42}$$

홀을 채운 다음, 스테레오 정합을 이용하여 구한 배경의 깊이, 즉 관심영역 밖의 변위맵과 관심영역의 변위 값을 결합하면 관심영역의 깊이 정보가 향상된 최종 변위맵을 얻을 수 있다. 〈그림 4-61〉은 양안식 색상 영상과 ZCam에서 획득된 색상 영상 및 깊이맵을 보여준다.

△ 그림 4-61 양안식 카메라와 ZCam으로 촬영된 영상

앞에서 설명한 방법으로 변위맵을 생성한 결과가 〈그림 4-62〉에 나타나 있다. 관심영역에 대한 깊이 정보의 향상이 목적이기 때문에, 관심영역에서의 깊이 정확도를 여러 가지

깊이 생성 방법들(SAD, 신뢰 확산, 그래프 컷, 동적 프로그램, 스캔라인 최적화)과 비교해 본 결과, 설명한 관심영역 향상 방법이 가장 우수한 것으로 판명되었다. 각 방법으로 구해진 깊이 정보를 이용하여 관심영역의 3차원 장면 모델링을 수행한 결과도 〈그림 4-63〉에 나타난 것처럼, 깊이 카메라를 이용한 혼합형 방식으로 생성된 깊이 정보가 가장 정확하고 우수함을 나타낸다.

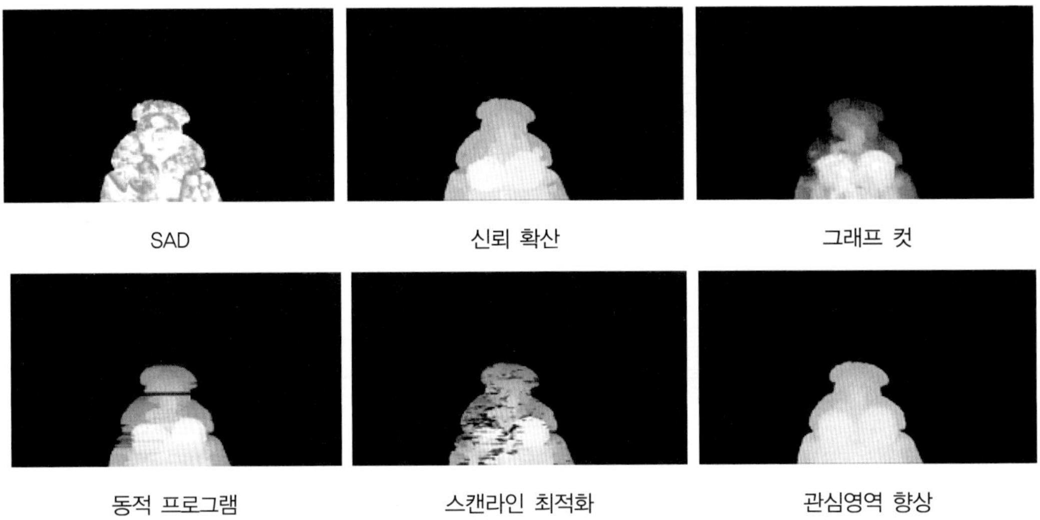

△ 그림 4-62 다양한 방법과의 결과 비교

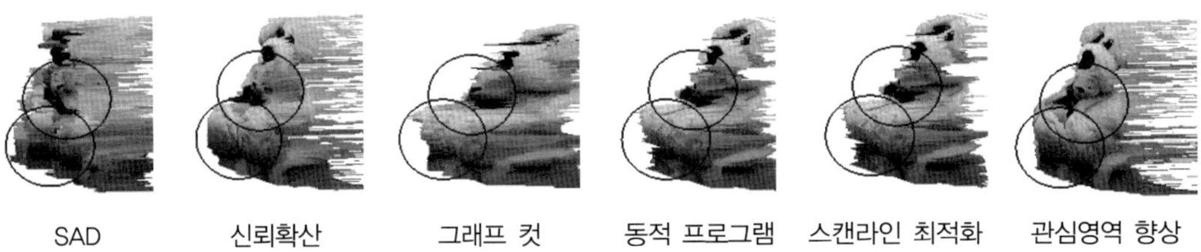

△ 그림 4-63 3차원 모델 생성 결과

4.4.3 깊이 카메라 정보를 이용한 스테레오 정합

앞 절에서 소개한 방법이 깊이 카메라 정보를 부분적으로만 사용했다면, 이 절에서 소개하는 방법은 촬영된 깊이 영상 전체를 색상 영상의 스테레오 정합에 이용하는 방법이다. 〈그림 4-64〉는 이러한 방법의 흐름을 보여주고 있는데 [129], 전체적인 흐름은 〈그림 4-59〉과 크게 다르지 않다. 촬영된 영상에 대해 카메라 보정을 수행하고, 깊이 카메라에서 촬영된 영상은 3차원 워핑을 통해 색상 영상의 위치로 이동된다. 다시점 영상은 영상 정렬을 수행한 후 색상 분할되어 스테레오 정합이 수행되는데, 이때 정합의 탐색 범위를 결정하는 데 깊이 카메라 정보가 사용된다.

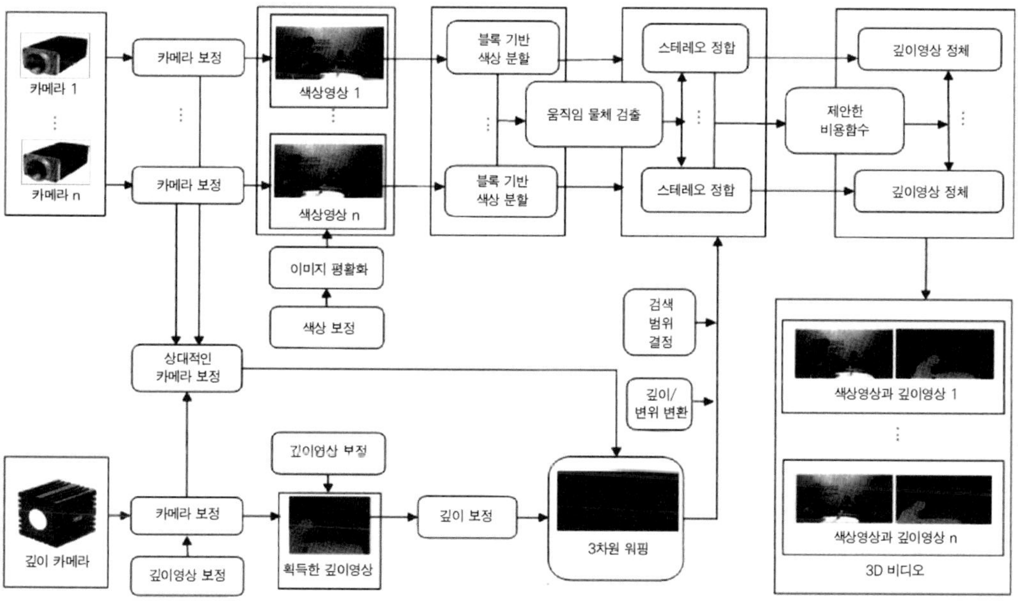

△ **그림 4-64** 깊이 카메라 정보를 이용한 스테레오 정합 방법의 흐름

깊이 카메라에서 촬영된 깊이맵은 변위 값으로 변환되는 과정을 거치고, 이 값이 3차원 워핑을 통해 색상 영상의 위치로 투영된다고 앞서 설명하였다. 여기에서는 깊이 카메라 깊이맵의 모든 화소가 워핑되고, 이 값들이 투영되어 내삽(interpolation)되는 것이 아닌, 〈그림 4-65〉와 같이 스테레오 정합의 탐색 시작점과 탐색 범위를 지정하게 된다. 일반적인 스테레오 정합에서는 사용자가 지정한 최소 및 최대 변위 값 만큼 스캔라인 상에서 패치의 유사도를 측정해야 하므로 변위의 범위가 클수록 복잡도가 높으며 성능도 떨어질 가능성이 있다. 하지만 해당 화소에서, 혹은 그 주변에 깊이 카메라로부터 투영된 초기 변위 값이 있으면 이 값을 기준으로 더 작은 탐색 범위를 지정해 줄 수 있게 되고, 이것은 복잡도를 줄이면서 성능을 높이는 효과를 가져 온다 [130].

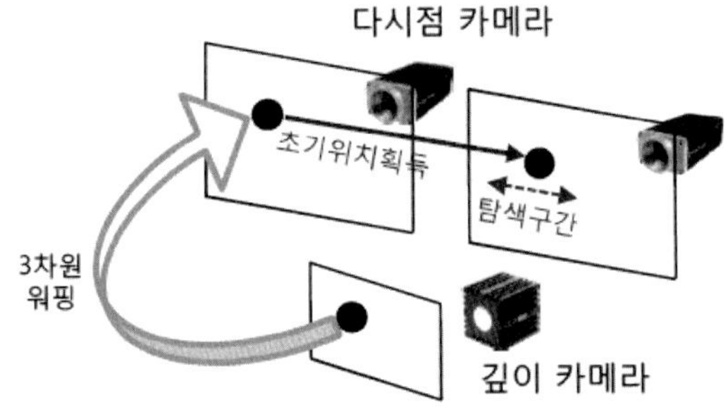

△ 그림 4-65 깊이 카메라를 이용한 스테레오 정합의 탐색 범위 지정

〈그림 4-60〉에 이미 보인 것처럼, 깊이 카메라의 영상이 색상 카메라의 위치로 워핑되었을 경우 해상도 차이에 의해 홀이 발생하게 되는데, 이 홀 영역은 초기 변위 값을 가지지 못하기 때문에, 홀 영역에 대한 초기 변위 값을 할당하는 문제가 남아 있다. 〈그림 4-66〉은 이러한 문제를 해결하기 위한 한 방법을 보여준다. 현재 화소 위치에서 십자형 탐색 구간을 정의하고, 구간 내에 있는 초기 변위 값들 중 인접 시점과의 색상 유사도를 가장 작게 하는 변위 값을 초기 변위로 사용한다. 구간 내에 초기 변위 정보가 없는 화소는 처음에 정의해 준 최소 및 최대 변위 안에서 스테레오 정합을 모두 수행해야 한다.

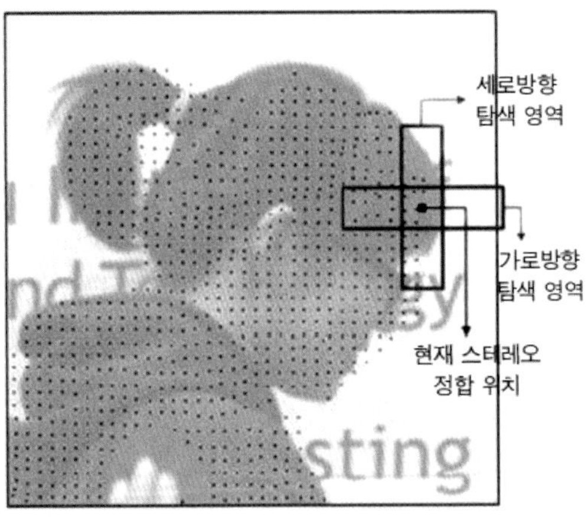

△ 그림 4-66 현재 화소에서의 초기 변위 값 획득

이와 같은 방법을 이용하면, 기존의 스테레오 정합보다 수행속도를 높일 수 있으며, 정확하고 안정적인 깊이 정보를 획득할 수 있다. 특히, 〈그림 4-67(a)〉와 같이 정합을 위한 텍스쳐(texture)가 부족한 배경 영역 같은 경우에는 일반적인 스테레오 정합으로는 〈그림 4-67(b)〉의 결과처럼 정확한 깊이 정보를 얻기가 힘들다. 하지만 깊이 카메라 정보를 이용

한 스테레오 정합에서는 초기 변위 정보를 이용하기 때문에, 〈그림 4-67(c)〉와 같이 이러한 영역까지도 정확한 깊이를 구할 수 있다.

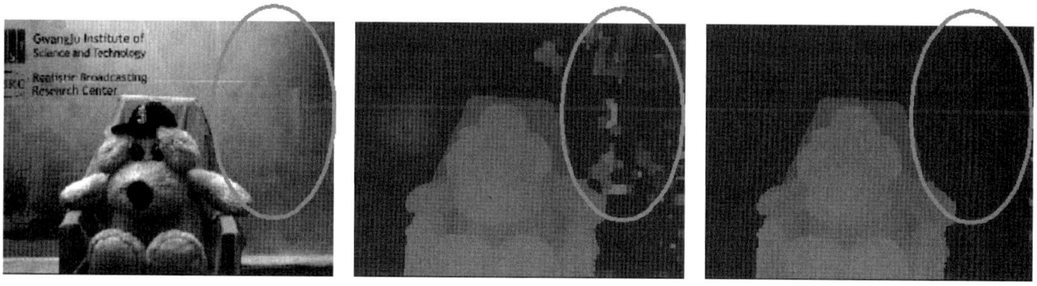

(a) (b) (c)

△ 그림 4-67 깊이 카메라를 이용한 스테레오 정합 결과

4.5 깊이 정보의 품질 개선

이 절에서는 지금까지 여러 가지 방법을 이용하여 생성한 깊이 정보의 품질을 개선하는 방법을 소개한다. 깊이 정보, 즉 색상 영상에 대한 깊이맵 혹은 변위맵을 정확하게 생성하는 것 자체가 어려운 일이며, 깊이 정보의 품질은 중간 시점 영상 생성과 3차원 입체 영상 제작의 품질에 큰 영향을 주기 때문에 깊이 정보를 얻은 이후에도 그 품질을 높이는 작업이 매우 필요하다.

4.5.1 필터를 이용한 깊이맵의 품질 개선

깊이맵 혹은 변위맵에서 중요한 부분은 객체의 경계 영역, 즉 깊이의 불연속 부분이다. 깊이맵에서 객체 내부나 배경 부분은 보통 값의 변화가 크지 않은 저주파 성분들이 대부분이고, 객체의 경계 부분은 급격한 값의 변화가 발생하기 때문에, 이 부분에 대한 정확한 깊이 정보를 구하는 것이 어렵다. 영상의 압축과 전송 과정에서 발생되는 깊이맵의 잡음들도 대부분 깊이의 불연속 부분이며, 이미 구해진 깊이맵의 품질 개선 측면에서도 깊이의 불연속 부분을 다루는 것이 중요한데, 기존의 색상 영상에 사용되던 필터링 기술들은 이러한 깊이맵의 특성을 전혀 고려하지 않고 설계되었기 때문에 깊이맵에 사용하게 되면 오히려 품질을 떨어뜨리는 역효과를 발생시킬 수 있다.

이 절에서 소개하는 깊이맵의 경계 복원 필터는 깊이 값의 발생 빈도와 유사도, 그리고 화소 간 거리를 고려한 비선형 필터로써 식 (4-43)과 같이 표현된다 [131].

$$J_{recon}(d) = J_F(d) + J_S(d) + J_C(d) \quad (4\text{-}43)$$

식 (4-43)에서 J_F는 깊이 값의 발생 빈도를 말하며, 식 (4-44)과 같이 정의된다. $N_{OC}(d)$는 값의 발생 횟수이며 어떤 영역에서 d의 깊이 값을 가지는 화소 수이다. $N_{OC}(\max)$와 $N_{OC}(\min)$은 각각 최대, 최소 발생 횟수이다.

$$J_F(d) = \frac{N_{OC}(d) - N_{OC}(\min)}{N_{OC}(\max) - N_{OC}(\min)} \quad (4\text{-}44)$$

식 (4-43)에서 J_S는 유사도로 식 (4-45)와 같이 나타내며, 현재 화소와 인접 화소의 깊이 값의 차이의 절대값이 S로 정의된다.

$$J_S(d) = \frac{S(\max) - S(d)}{S(\max) - S(\min)} \quad (4\text{-}45)$$

세 번째 항인 J_C는 식 (4-46)과 같이 화소 간 거리를 나타내며, C는 화소 간 거리를 의미한다.

$$J_C(d) = \frac{C(\max) - C(d)}{C(\max) - C(\min)} \quad (4\text{-}46)$$

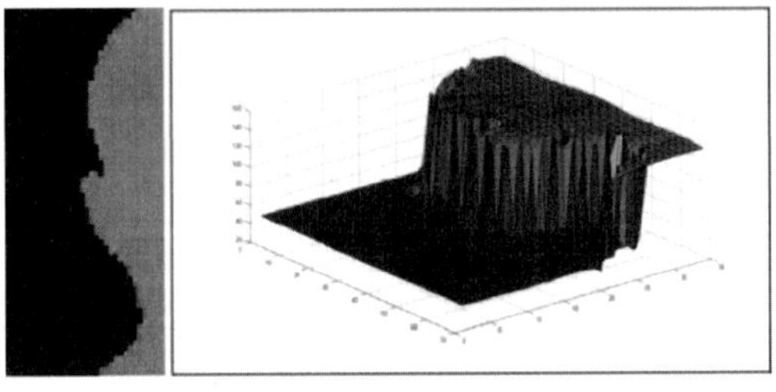

(a)

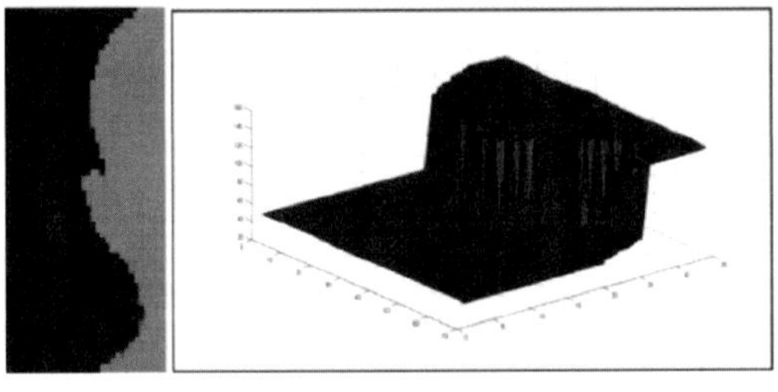

(b)

△ 그림 4-68 깊이 경계 복원 필터

위에서 설명한 경계 복원 필터를 깊이맵에 적용했을 때, 깊이의 불연속 부분에 발생했던 잡음이 제거된 것을 〈그림 4-68〉에서 확인할 수 있다. 〈그림 4-68(a)〉에서는 경계 부분에 잡음이 섞여 있지만, 〈그림 4-68(b)〉에서는 이러한 잡음이 모두 사라지고 깊이의 불연속 구간이 깨끗하게 정리된 것을 확인할 수 있다. 이러한 필터를 이용한 깊이맵 품질 개선으로 중간 시점의 화질은 물론 영상 압축의 효율도 높일 수 있다.

4.5.2 색상 정보를 이용한 깊이맵의 품질 개선

앞 절에서 살펴본 내용이 깊이맵의 정보만 이용하여 그 품질을 개선하는 것이었다면, 이 절에서 살펴볼 내용은 색상 영상을 함께 고려하여 깊이맵의 품질을 개선하는 것이다. 깊이맵의 불연속 영역은 색상 영상에서의 경계 부분과 정확히 일치해야 좋은 성능을 낼 수 있기 때문에 색상 영상을 참조하는 것은 깊이맵의 품질 개선에 상당한 도움이 된다.

결합 양방향 필터(joint bilateral filter)는 두 개의 가우시안(Gaussian) 필터를 사용하여 깊이맵의 잡음을 제거할 수 있는 효과적인 필터이다 [132]. 결합 양방향 필터에 사용하는 두 가지 필터는 색상의 유사도에 따라 적용되는 필터(range filter)와 화소 간 거리에 따라 적용되는 필터(spatial filter)로 이루어져 있고 그 동작 원리는 〈그림 4-69〉와 같다.

먼저 〈그림 4-69(a)〉와 같은 모양의 필터는 현재 화소로부터 주변에 있는 화소 값들에 가중치를 두어 평균을 계산하여 현재 화소에 그 값을 저장한다. 또 〈그림 4-69(b)〉와 같은 모양의 필터는 어떤 두 값의 차이가 정해진 기준보다 작을 경우에는 두 값이 혼합되고, 클 경우에는 그렇게 되지 않도록 하는 역할을 한다. 이 두 종류의 필터가 결합된 형태가 〈그림 4-69(c)〉와 같은 결합 양방향 필터이다. 즉, 결합 양방향 필터의 기능을 한 문장으로 정리하면 "현재 화소 위치의 화소 값을 주변에 있는, 그리고 현재 화소 값과 비슷한 값들의 평균값으로 결정한다"라고 말할 수 있다.

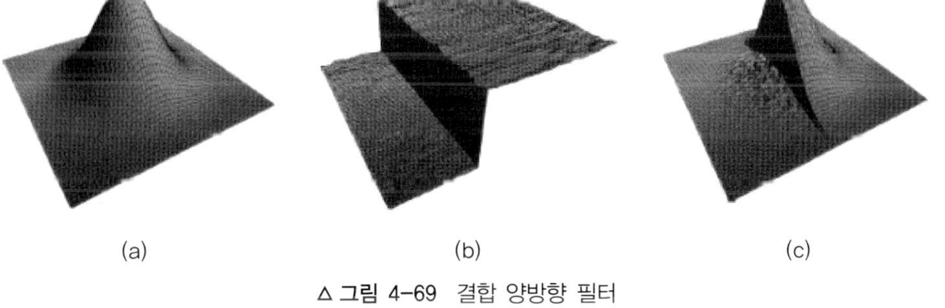

(a) (b) (c)

△ 그림 4-69 결합 양방향 필터

결합 양방향 필터는 식 (4-47)과 같이 쓸 수 있다. 이때, $W(u, v)$는 식 (4-48)과 같이 두 개의 필터의 결합으로 정의된다.

$$D(x,y) = \frac{\sum_u \sum_v W(u,v) D(u,v)}{\sum_u \sum_v W(u,v)} \tag{4-47}$$

$$W(u,v) = \exp\left\{-\frac{|I(x,y) - I(u,v)|^2}{2\sigma_r^2}\right\} \exp\left\{-\frac{(x-u)^2 - (y-v)^2}{2\sigma_s^2}\right\} \tag{4-48}$$

식 (4-48)에서 u, v는 현재 화소 (x, y)의 주변화소의 수평, 수직 좌표를 의미하며, I는 화소의 색상 혹은 밝기 값을 말한다. 또 σ_r과 σ_s는 색상 유사도 필터와 거리 필터의 기능을 조절할 수 있는 매개변수이다.

이와 같은 결합 양방향 필터를 깊이맵에 적용할 때, 색상 영상에서의 색상의 유사도를 측정하고, 현재 화소 주변의 깊이 값들을 이용하면 색상의 경계 영역이 참조되기 때문에 깊이 불연속 구간들에서 흐림 현상이 발생하지 않고, 잡음을 제거할 수 있는 효과를 얻을 수 있다. 〈그림 4-70(a)〉와 같은 깊이맵에 대해 〈그림 4-70(b)〉에 나타낸 색상 영상을 참조하여 결합 양방향 필터를 수행한 결과가 〈그림 4-70(c)〉에 나타나 있다. 깊이의 경계, 즉 불연속 구간이 더 명확해진 것을 확인할 수 있다 [133].

(a) (b) (c)

△ 그림 4-70 깊이맵의 결합 양방향 필터링

아래의 소스 코드는 결합 양방향 필터를 구현한 것이다. 입력으로는 동일한 해상도를 갖는 깊이맵과 함께 색상 영상이 들어가고, 출력은 필터가 수행된 깊이맵이다. 영상의 읽기와 처리에서 OpenCV 함수가 일부 사용되었다.

```
#include <cstdio>
#include <iostream>
#include <algorithm>
#include <assert.h>
#include <time.h>
#include "opencv.hpp"

// Sigma setting
#define SIGMA_SPATIAL                   256*.5f
#define SIGMA_RANGE                     256*.1f

// Filter radius and number of iteration
#define RADIUS              5
#define ITERATION           1

int width, height;
int widthstepC, widthstepD;

int g_h_min = 0, g_h_max = 0;
int g_w_min = 0, g_w_max = 0;

void GuardSetting(int i, int j, int w_size)
{
   g_h_min = 0;
   g_h_max = 0;
   g_w_min = 0;
   g_w_max = 0;

   if(i==0) g_h_min = w_size;
   else if(i > 0 && i < w_size) g_h_min = w_size - i;
   else if(i == height-1) g_h_max = -w_size;
   else if(i < height-1 && i > height-1-w_size) g_h_max = -w_size+(height-1-i);
   else g_h_min = g_h_max = 0;

   if(j==0) g_w_min = w_size;
   else if(j > 0 && j < w_size) g_w_min = w_size - j;
   else if(j == width-1) g_w_max = -w_size;
   else if(j < width-1 && j > width-1-w_size) g_w_max = -w_size+(width-1-j);
   else g_w_min = g_w_max = 0;

   return;
}
```

```
IplImage *JBF(IplImage *Img_Color, IplImage *Img_Depth, int radius, int iteration, double sigma_
range, double sigma_spatial)
{
    IplImage *result = cvCreateImage(cvGetSize(Img_Depth), 8, 1);

    for(int iter = 0; iter < iteration; iter++)
    {
        if(iter != 0)
            Img_Depth = cvCloneImage(result);

        for(int i = 0; i < height; i++)
        {
            for(int j = 0; j < width; j++)
            {
                GuardSetting(i, j, radius);

                double weight = 0, spatial = 0, range = 0;
                double weight_sum = 0;
                double sum = 0;

                for(int p = -radius + g_h_min; p <= radius + g_h_max; p++)
                {
                    for(int q = -radius + g_w_min; q <= radius + g_w_max; q++)
                    {
                        int color_dist;

                        // range filter
                        if(Img_Color->nChannels == 3)
                        {
                            color_dist = (int)(0.299*abs((uchar)Img_Color->imageData[i*widthstepC + j*3 + 2] -
(uchar)Img_Color->imageData[(i+p)*widthstepC + (j+q)*3 + 2])
                            + 0.114*abs((uchar)Img_Color->imageData[i*widthstepC + j*3 + 1] - (uchar)Img_
Color->imageData[(i+p)*widthstepC + (j+q)*3 + 1])
                            + 0.587*abs((uchar)Img_Color->imageData[i*widthstepC + j*3 + 0] - (uchar)Img_
Color->imageData[(i+p)*widthstepC + (j+q)*3 + 0]));
                        }

                        else if(Img_Color->nChannels == 1)
                            color_dist = (uchar)Img_Color->imageData[i*widthstepC + j] - (uchar)Img_Color->
imageData[(i+p)*widthstepC + (j+q)];

                        range = exp(-(double)(color_dist*color_dist) / (2*sigma_range*sigma_range));
```

```
                    // spatial filter
                    spatial = exp(-sqrt( (double)(p*p) + (double)(q*q)) / (2*sigma_spatial*sigma_
spatial));

                    weight = spatial * range;

                    sum += weight * Img_Depth->imageData[(i+p)*widthstepD + (j+q)];
                    weight_sum += weight;
                }
            }

            if(weight_sum != 0)
                sum /= weight_sum;

            result->imageData[i*widthstepD + j] = (char)sum;
        }
    }
  }

  return result;
}


void main()
{
  // error messages
  if(RADIUS%2 == 0 || RADIUS < 2)
  {
    printf("Filter radius must be odd number or greater than 3...₩n");
    goto END;
  }

  if(ITERATION < 1)
  {
    printf("Number of iteration must not be smaller than 1...₩n");
    goto END;
  }

  double sigma_spatial = SIGMA_SPATIAL;
  double sigma_range = SIGMA_RANGE;
  int filter_radius = RADIUS;
  int iteration = ITERATION;
```

```
    IplImage *Img_Color = cvLoadImage("color.bmp", 0);
    IplImage *Img_Depth = cvLoadImage("depth.bmp", 0);

    width = Img_Color->width;
    height = Img_Color->height;
    widthstepC = Img_Color->widthStep;
    widthstepD = Img_Depth->widthStep;

    IplImage *Img_Output = cvCreateImage(cvGetSize(Img_Color), 8, 1);
    cvZero(Img_Output);

    clock_t start, finish, first;
    first = start = clock();

    printf("Joint Bilateral Filtering...₩n₩n");
    printf("Filter radius: %d₩n", filter_radius);
    printf("Iteration: %d₩n", iteration);
    printf("Sigma for spatial filter: %f₩n", sigma_spatial);
    printf("Sigma for range filter: %f₩n", sigma_range);

    // Joint bilateral filtering
    Img_Output = JBF(Img_Color, Img_Depth, filter_radius, iteration, sigma_range, sigma_spatial);

    finish = clock();

    printf("₩n₩nDone!₩n");
    printf("processing time:₩t%.0fms₩n₩n", float(finish-start)*1000/CLOCKS_PER_SEC);

    cvSaveImage("result.bmp", Img_Output);
    cvReleaseImage(&Img_Color);
    cvReleaseImage(&Img_Depth);
    cvReleaseImage(&Img_Output);

END:
    {
        return;
    }
}
```

4.5.3 깊이맵의 시간적 상관도 향상

앞서 살펴본 깊이 생성 방법들 중에서 최적화 기반의 전역적 깊이 생성 방법은 비교적 정확한 깊이를 제공한다. 하지만 정지 영상에 대한 깊이맵이 아니라 여러 프레임에 걸친 비디오에 대해 깊이 생성을 수행할 때에는 각 프레임마다 독립적으로 깊이맵이 생성되기 때문에 시간적 상관도가 떨어지는 경향이 있다. 즉, 움직임이 있는 객체의 영역을 제외하고 나머지 부분의 화소 값들은 이전 프레임의 깊이맵의 화소 값과 동일해야 하지만, 프레임별로 깊이를 구할 경우 이것을 보장할 수 없다.

이와 같이 시간적 상관도가 저하된 상태의 깊이맵 비디오를 사용하여 생성된 중간 시점 영상에서는 장면의 깜빡임(flickering)이 발생하여 시청에 불편함을 주기도 하며, 시간 축으로의 상관도를 이용하는 깊이 부호화의 효율도 떨어뜨린다.

따라서 여러 프레임의 색상 영상에 대하여 깊이맵을 생성할 때에는 이미 구해진 이전 프레임의 깊이 값을 참조하도록 에너지 함수를 수정하여 시간적 상관도를 향상시킬 수 있으며, 기존의 에너지 함수에 식 (4-49)와 같은 새로운 가중치 함수를 결합한다 [134].

$$E_{temp}(x,y,d) = \begin{cases} E_{temp,static}(x,y,d) & \text{if } MAD_k < Th \\ E_{temp,moving}(x,y,d) & else \end{cases} \tag{4-49}$$

위 식에서 새로운 가중치 함수 E_{temp}는 다시 $E_{temp,static}$과 $E_{temp,moving}$로 나눌 수 있는데, 각각 정지된 부분과 움직이는 부분에 대해서 식 (4-50)과 식 (4-51)처럼 다른 가중치를 적용하도록 한 것이다.

$$E_{temp,static}(x,y,d) = \gamma|d - D_{prev}(x,y)| \tag{4-50}$$

$$E_{temp,moving}(x,y,d) = \gamma|d - D_{prev}(x+\Delta x, y+\Delta y)| \tag{4-51}$$

식 (4-50)과 식 (4-51)에서 $D_{prev}(x, y)$는 이전 프레임의 (x, y)위치에서의 깊이 값을 나타내며, γ는 가중치 함수의 기울기이다. MAD_k는 현재 화소가 포함된 영역에 움직임이 있는지를 판별하는 식으로 이전 프레임과의 절대차의 평균값이다. 이 값이 정해진 문턱값보다 작을 경우 움직임이 없다고 판단한다. 여기서 $(\Delta x, \Delta y)$는 (x, y)의 움직임 벡터(motion vector)로, 이전 프레임과의 움직임을 정의한다. 이렇게 정의된 시간적 상관도 향상을 위한 항을 기존 에너지 함수의 자료항에 포함시킨 후 최적화하면 시간적 상관도가 향상된 깊이맵의 비디오를 얻을 수 있다.

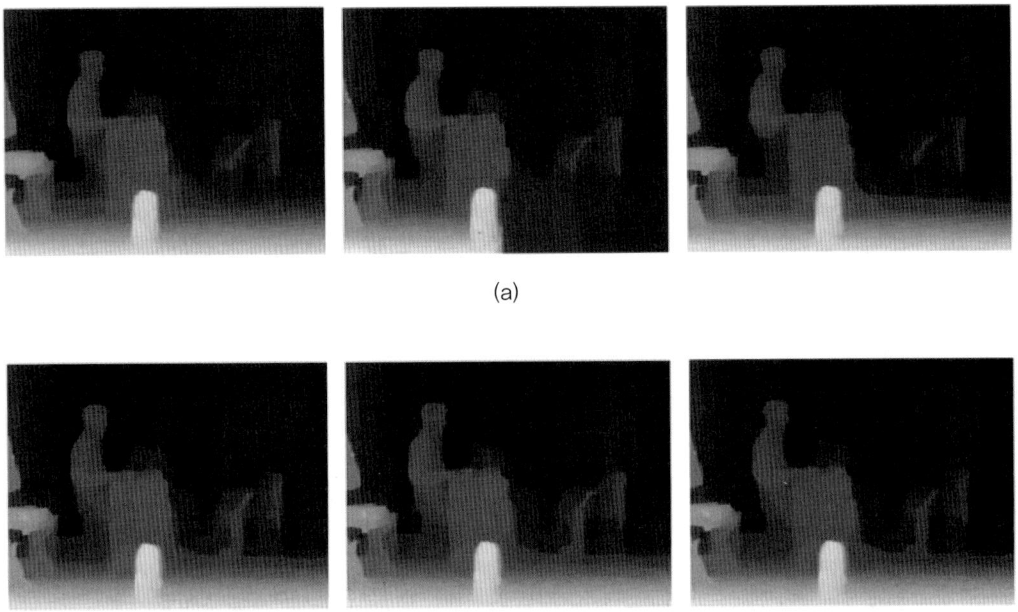

(a)

(b)

△ 그림 4-71 깊이맵의 시간적 상관도 향상

〈그림 4-71(a)〉는 매 프레임에 대하여 독립적으로 깊이를 구한 결과이고, 〈그림 4-71(b)〉는 E_{temp}항을 포함시켜서 시간적 상관도를 향상시킨 결과이다. 그림의 좌측에서 우측으로 시간의 순서대로 나열한 것인데, 깊이의 깜빡임 현상이 사라졌음을 알 수 있다.

4.5.4 깊이맵의 공간적 상관도 향상

깊이맵의 시간적 상관도 뿐 아니라 공간적 상관도 역시 중간 시점 영상 생성과 부호화의 측면에서 매우 중요하다. 3차원 입체 영상의 제작을 위해서는 많은 시점의 영상이 필요하고, 각 시점마다의 깊이 정보가 필요한데, 각 시점에서의 깊이맵 사이에 상관도가 떨어지면 그 중간에 생성되는 중간 시점 영상의 품질도 떨어지고, 시점 간 상관도를 통해 부호화 이득을 얻는 다시점 깊이 영상 부호화도 그 효율이 떨어진다.

이러한 깊이맵의 시점 간 상관도가 떨어지는 것은 각 시점마다 독립적으로 깊이 생성을 수행했기 때문이다. 다시점의 깊이맵에서 동일한 객체는 동일한 깊이 값을 가져야 하지만 그렇지 않으면 오차가 발생한다. 따라서 시간적 상관도 향상에서와 마찬가지로 스테레오 정합을 위한 에너지 함수에 인접 시점의 깊이 값을 참조하도록 하는 새로운 가중치 함수를 식 (4-52)와 같이 정의함으로써 깊이맵의 공간적 상관도를 향상시킬 수 있다 [135].

$$E_{view}(x,y,d) = |d - D_{i'}(x,y)| \tag{4-52}$$

식 (4-52)에서 $D_{i'}(x, y)$는 참조시점의 깊이맵이 현재 시점으로 이동된 맵에서의 화소 값을 의미한다. 즉, 현재 시점의 깊이를 구할 때 이미 깊이 값이 구해진 인접 시점의 깊이 값을 참조하여 그 차이를 줄이는 것이다.

〈그림 4-72(a)〉는 시점 간 상관도를 고려하지 않고, 각 시점별로 독립적으로 깊이를 구한 것을 보여준다. 세 개의 시점에서 모두 보이는 객체들 중, 깊이 값이 크게 차이가 나는 부분들이 육안으로도 관찰된다. 반면, 〈그림 4-72(b)〉는 식 (4-52)의 가중치 함수를 에너지 함수의 데이터 항에 포함시켜서 구한 깊이맵을 보이는데, 거의 대부분의 영역에서 시점 간 상관도가 향상된 모습을 확인할 수 있다.

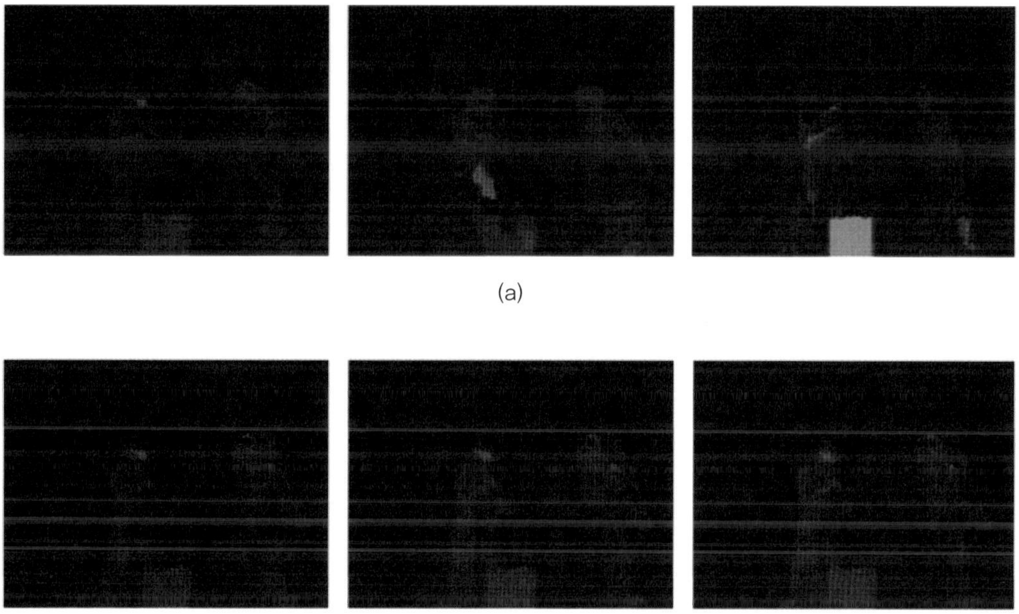

(a)

(b)

△ 그림 4-72 깊이맵의 공간적 상관도 향상

05

다시점 3차원 비디오를 이용한 입체 영상 제작 기술

이 장에서는 다시점 색상 영상과 각 시점에서의 깊이 정보를 이용하여 입체 영상을 제작하는 두 가지 기술을 소개한다. 첫 번째는 시점과 시점 사이의 중간 시점 영상을 합성하는 것이고, 두 번째는 색상 영상 내 객체나 장면에 대한 3차원 모델을 제작하는 것이다. 이 두 방법 모두 카메라 매개변수와 깊이 정보 기반으로 이루어지며, 제작된 입체 영상은 시청자에게 입체감과 몰입감을 제공할 수 있다.

5.1 중간 시점 영상 합성

〈그림 5-1〉은 3차원 비디오 시스템에서 중간 시점 영상이 어떤 방식으로 합성되는지를 보여 준다 [28]. 현재 색상과 깊이 데이터를 가지고 있는 시점이 1, 4, 7번이고, 디스플레이는 7시점을 재생하는 다시점 디스플레이일 때, 깊이 정보 기반 렌더링(depth-image-based rendering) 방법을 이용하여 1번과 4번 시점으로부터 2, 3번 위치에, 그리고 4번과 7번 시점으로부터 5, 6번 위치에 각각 색상 영상을 합성하면 7시점의 다시점 영상을 만들 수 있다. 깊이 영상 기반 렌더링은 색상 영상과 색상 영상의 카메라 매개변수, 그리고 깊이 맵과 실제 깊이 정보가 있을 때, 두 개 시점의 중간 위치에 해당하는 시점의 카메라 매개변수를 예측하고 3차원 워핑을 이용하여 기존 두 시점으로부터 중간 시점의 위치에 색상 영상을 투영하여 혼합한다 [78].

중간 시점 영상 합성은 크게 두 가지 면에서 이득이 발생한다. 첫째는 카메라 시스템 구성이다. 처리해야 할 데이터의 양은 물론 카메라 자체의 크기와 운용할 수 있는 자원의 한계로 인하여 일반적으로는 많은 개수의 카메라를 동시에 사용하기 어렵다. 이때 중간 시점 영상을 합성하면 적은 대수의 카메라를 가지고 촬영하여 깊이 정보를 구한 뒤 시점과 시점

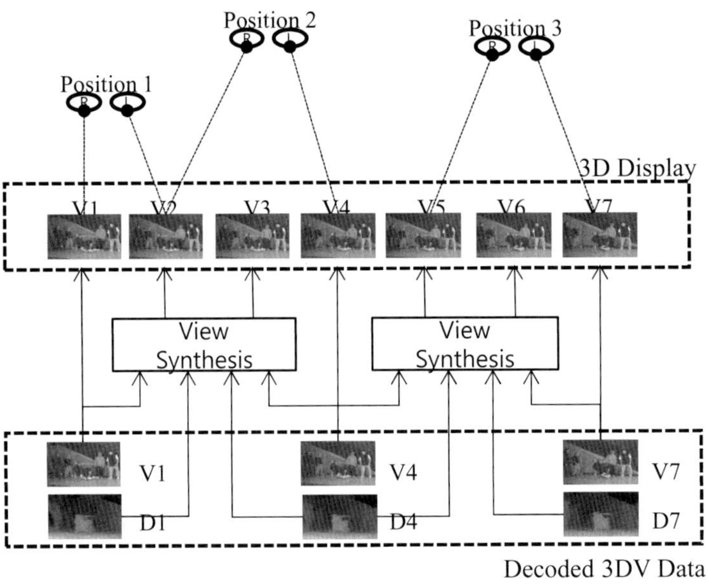

△ 그림 5-1 중간 시점 영상 합성

사이에 영상을 합성하면 여러 대의 카메라와 더불어 조밀한 간격의 카메라 시스템을 구성한 것과 유사한 효과를 얻게 된다.

두 번째는 부호화 효율이다. 3차원 입체 영상 생성을 위한 최소의 정보만을 부호화하고 전송한 후, 재현단에서 중간 시점 영상을 합성하면 전체 시점 영상을 다 보내지 않고도 전체 시점, 혹은 더 많은 시점을 복원하여 볼 수 있기 때문에 부호화와 전송에 상당한 이득이 발생한다.

한편, 중간 시점 영상 합성은 〈그림 5-1〉과 같이 깊이맵을 이용한 3차원 워핑 기반의 방식이 일반적으로 사용되지만, 상대적으로 간단한 변위맵 기반의 화소 이동 방식도 사용된다 [136, 137]. 변위맵 기반의 방식에서는 카메라 매개변수와 무관하게 생성하고자 하는 시점의 위치 정보를 각 화소의 변위 값에 적용하여 중간 시점으로 색상 화소를 이동한다. 이 방법은 간단하게 구현이 가능하고 복잡도도 낮지만 영상이 정렬된 경우에만 사용할 수 있는 제약이 있다.

이 절에서는 깊이 영상 기반 렌더링의 기본이 되는 3차원 워핑 방법을 자세히 설명하고, 3차원 워핑을 이용한 시점 이동과 홀 채움, 경계 잡음 제거 등 중간 영상 합성 기술을 소개한다.

5.1.1 3차원 워핑

3차원 워핑의 과정을 설명하기 위해 두 시점의 카메라 매개변수를 알고 있고, 왼쪽 시점에서 오른쪽 시점으로의 워핑이라고 가정한다. 3차원 워핑은 쉽게 말해 왼쪽 시점에 있는 각 화소가 오른쪽 시점의 어떤 곳으로 보내지는 것이다. 먼저 영상 내 한 화소 $\mathbf{m}=(u, v)^T$를 카메라 매개변수로 나타내기 위해 3차원 공간상의 한 점 $\mathbf{M}$을 정의한다. $\mathbf{M}$은 식 (5-1)과 같이 카메라좌표계에서는 $\mathbf{M}_c$로, 세계좌표계에서는 $\mathbf{M}_w$로 각각 표현된다.

$$\begin{aligned} \mathrm{M}_c &= (X_c, Y_c, Z_c)^{\mathrm{T}} \\ \mathrm{M}_{\mathrm{w}} &= (\mathrm{X}_{\mathrm{w}}, \mathrm{Y}_{\mathrm{w}}, \mathrm{Z}_{\mathrm{w}})^{\mathrm{T}} \end{aligned} \tag{5-1}$$

이때, 영상 평면의 위쪽에서 카메라 좌표계를 바라본 모습은 〈그림 5-2〉와 같다. 카메라 중심으로부터의 광축이 주점 P에서 영상 평면과 만나고, M은 영상 평면위의 한 점인 m으로 투영되는데, m의 한 좌표 u는 식 (5-2)와 같이 쓸 수 있다.

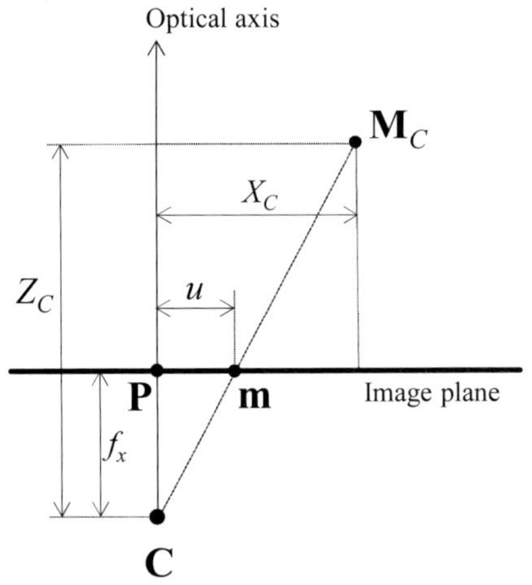

△ 그림 5-2 영상 평면의 위쪽에서 카메라좌표계를 바라본 모습

$$u = \frac{f_x X_c}{Z_c} \tag{5-2}$$

그런데 주점의 좌표 $(p_x, p_y)^T$는 $(0, 0)^T$이 아니기 때문에 식 (5-2)에 주점 좌표를 고려하면 u는 식 (5-3)과 같이 쓸 수 있고, 동일한 방법으로 v도 구할 수 있다.

$$u = \frac{f_x X_c}{Z_c} + p_x, \quad v = \frac{f_y Y_c}{Z_c} + p_y \tag{5-3}$$

이제 $(u, v)^T$를 카메라 내부 변수들을 이용하여 정리하면 식 (5-4)와 같다.

$$Z_c \begin{pmatrix} u \\ v \\ 1 \end{pmatrix} = \begin{pmatrix} f_x & 0 & p_x \\ 0 & f_y & p_y \\ 0 & 0 & 1 \end{pmatrix} \begin{pmatrix} X_c \\ Y_c \\ Z_c \end{pmatrix} = \mathbf{AM}_c \tag{5-4}$$

위와 같이 카메라좌표계에서 표현된 점 M은 회전 행렬 R과 이동 벡터 t에 의해 다시 식 (5-5)와 같이 정리할 수 있다.

$$\mathbf{M}_c = \mathbf{RM}_w + \mathbf{t} \tag{5-5}$$

여기서 식 (5-4)의 $Z_c(u, v, 1)^T$를 $\widetilde{\mathbf{m}}$로 놓고 식 (5-4)와 식 (5-5)를 합치면 식 (5-6)과

같이 세계좌표계에서의 한 점이 영상으로 투영되는 것을 수식화할 수 있다. Z_c는 실제 깊이 값으로 식 (5-1)과 같이 정의된다.

$$\widetilde{\mathrm{m}} = \mathrm{ARM}_w + \mathrm{At} \tag{5-6}$$

식 (5-6)은 세계좌표계의 한 점이 영상으로 투영되는 것을 설명한다. 이것을 이용하여 3차원 워핑을 수식화하기 위해서 〈그림 5-3〉과 같은 두 시점을 가정하고, 왼쪽 시점에서의 점 m_l이 오른쪽 시점의 m_r로 이동하는 것을 다음과 같이 전개할 수 있다. 이때 주의해야 할 것은 M이 두 개의 시점으로 투영되는 것이 아니라, 오른쪽 시점은 현재 카메라 매개변수만 있을 뿐 카메라나 영상이 없는 상태이다.

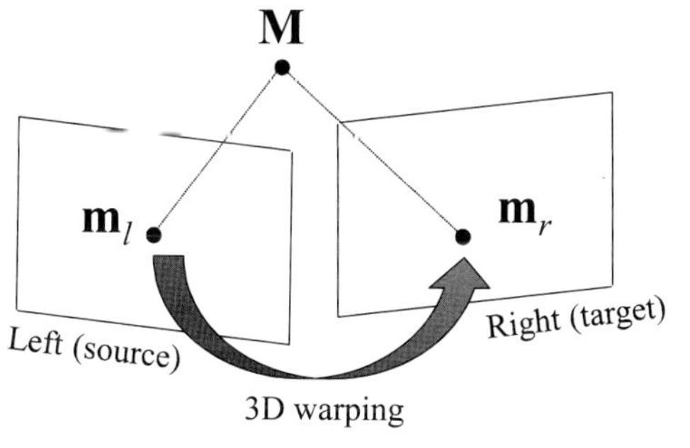

△ 그림 5-3 3차원 워핑의 개념

식 (5-6)을 왼쪽 시점에 적용하여 M_w로 정리하면 식 (5-7)과 같이 쓸 수 있다.

$$\mathrm{M}_w = \mathrm{R}_l^{-1}\mathrm{A}_l^{-1}\widetilde{\mathrm{m}}_l - \mathrm{t}_l \tag{5-7}$$

마지막으로, 식 (5-6)에 오른쪽 시점을 적용하여 식 (5-7)에서처럼 M_w로 정리한 후, 식 (5-7)의 M_w 대신 정리된 수식을 대입하면 식 (5-8)과 같이 된다.

$$\widetilde{\mathrm{m}}_r = \mathrm{A}_r\mathrm{R}_r\mathrm{R}_l^{-1}\mathrm{A}_l^{-1}\widetilde{\mathrm{m}}_l - \mathrm{A}_r\mathrm{R}_r\mathrm{R}_l^{-1}\mathrm{t}_l + \mathrm{A}_r\mathrm{t}_r \tag{5-8}$$

식 (5-8)은 왼쪽 시점의 한 점이 오른쪽 시점으로 워핑된 것을 나타낸다. 만약 두 시점이 정렬되어 있는 상태라면 식 (5-8)은 더 간단히 표현될 수 있다. 두 시점의 내부 행렬과 회전 행렬이 같기 때문에 많은 부분이 상쇄될 수 있다.

아래 소스 코드는 지금까지 설명한 3차원 워핑을 구현한 것이다. 한 시점의 색상 영상과 깊이 영상이 입력으로 들어가서, 워핑된 시점의 색상 영상이 출력된다. 영상의 입출력과 행렬 계산 등에 일부 OpenCV 함수가 사용되었다.

```
#include <cstdio>
#include <iostream>
#include <algorithm>
#include <assert.h>
#include <time.h>
#include "opencv.hpp"

#define ZMIN 2000
#define ZMAX 3200

CvMat *A_src, *R_src, *t_src;
CvMat *A_tar, *R_tar, *t_tar;

void LoadCameraParameters()
{
    FILE *camparam;
    camparam = fopen("cameraparameter.txt", "rt");

    A_src = cvCreateMat(3,3,CV_64FC1);
    R_src = cvCreateMat(3,3,CV_64FC1);
    t_src = cvCreateMat(3,1,CV_64FC1);

    A_tar = cvCreateMat(3,3,CV_64FC1);
    R_tar = cvCreateMat(3,3,CV_64FC1);
    t_tar = cvCreateMat(3,1,CV_64FC1);

    fscanf(camparam, "%lf %lf %lf₩n", &A_src->data.db[0], &A_src->data.db[1], &A_src->data.db[2]);
    fscanf(camparam, "%lf %lf %lf₩n", &A_src->data.db[3], &A_src->data.db[4], &A_src->data.db[5]);
    fscanf(camparam, "%lf %lf %lf₩n", &A_src->data.db[6], &A_src->data.db[7], &A_src->data.db[8]);
    fscanf(camparam, "%lf %lf %lf₩n", &R_src->data.db[0], &R_src->data.db[1], &R_src->data.db[2]);
    fscanf(camparam, "%lf %lf %lf₩n", &R_src->data.db[3], &R_src->data.db[4], &R_src->data.db[5]);
    fscanf(camparam, "%lf %lf %lf₩n", &R_src->data.db[6], &R_src->data.db[7], &R_src->data.db[8]);
    fscanf(camparam, "%lf %lf %lf₩n", &t_src->data.db[0], &t_src->data.db[1], &t_src->data.db[2]);

    fscanf(camparam, "%lf %lf %lf₩n", &A_tar->data.db[0], &A_tar->data.db[1], &A_tar->data.db[2]);
    fscanf(camparam, "%lf %lf %lf₩n", &A_tar->data.db[3], &A_tar->data.db[4], &A_tar->data.db[5]);
    fscanf(camparam, "%lf %lf %lf₩n", &A_tar->data.db[6], &A_tar->data.db[7], &A_tar->data.db[8]);
    fscanf(camparam, "%lf %lf %lf₩n", &R_tar->data.db[0], &R_tar->data.db[1], &R_tar->data.db[2]);
    fscanf(camparam, "%lf %lf %lf₩n", &R_tar->data.db[3], &R_tar->data.db[4], &R_tar->data.db[5]);
```

```
    fscanf(camparam, "%lf %lf %lf₩n", &R_tar->data.db[6], &R_tar->data.db[7], &R_tar->data.db[8]);
    fscanf(camparam, "%lf %lf %lf₩n", &t_tar->data.db[0], &t_tar->data.db[1], &t_tar->data.db[2]);

    fclose(camparam);
}


double DepthIndex_to_Realdepth(uchar depthindex, double zmin, double zmax, uchar imin, uchar
imax)
{
    return 1.0/( ( ((double)(depthindex))/imax )*(1.0/zmin - 1.0/zmax) + 1.0/zmax );
}


void main()
{
    // camera parameters from TXT file
    LoadCameraParameters();

    // error message
    if(ZMIN >= ZMAX)
    {
        printf("ZMIN must be smaller than ZMAX...₩n");
        goto END;
    }

    printf("3D Warping...₩n");

    IplImage *Img_Color, *Img_Depth, *Img_Target;

    Img_Color = cvLoadImage("color.bmp", CV_LOAD_IMAGE_COLOR);
    Img_Depth = cvLoadImage("depth.bmp", CV_LOAD_IMAGE_GRAYSCALE);
    Img_Target = cvCreateImage(cvGetSize(Img_Color), 8, 3);
    cvZero(Img_Target);

    int width, height;
    int widthstepC, widthstepD;
    width = Img_Color->width;
    height = Img_Color->height;
    widthstepC = Img_Color->widthStep;
    widthstepD = Img_Depth->widthStep;

    int imin, imax;
    uchar depthindex = 0;
```

```
imin = INT_MAX;
imax = 0;

for(int i = 0; i < height; i++)
{
    for(int j = 0; j < width; j++)
    {
        depthindex = Img_Depth->imageData[i*widthstepD + j];

        if(depthindex < imin)
            imin = depthindex;

        if(depthindex > imax)
            imax = depthindex;
    }
}

double zmin = ZMIN;
double zmax = ZMAX;

//matrices for 3d warping
CvMat *AR = cvCreateMat(3,3,CV_64FC1);
CvMat *iAR = cvCreateMat(3,3,CV_64FC1);
CvMat *temp3x3inv = cvCreateMat(3,3,CV_64FC1);
CvMat *world = cvCreateMat(3,1,CV_64FC1);
CvMat *point = cvCreateMat(3,1,CV_64FC1);
CvMat *temp = cvCreateMat(3,1,CV_64FC1);
CvMat *temp2 = cvCreateMat(3,1,CV_64FC1);
CvMat *Mw = cvCreateMat(3,1,CV_64FC1);
clock_t start, finish, first;
first = start = clock();

// 3D warping
for(int i = 0; i < height; i++)
{
    for(int j = 0; j < width; j++)
    {
        // image to world
        double realdepth;
        double image[2];

        depthindex = Img_Depth->imageData[i*widthstepD + j];
```

```
            // calculating real depth
            realdepth = DepthIndex_to_Realdepth(depthindex, zmin, zmax, imin, imax);

            point->data.db[0] = (double) j;
            point->data.db[1] = (double) i;
            point->data.db[2] = 1.0;

            cvMatMul(A_src, R_src, AR);
            cvInvert(AR, iAR);
            cvMatMul(iAR, point, temp);
            temp->data.db[0] *= realdepth;
            temp->data.db[1] *= realdepth;
            temp->data.db[2] *= realdepth;

            cvInvert(R_src, temp3x3inv);
            cvMatMul(temp3x3inv, t_src, temp2);
            world->data.db[0] = temp->data.db[0] - temp2->data.db[0];
            world->data.db[1] = temp->data.db[1] - temp2->data.db[1];
            world->data.db[2] = temp->data.db[2] - temp2->data.db[2];

            // world to image
            cvMatMul(R_tar, world, point);

            Mw->data.db[0] = point->data.db[0] + t_tar->data.db[0];
            Mw->data.db[1] = point->data.db[1] + t_tar->data.db[1];
            Mw->data.db[2] = point->data.db[2] + t_tar->data.db[2];

            cvMatMul(A_tar, Mw, point);

            image[0] = point->data.db[0] / point->data.db[2];
            image[1] = point->data.db[1] / point->data.db[2];

            if(image[0]>=0 && image[0]<=width && image[1]>=0 && image[1]<=height)
            {
                for(int k = 0; k < 3; k++)
                    Img_Target->imageData[(int)image[1]*widthstepC + (int)image[0]*3 + k] =
                    Img_Color->imageData[i*widthstepC + j*3 + k];
            }

        }
    }

    finish = clock();
```

```
    printf("₩nDone!₩n");
    printf("processing time:₩t%.0fms₩n₩n", float(finish-start)*1000/CLOCKS_PER_SEC);

    cvSaveImage("result.bmp", Img_Target);
    cvReleaseImage(&Img_Color);
    cvReleaseImage(&Img_Depth);
    cvReleaseImage(&Img_Target);

END:
    {
        return;
    }
}
```

위 소스코드에서 원본(source) 시점과 목적(target) 시점의 카메라 매개변수는 텍스트 파일로 미리 저장한 뒤 프로그램에서 읽어서 사용한다. 두 시점의 카메라 매개변수는 아래와 같이 저장한다. 먼저 원본 시점의 A, R, t를 순서대로 기록한 뒤, 목적 시점의 A, R, t도 동일하게 기록한다.

```
1266.906966 0.000000 658.208241
0.000000 1268.553084 331.735929
0.000000 0.000000 1.000000

0.999678 0.009859 -0.023400
0.008868 -0.999074 -0.042092
-0.023794 0.041871 -0.998840

-424.126963
585.376144
3256.091319

1266.906966 0.000000 658.208241
0.000000 1268.553084 331.735929
0.000000 0.000000 1.000000

0.999678 0.009859 -0.023400
0.008868 -0.999074 -0.042092
-0.023794 0.041871 -0.998840
```

```
-324.126963
585.376144
3256.091319
```

〈그림 5-4〉는 위 소스코드로 수행된 3차원 워핑의 결과를 보여준다. 〈그림 5-4(a)〉에 보인 색상 영상과 〈그림 5-4(b)〉에 나타난 깊이맵, 그리고 색상 영상과 목직 시점의 카메라 매개변수를 입력하고 장면의 Z_{near}와 Z_{far}값을 대입하여 프로그램을 수행하면 〈그림 5-4(c)〉와 같은 결과를 얻을 수 있다. 이와 같이 워핑된 결과를 살펴보면 시점이 시청자의 왼쪽으로 약간 이동했음을 알 수 있다. 앞서 설명한대로 가려짐에 의해서 발생하는 큰 홀 영역이 객체 주변과 배경에도 발생했다. 또한 영상 전체적으로 작은 홀들이 발생한 것을 볼 수 있다.

〈그림 5-4(d)〉는 원본 시점의 영상과 목적 시점으로 워핑된 영상을 겹쳐 놓은 것이다. 3차원 워핑으로 인한 시점의 이동을 더 명확하게 볼 수 있으며, 깊이 값이 큰 객체 영역이 배경보다 상대적으로 많은 이동을 한 것을 알 수 있다.

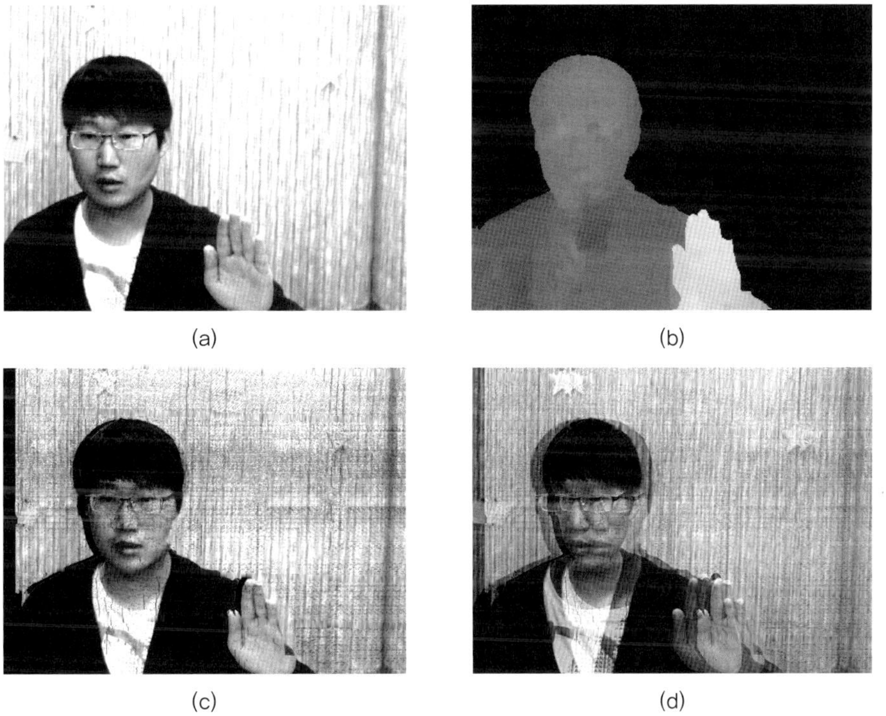

(a) (b) (c) (d)

△ **그림 5-4** 3차원 워핑 결과

5.1.2 중간 시점 영상 합성 기술

〈그림 5-4〉에 나타난 3차원 워핑 결과를 보면 많은 홀이 발생한 것을 볼 수 있다. 시점이 달라짐으로 인해 객체 주변에 발생하는 홀은 필연적으로 발생하는 홀이지만, 그렇지 않은 부분들은 3차원 워핑을 이용한 중간 시점 영상 합성 과정을 조금만 수정하면 충분히 처리할 수 있다. 또 발생한 홀을 채우는 방법과, 홀 채움시 경계영역에서 발생하는 잡음을 제거하는 방법 등 중간 시점 영상 합성과 관련된 기술을 상세히 소개하려고 한다.

5.1.2.1 영상 합성 과정

〈그림 5-5〉는 3차원 워핑을 이용한 일반적인 영상 합성의 과정을 보여준다. 두 시점의 색상 영상과 그에 해당하는 깊이맵이 두 시점과 목적 시점의 카메라 매개변수와 함께 각각 입력된다. 그리고 앞 절에서 설명한 3차원 워핑 과정을 먼저 깊이맵에 적용하여 양쪽 시점 깊이맵으로부터 각각 중간 시점의 깊이맵을 생성한다. 이때 생성된 두 개의 중간 시점의 깊이맵에는 〈그림 5-5〉와 같이 홀이 발생한다. 크게 발생하는 홀은 객체로 인해 가려졌던 부분이 드러난 것이고, 한 화소씩 발생하는 홀은 주로 소수점 단위로 계산되는 화소 위치정보가 기록될 때에 소수점이 잘리면서 발생하는 것이다.

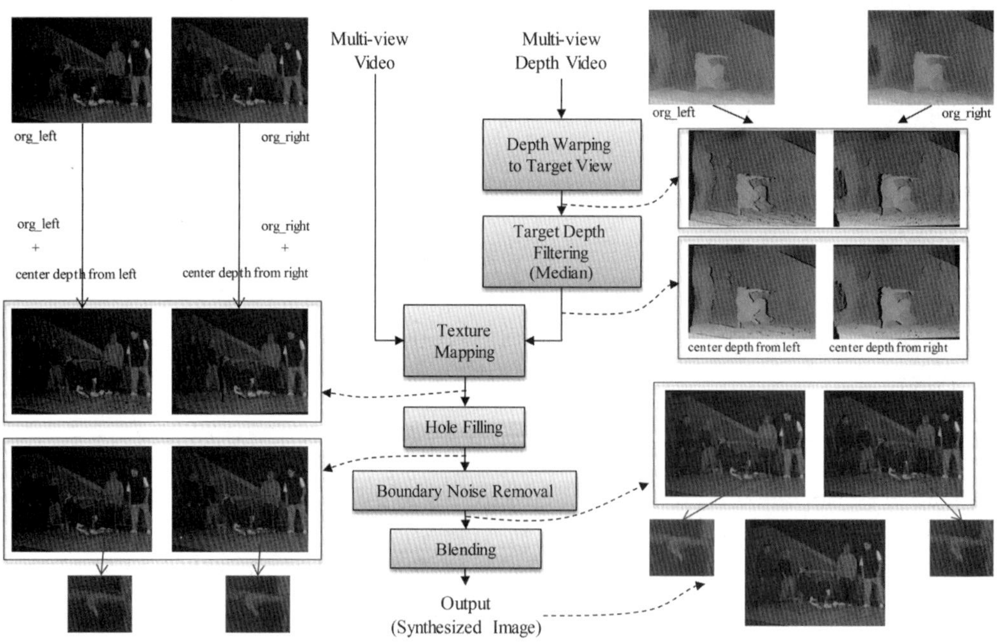

△ 그림 5-5 영상 합성 과정

깊이맵의 워핑 단계에서 〈그림 5-6(a)〉와 같이 발생한 홀 중에서 크지 않은 홀은 색상정보를 가져오기 전 먼저 제거하는 것이 바람직하다. 왜냐하면 깊이맵의 화소 값은 색상 영상에 비해 단순하고 값의 연속성이 높기 때문에 간단한 필터링으로 채울 수 있기 때문이다. 따라서 중간 값(median) 필터를 이용하여 〈그림 5-6(b)〉와 같이 작은 크기의 홀을 먼저 채운다.

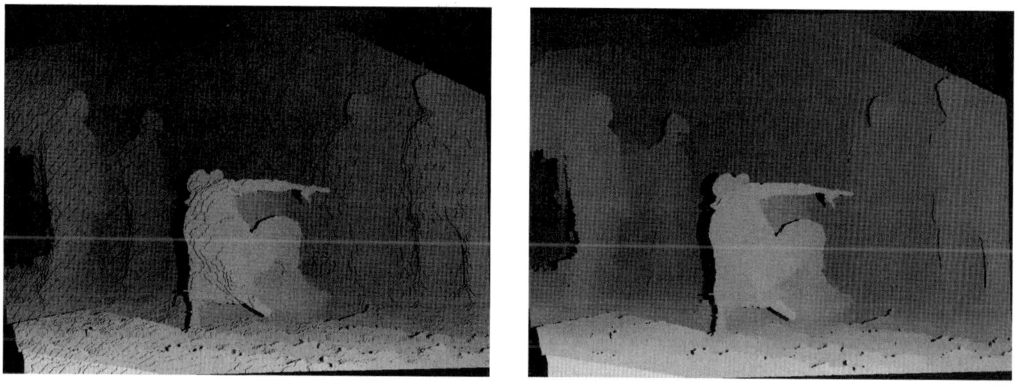

(a) (b)

△ 그림 5-6 중간 값 필터를 이용한 작은 홀 채움

이제 홀이 제거된 중간 시점의 깊이맵을 이용하여 중간 시점의 색상정보를 가지고 온다. 카메라 매개변수와 깊이맵으로 깊이 값이 있는 화소에 해당하는 색상 값을 역으로 가지고 오면, 중간 시점에 두 개의 색상 영상이 생긴다. 이 영상들은 중간 시점의 깊이맵이 가졌던 홀을 그대로 가지고 있으나, 두 개의 영상이 가지는 홀은 대칭적이다. 따라서 홀 영역의 색상 정보는 반대쪽 시점으로부터 워핑되어 온 색상 영상을 이용하여 채우거나 다른 기술을 이용해서 채울 수도 있다.

다음 단계는 홀 채움시 깊이맵의 오류 등으로 발생한 경계 영역의 잡음을 제거하는 것이다. 그리고 두 장의 영상을 혼합하면 중간 시점에서의 색상 영상이 만들어진다.

5.1.2.2 홀 채움

앞서 설명한대로 중간 시점 영상 합성 시 발생하는 큰 규모의 홀은 주로 객체로 인해 가려졌던 부분들이 새로 드러나는 곳이다. 중간 시점 영상 합성은 양쪽 두 개의 시점으로부터 가운데 시점을 만들기 때문에 이러한 홀은 대칭적으로 존재하게 되고, 중간 시점에 만들어진 두 개의 영상에서 발생한 홀은 〈그림 5-7〉과 같이 각각 다른 시점으로부터 워핑되어 온 영상의 정보를 가져와서 채울 수 있다.

△ 그림 5-7 대칭적으로 존재하는 홀 채움

하지만 간혹 대칭적으로 발생하는 홀이 아닌, 두 시점으로부터 온 영상에서 공통으로 발생하는 홀이 발생한다. 이런 홀을 공통 홀(common hole)이라고 하는데, 〈그림 5-8〉과 같이 공통 홀은 양쪽 시점에서 특별히 참조할 수 있는 정보가 없기 때문에 주변 화소와의 관계를 살펴서 채우는 방법을 사용해야 한다.

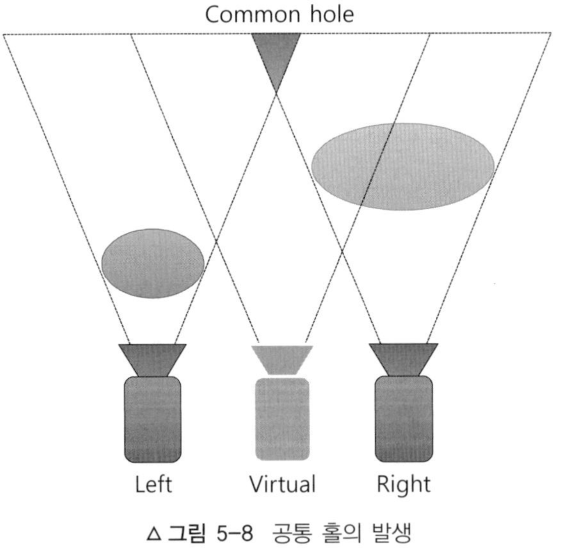

△ 그림 5-8 공통 홀의 발생

공통 홀은 일반적으로 객체 뒤편에 있는 배경일 가능성이 매우 높기 때문에 공통 홀 영역의 깊이 값은 주변 화소가 가지는 깊이 값 중 최소 값을 가지도록 설정한다. 이후, 식 (5-9)

와 같은 양방향 필터(bilateral filter)를 이용하여 주변 화소의 색상 값 $C(u, v)$로부터 계산된 값을 공통 홀 영역 내 화소인 (x, y)에 채우게 된다 [138].

$$C(x,y) = \frac{\sum_u \sum_v W(u,v,\hat{d})\, C(u,v)}{\sum_u \sum_v W(u,v,\hat{d})} \tag{5-9}$$

식 (5-9)에서 참조하는 색상에 대한 가중치 W는 식 (5-10)과 같이 구한다. W는 두 개의 가우시안 필터가 결합된 형태이며, 참조할 화소의 깊이 값과 채워야 할 공통 홀 내 화소의 깊이 값이 유사한 정도, 그리고 참조할 화소의 거리가 떨어진 정도를 판별하여 가중치에 적용하게 된다.

$$W(u,v,\hat{d}) = \exp\left(\frac{\|\hat{d}, D(u,v)\|^2}{2\sigma_D^2}\right) \exp\left(\frac{(x-u)^2 + (y-v)^2}{2\sigma_r^2}\right) \tag{5-10}$$

식 (5-9)를 이용하여 공통 홀을 채운 결과가 〈그림 5-9(b)〉에 나타나 있다. 발생한 공통 홀에 대해 〈그림 5-9(a)〉와 같이 인페인팅(inpainting)을 이용하여 채운 결과와 비교하였다 [139]. 양방향 필터를 이용하여 채워진 공통 홀이 인페인팅의 결과보다 우수한 것을 확인할 수 있다.

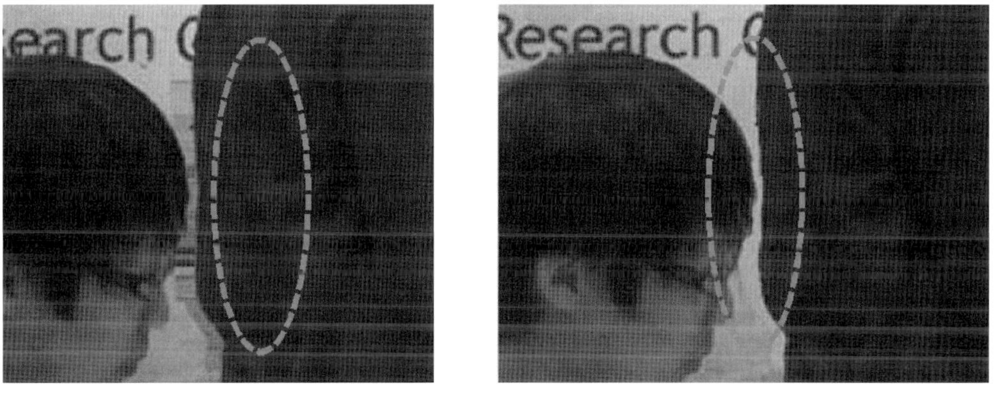

(a) (b)

△ 그림 5-9 공통 홀 채움 결과

5.1.2.3 경계 잡음 제거

중간 시점 영상 합성에서 발생하는 경계 잡음은 보통 깊이맵의 오류로 인해 발생한다. 여기서 말하는 깊이맵의 오류는 깊이맵의 객체 경계와 색상 영상의 경계가 정확히 일치하지 않는 것을 의미한다. 〈그림 5-10(a)〉에 보이는 사람의 팔 부분에서 조금 밝은 색 영역으로 표시된 부분이 깊이맵의 팔 부분이다. 이와 같이 경계가 일치하지 않으면 색상 영상에서의 팔의 경계 부분이 더 작은 깊이 값을 가지거나, 반대로 배경 영역이 팔의 깊이 값을 가지게 되어 합성된 영상에서 객체의 경계부분에 〈그림 5-10(b)〉와 같은 잡음이 발생한다 [140].

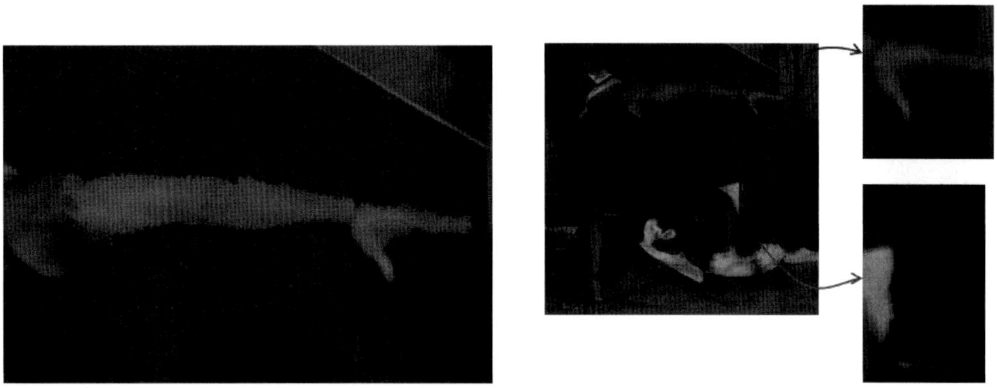

(a) (b)

△ 그림 5-10 중간 시점 영상에서 발생하는 경계 잡음

경계 잡음 제거를 위해서는 먼저 경계 영역을 추출해야 한다. 홀 영역에서 깊이 값을 비교함으로 배경과 전경의 경계 영역을 찾아낼 수 있다. 이렇게 찾아낸 경계 영역에 대해서는 다른 시점으로부터 워핑되어 온 영상의 화소 값으로 대체하여 경계 잡음을 제거할 수 있다.

5.1.2.4 영상 혼합

지금까지는 왼쪽과 오른쪽에서 각각 워핑되어 온 두 개의 색상 영상이 가상시점에 존재했다. 이제 하나의 영상으로 만들기 위해서 두 영상을 혼합해야 하는데, 영상의 혼합에는 두 가지 방법을 사용할 수 있다.

먼저 영상의 거리에 따른 비율로 두 영상을 혼합하는 것이다. 이것은 식 (5-11)에 나타낸 것처럼 중간 시점 영상의 모든 화소 $C_v(x, y)$에 대하여 왼쪽 시점에서 워핑되어 온 영상의 화소 $C_l(x, y)$와 오른쪽 시점에서 워핑되어 온 화소 $C_r(x, y)$를 α라는 비율로 혼합한다. α는 중간 시점의 위치에 따른 변수로, 만약 중간 시점이 왼쪽 시점과 오른쪽 시점의 정중앙에 위치할 경우 0.5의 값을 가지며, 어느 한쪽 시점으로 치우쳐 있을 경우 그 거리에 비례하여 α값을 변화시켜준다.

$$C_v(x,y) = \alpha C_l(x,y) + (1-\alpha) C_r(x,y) \tag{5-11}$$

하지만 왼쪽 시점과 오른쪽 시점 사이에 색상의 불일치가 존재할 경우 이와 같은 혼합 방식은 중간 시점 영상의 화질 저하를 초래할 수 있다. 따라서 왼쪽이나 오른쪽 시점으로부터 워핑된 영상 중 하나를 선택하여 중간 시점 영상으로 사용하고, 홀 채움만 다른 시점에서 온 영상을 이용하는 방법이 더 나은 성능을 보일 수도 있다. 영상의 선택은 일반적으로 가상시점의 위치와 더 가까운 곳의 시점에서 온 영상을 선택한다.

5.2 다시점 영상을 이용한 3차원 복원

3차원 복원(3D reconstruction)은 장면 내 객체 혹은 장면의 3차원 형상과 표면의 색상을 복원하는 기술이다 [141]. 일반적으로 객체나 장면의 3차원 모델링은 전문 디자이너가 3D MAX나 MAYA와 같은 컴퓨터 그래픽 툴을 사용하여 수작업으로 이루어지지만, 일반적으로 시간이 많이 소요되고 모든 물체에 대한 세밀한 측정을 거치지 않고는 세밀한 모델링이 어렵다. 그 대안으로 〈그림 5-11(a)〉와 같이 영상을 이용하여 〈그림 5-11(b)〉와 같은

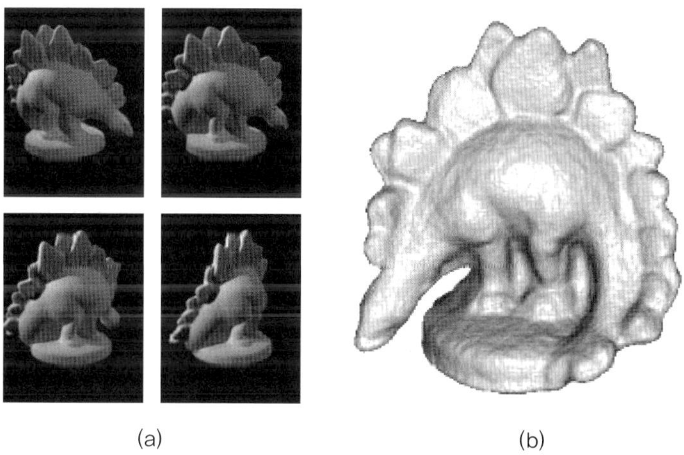

(a) (b)

△ 그림 5-11 다시점 영상을 이용한 3차원 복원

3차원 모델을 생성하는 3차원 복원 방법이 연구되고 있다. 3차원 복원 기술은 인체의 측정 등을 포함한 의료 영상이나 고전 유물 복원 등에 많이 사용되며, 3차원 TV와 영화에도 활용될 수 있다.

3차원 복원을 위해서는 깊이 정보 생성과 마찬가지로 최소 두 시점 이상의 영상이 필요하다. 〈그림 5-12〉는 3차원 복원의 기본이라고 할 수 있는 두 시점의 영상으로부터 3차원 정보를 추정하는 삼각화(triangulation) 방법을 보여준다. 삼각화는 두 시점의 영상에서의 상응점을 3차원 공간으로 역투영하고, 역투영되는 직선이 교차하는 점을 해당 화소의 3차원 점으로 간주한다.

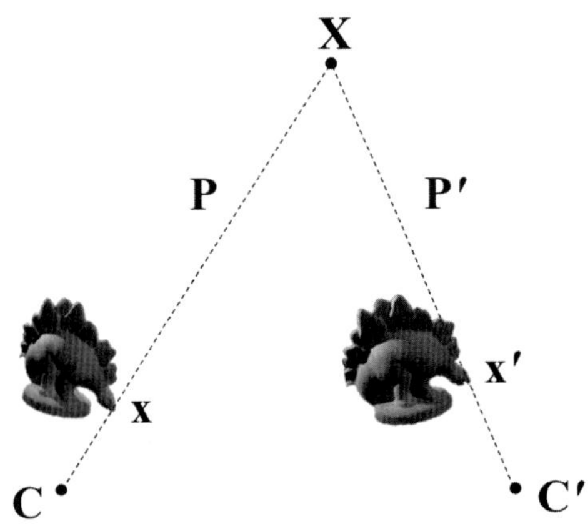

△ 그림 5-12 삼각화를 이용한 3차원 정보 추정

하지만 두 시점 간 상응점을 찾는 것도 쉽지 않을뿐더러, 두 시점만으로는 모든 화소에 대한 3차원 정보를 얻는 것은 한계가 있다. 따라서 두 개 이상의 시점이 주로 사용되며, 전방향에 대한 3차원 모델을 생성하기 위해서는 다시점 영상이 필요하다. 따라서 3차원 복원을 위한 다시점 영상은 일반적으로 원형 혹은 수렴형 카메라 배열에서 촬영된다. 본 절에서는 다시점 영상으로부터 효과적으로 3차원 모델을 생성하는 실루엣 기반의 방법과 패치 기반의 방법을 소개한다.

5.2.1 실루엣 기반의 3차원 복원

실루엣 기반의 3차원 복원(shape from silhouette)은 〈그림 5-13〉과 같이 입력 영상으로부터 객체의 실루엣을 구하여 이것으로부터 시각체(visual hull)를 생성하여 3차원 객체를 복원한다 [142]. 입력 영상으로부터 실루엣을 얻는 방법은 객체와 배경이 완벽히 분리된 경우에는 문턱값을 이용하여 쉽게 획득할 수 있으며, 통계적 모델과 최적화 방법을 사용하여 구할 수도 있다 [143]. 시각체는 획득한 실루엣 영상의 윤곽선을 추출한 뒤 카메라 매개변수를 이용하여 각 시점에서 3차원 공간으로 역투영되어 시각 원뿔(visual cone)을 생성하고, 이 시각 원뿔들의 체적을 교차함으로써 시각체를 생성한다. 시각체 방법은 구현이 간단하고 복잡도가 낮아서 실시간으로까지 구현되었다. 따라서 다양한 객체의 3차원 복원에 유용하게 사용되지만, 객체의 실루엣이 나타나지 않는 오목한 부분과 같은 자세한 모델링은 불가능한 단점이 있다.

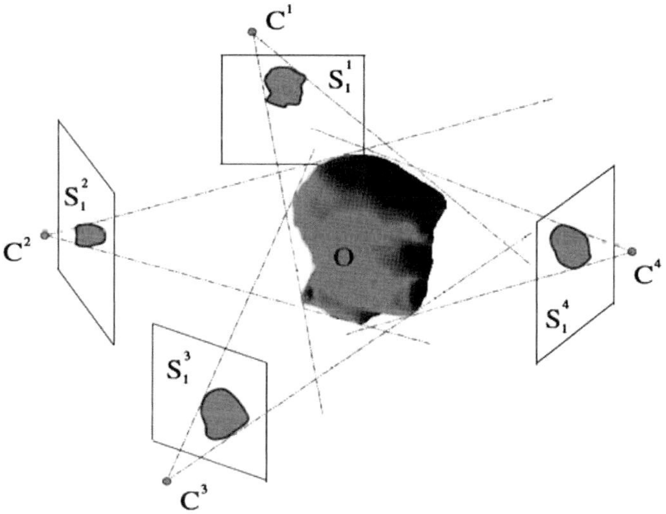

△ 그림 5-13 시각체 생성

이 절에서 소개할 실루엣 기반의 3차원 복원 방법은 시각체와 복셀 컬러링(voxel coloring) 기법을 결합하여 객체를 모델링하는 방법이다 [144]. 복셀(voxel)은 3차원 공간을 일정한 체적을 가지는 요소들로 구분해 놓은 것으로 2차원 영상의 화소를 3차원으로 확대한 개념이다 [145]. 3차원 복원을 위해서는 먼저 시각체를 이용하여 3차원 객체의 윤곽을 잡고, 이를 복셀 기반의 색상 일치성 판단으로 다듬어 물체를 복원한다.

5.2.1.1 3차원 객체의 초기 윤곽 생성

3차원 객체의 초기 윤곽을 구하기 위해서 먼저 3차원 공간상에 정의된 복셀들을 각 카메라에 투영한다. 이때 복셀이 영상의 객체 영역 안에 투영되면 해당 복셀은 3차원 객체에 속한 복셀이라고 판단한다. 모든 복셀에 대해 이 과정이 끝나면 객체의 초기 윤곽이 완성된다. 그러나 초기 윤곽은 객체의 오목한 부분을 표현할 수 없고, 시점의 한계로 인해 정확한 모델을 구했다고 하기는 어려운 상태이다.

5.2.1.2 가시성 검사

가시성 검사는 초기 윤곽에서 객체로 판단된 복셀들이 각 시점에서 보이는지 여부를 판단하는 검사이다. 복셀과 각 카메라 중심을 잇는 직선을 구하고, 이 직선이 객체로 판명된 다른 복셀을 지나면 해당 복셀은 가시성이 없는 것으로 간주한다. 〈그림 5-14〉는 가시성 검사를 보여준다. A, B, C는 모두 3차원 객체로 판명된 복셀들이다. 이 세 점에서 각 카메라 중심으로 직선을 이어보았을 때, A와 B의 경우는 하나 이상의 직선이 다른 복셀과 만나지 않고 카메라 중심과 바로 연결되므로 보이는 점, 즉 가시성이 있는 복셀이다. 그러나 C의 경우는 모든 시점과 연결된 선이 다른 복셀들과 만나므로 가시성이 없는 보이지 않는 점이라고 할 수 있다.

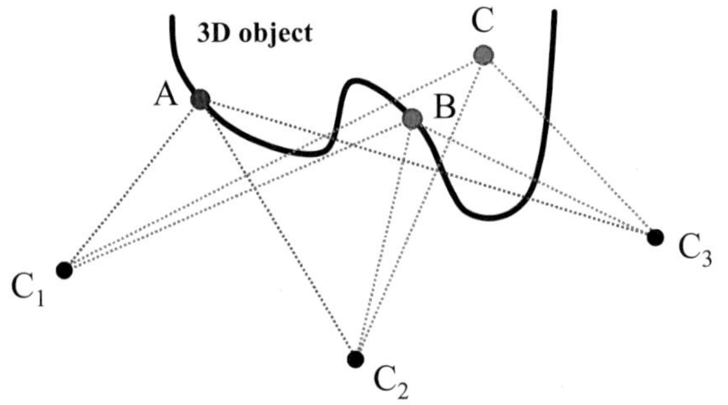

△ 그림 5-14 가시성 검사

5.2.1.3 3차원 객체 다듬기

가시성 검사 이후 객체 영역으로 남아있는 복셀에 대하여 수행되는 다듬기는 3차원 객체 모델의 정확도를 높이는 역할을 수행한다. 가시성이 있는 한 복셀에 대하여 이 복셀을 보이는 시점으로 투영하고, 투영된 시점에서 추출된 색상 값이 차이가 크면 다듬기를 수행한다 [146]. 즉, 문턱값으로 미리 설정된 값보다 색상 값의 차이가 클 경우 그 복셀은 3차원 객체에서 제외된다. 만약 복셀이 보이는 시점이 3개 이상일 경우에는 복셀과 가장 가까운 두 시점을 선택하여 다듬기를 수행한다.

복셀을 시점으로 투영할 때, 하나의 복셀은 영상에 투영되면 하나의 화소가 아닌 여러 화소에 걸쳐서 나타나게 된다. 이런 상황에서 다듬기를 수행할 때, 복셀이 투영된 중심 화소의 색상 값만 이용하면 복원 결과의 정확도가 떨어진다. 따라서 복셀이 투영된 영역을 대표할 수 있는 색상 값을 구해서 사용한다.

5.2.1.4 색상 입히기

초기 윤곽으로부터 가시성 검사와 다듬기를 수행한 후에는 3차원 객체에 색상을 입혀주는 작업을 수행한다. 한 복셀에 대해 가시성이 있는 시점 중 가까이에 있는 최대 3개의 시점을 선택한다. 이 세 시점은 해당 복셀과 가장 가까이에 있는 시점과 그 양 옆의 두 시점이 된다. 선택된 시점으로부터 색상을 혼합할 때에는 해당 복셀과 시점과의 거리가 가까울수록 높은 가중치를 가지고 혼합된다.

5.2.1.5 실루엣 기반의 3차원 복원 결과

실루엣 기반의 3차원 복원을 위해 Middlebury에서 제공하는 16시점의 'Dino'와 10 시점의 'Temple' 영상을 사용하였다. 이 영상들은 배경과 전경의 구분이 명확하기 때문에 쉽게 객체를 분리하여 복원할 수 있다. <그림 5-15>는 입력 영상과 생성된 3차원 모델을 보여준다.

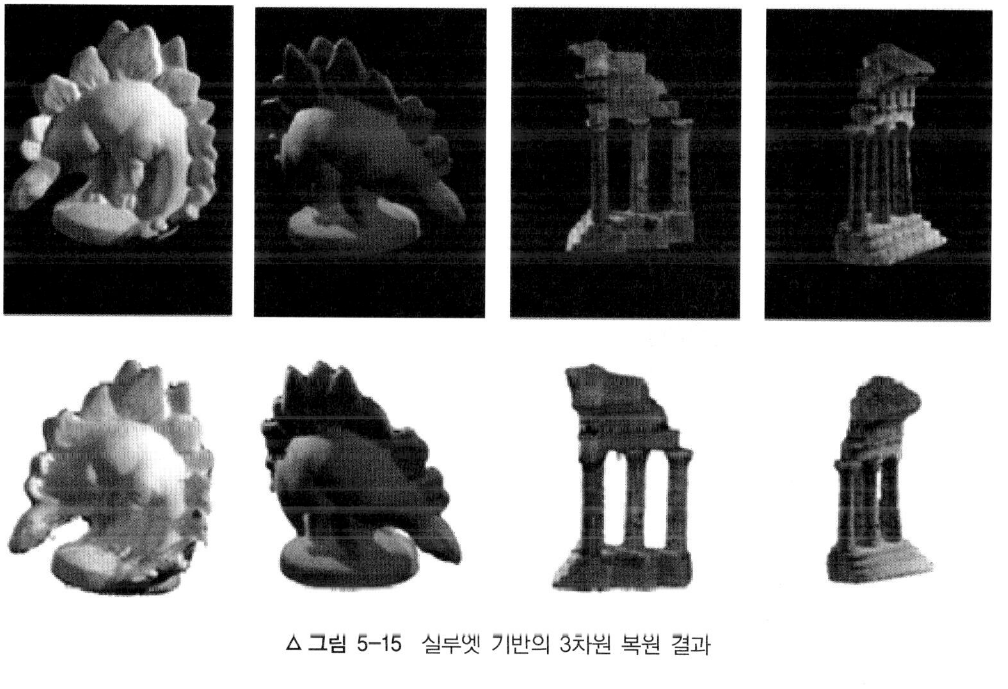

△ 그림 5-15 실루엣 기반의 3차원 복원 결과

5.2.2 패치 기반의 3차원 복원

이 절에서 소개할 패치(patch) 기반의 3차원 복원 방법은 3차원 공간상의 패치라고 하는 직사각형 평면을 이용하여 객체를 복원한다 [147]. 이 방법은 복잡도가 매우 높지만 복원의 정확도가 매우 높다. 패치는 3차원 공간상에 직사각형 평면으로 존재하는 요소로써, 패치의 중심점과 패치를 바라보는 카메라 방향으로의 법선 벡터를 가지고 있다. 결국 복원되는 3차원 모델은 공간상에 있는 패치들의 모음이 된다. 〈그림 5-16〉은 3차원 공간의 패치와 카메라를 보여준다. p는 패치를, P는 3차원 객체가 존재하는 범위를 나타내고, 객체가 존재하는 범위는 시각체를 통해 먼저 정의된다.

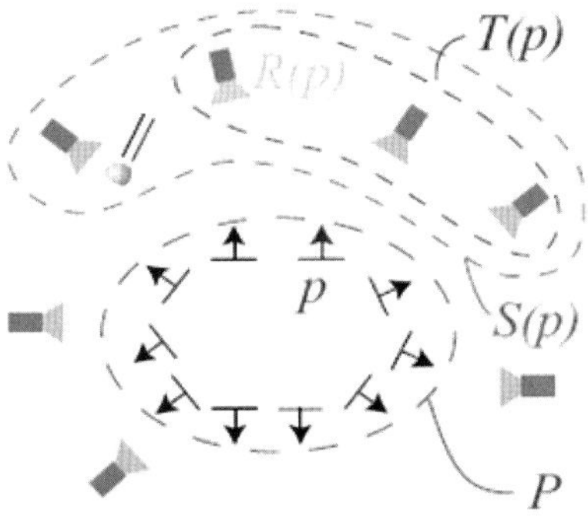

△ 그림 5-16 패치 모델의 구성 요소

각각의 패치는 세 종류의 시점 정보를 가지고 있는데, $R(p)$는 가장 관련성이 높은 시점을, $S(p)$는 현재 패치가 보여야 하는 시점을, 그리고 $T(p)$는 실제로 패치가 보이는 시점을 말한다. $R(p)$는 현재 패치 p를 가장 수직에 비슷하게 보고 있는 시점이고, $S(p)$와 $T(p)$는 위치상으로는 현재 패치 p가 보이는 시점인데, $S(p)$는 장애물 등에 의해 가려짐으로 현재 패치 p가 보이지 않는 시점까지 포함한다.

패치 기반 3차원 객체 복원은 다음과 같은 순서로 수행된다. 먼저 영상에서 특징점을 추출하고, 추출된 특징점을 기반으로 한 패치 기반 정합을 실시하여 대략의 패치를 생성한다. 그리고 패치의 확장과 필터링을 통해서 패치의 보정 과정을 거치며 3차원 객체 모델이 완성된다. 〈그림 5-17〉은 이러한 과정을 그림으로 나타낸다. 〈그림 5-17(a)〉는 입력 영상을, 〈그림 5-17(b)〉는 특징점이 추출된 모습을, 〈그림 5-17(c)〉는 패치 매칭 후에 생성된 패치를, 〈그림 5-17(d)〉는 패치의 확장과 필터링을 거친 후의 패치를, 마지막으로 〈그림 5-17(e)〉는 패치로부터 생성된 다각형 표면을 각각 보여준다.

(a) (b) (c) (d) (e)

△ 그림 5-17 패치 기반 3차원 객체 복원 과정

5.2.2.1 패치 기반의 정합

패치 기반 3차원 객체 복원을 위해서는 우선 시각체 방법을 이용하여 객체의 존재 범위를 구하고, 이 결과를 기반으로 다시점 영상들 간의 정합을 시작한다. 정합은 영상 전체가 아닌 영상에서 추출한 특징점들을 이용한다. 특징점 추출에는 해리스 코너(Harris corner) 방법과 가우시안에 대한 차(difference-of-Gaussian, DOG) 연산자를 사용한다 [148]. 입력 영상 〈그림 5-17(a)〉의 입력 영상으로부터 특징점을 찾은 결과가 〈그림 5-17(b)〉에 나타나 있다.

패치 기반 정합은 먼저 특징점 주변의 화소들로 화소의 그룹을 만들고, 이 화소의 그룹이 하나의 패치의 단위가 된다. 또 한 시점에서의 특징점에 대한 에피폴라 선은 다른 시점에 나타나며, 에피폴라 선을 이루는 점 중에서 가장 색상 특성이 가까운 화소 그룹이 일치점으로 선택된다. 정합 비용을 계산하는 함수로는 식 (5-12)와 같이 NCC가 사용되며, 또 패치의 중심 위치와 표면 법선 벡터의 예측은 식 (5-13)과 같은 평균 NCC 점수의 최대화에 의해 결정된다.

$$\frac{1}{n}\sum_{x,y}(f(x,y)-\bar{f})(t(x,y)-\bar{t})/\sigma_f\sigma_t \qquad (5-12)$$

$$\overline{N}(p)=\frac{1}{|T(p)|}\sum_{I\in T(p),\, I\neq R(p)} N(p,R(p),I) \qquad (5-13)$$

NCC를 사용하여 에피폴라 선상에서 구해진 일치점은 3차원 공간으로 역투영되고, 두 일치점이 만나는 공간이 현재 패치의 중심이 된다. 이렇게 두 시점으로부터 일단 생성된 패치에 대해서는 그 방향을 결정하기 위해서 또 다른 시점과의 정합이 수행된다. 즉, 또 다른 시점에서 에피폴라 선과 일치점이 얻어지고, 이 일치점이 다시 3차원 공간으로 역투영되면, 이전의 두 시점으로 이미 생성된 패치와의 교차점을 바탕으로 패치의 방향이 수정된다. 이러한 과정이 모든 특징점에 대해 수행되면 3차원 객체에 대한 패치의 모음이 생성되고, 이것이 3차원 객체 복원의 초기값이 된다 [149]. 〈그림 5-18〉은 이와 같은 특징점 기반의 정합 과정을 보여준다.

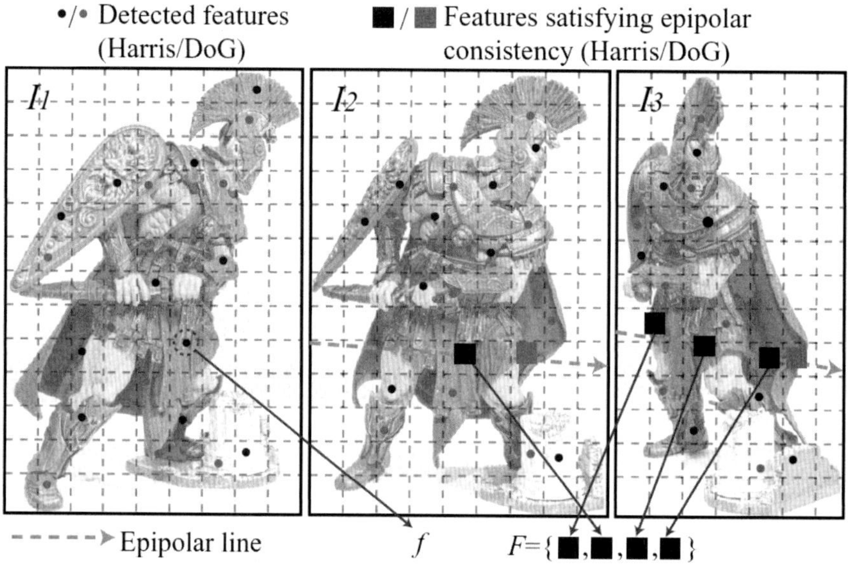

△ 그림 5-18 특징점 기반의 정합

5.2.2.2 패치의 확장 및 필터링

지금까지 생성된 패치는 다시점 영상에서 추출된 특징점에 대해서만 생성되었기 때문에 3차원 객체에는 패치가 없는 빈 공간들이 많이 있다. 따라서 생성된 패치들을 주변을 확장하는데, 우선 생성된 패치들의 접평면을 따라서 빈 공간에 같은 방향의 패치들을 생성한다. 확장된 패치들은 정확도를 높이기 위해 사용하는 색상 제약조건을 최소 k개의 영상에서 만족할 때, 해당 패치는 3차원 객체 복원을 위한 패치로 남고, 그 중심과 법선 벡터가 최적화된다.

패치의 확장 이후에는 가시성 분석을 통해 패치를 필터링함으로써 더욱 정확도를 높인다. 필터링은 세 가지 방법으로 수행되는데, 먼저 첫 번째는 객체의 표면 밖에 놓여있는 패치를 제거하는 것이다. 패치 p_0에 대하여 주변 패치의 그룹을 U라고 할 때, 식 (5-14)를 만족하면 패치 p_0는 제거된다.

$$|T(p_0)|\overline{N}(p_0) < \sum_{p_f \in U} \overline{N}(p_j) \tag{5-14}$$

두 번째는 객체의 내부에 생성된 패치를 제거하는 것이다. p_0를 바라보는 시점의 수가 정해진 상수 값 이하이면 객체 내부에 있나고 간주하고 p_0를 제거한다. 이 두 가지 필터링은 〈그림 5-19(a)〉와 〈그림 5-19(b)〉에 나타나 있다.

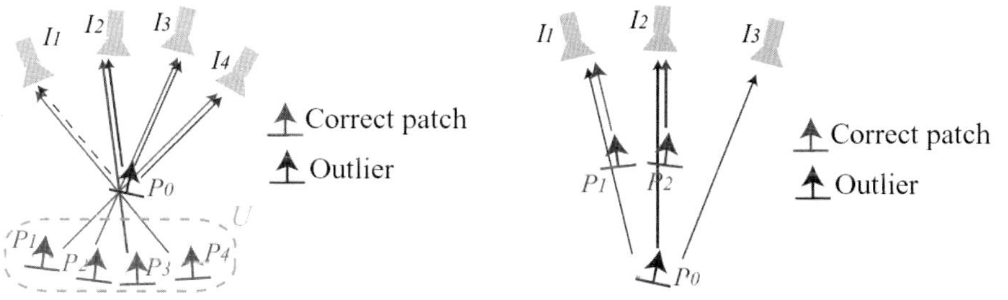

(a) (b)

△ 그림 5-19 객체와의 위치를 고려한 패치의 필터링

마지막 필터링은 평활 제약사항을 적용하여, 인접한 패치들과의 평활도를 어기는 〈그림 5-20〉과 같은 패치는 제거된다.

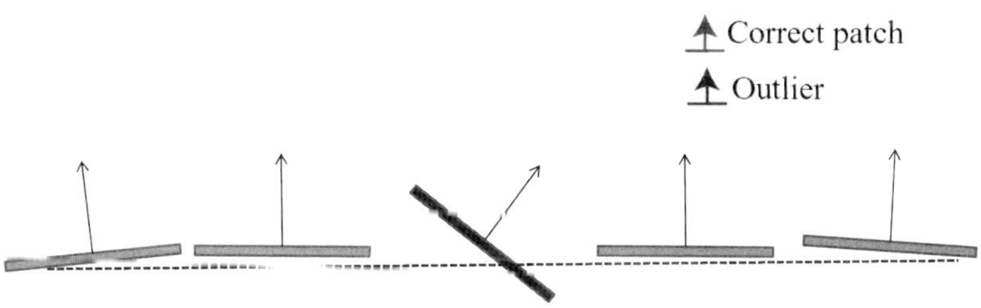

△ 그림 5-20 평활 제약사항을 적용한 패치 필터링

5.2.2.3 패치 기반 3차원 복원 결과

패치 기반의 3차원 복원은 최종 결과가 다각형 표면으로 형성된다. 〈그림 5-21〉은 다양한 입력 데이터들에 대한 복원 결과를 보여준다. 왼쪽 위로부터 순서대로 볼 때, 검정색 바탕을 가진 입력 영상들이고, 이어지는 4개의 영상은 두 시점에서의 색상이 입혀진 패치와

다각형 표면을 보여준다. 패치 기반의 3차원 객체 복원은 정확도가 매우 높으면서 복잡도 또한 높기 때문에 이와 같은 결과를 얻기 위해서는 최대 수시간이 소요된다.

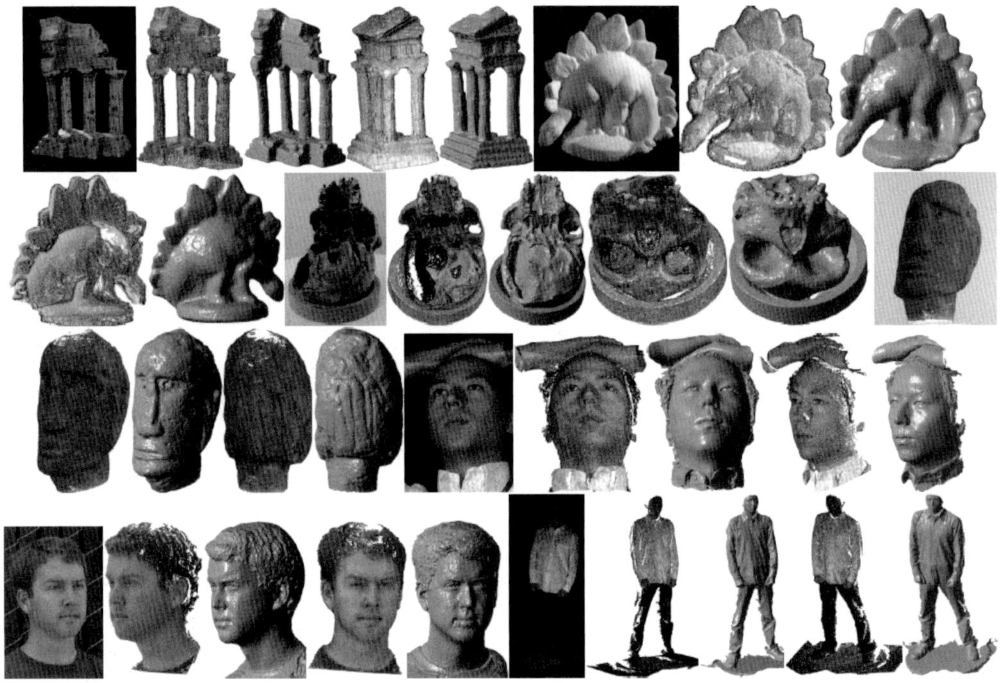

△ 그림 5-21 패치 기반 3차원 복원 결과

06

3차원 비디오 처리 관련 국제 표준화

ISO/IEC 산하 MPEG(Moving Picture Experts Group)의 FTV(Free-viewpoint Television) 그룹에서는 2000년대부터 다시점 비디오와 3차원 비디오 기술들에 대한 표준화 활동을 적극적으로 진행하였다. 일본은 2022년 월드컵을 개최하면 축구장에 카메라를 둘레로 배치하여 3차원 영상으로 축구 시청을 가능하게 하는 것을 목표로 하고 있다. 이에 따라 특히 일본 연구소들이 초다시점 비디오(super multi-view video) 및 자유탐색 비디오(free navigation video) 기술 개발 및 표준화 활동에 적극적으로 참여하고 있다 [191, 192]. 〈그림 6-1〉은 3차원 영상 캡쳐와 디스플레이 성능에 대하여 무어의 법칙(Moore's law)를 적용하여 분석한 것이다. 그래프에서 화소의 수와 시점의 수를 곱한 수치를 분석한 것인데 초다시점 비디오와 자유탐색 비디오가 먼 미래가 아님을 알 수 있다. 기대할 수 있는 응용 사례로는 초다시점 비디오를 활용하여 수백 시점의 데이터를 요구하는 3차원 홀로-디스플레이 시연, 자유탐색 비디오를 활용하여 축구 TV 중계를 시청할 때 원하는 시점으로의 자유로운 이동 등을 꼽을 수 있다 [193. 194].

자유시점(free-viewpoint) 영상에 관한 표준화 작업은 2001년 MPEG미팅 이후로 지속적으로 진행되고 있다. 자유시점 영상의 첫 번째 형태로는 다시점 비디오 부호화 (MVC: Multi-view video coding)으로 진행되었으며, 2009년에는 3차원 다시점 비디오 부호화(3DVC: 3D video coding)으로 발전되었다 [195]. 〈그림 6-2〉는 기본적인 자유시점 비디오 시스템 구조를 나타내고 있다. 송신부에서는 다시점 카메라를 이용하여 3차원 장면을 촬영하며, 다시점 카메라로부터 생성된 많은 데이터는 전송과 저장을 위해 압축된다. 수신부에서는 부호화된 영상들을 복호기를 통해 보간 방법을 사용하여 복원하게 되는데, 이렇게 생성된 다양한 시점 영상들을 자유시점 영상이라 한다. 자유시점 영상은 PC를 이용한 모니터나 태블릿과 같은 장치들을 통해 시청할 수 있다. 다시점 카메라를 통해 촬영한 영상 데이터를 전송할 때 대역폭 초과 문제와 전송시간 지연 문제를 일으키므로 효율적인 부호화 방법이 필요하다. 이에 따라 MPEG에서는 자유시점 영상을 위한 다양한 부호화 방법에 관한 내용도 논의하고 있다 [196-199]. 자유시점 영상을 위한 기술로는 크게 초다시점 영상과 자유탐색 영상 등이 있다. 이 장에서는 3차원 비디오 처리 관련 기술의 국제 표준화 동향을 살펴보고자 한다.

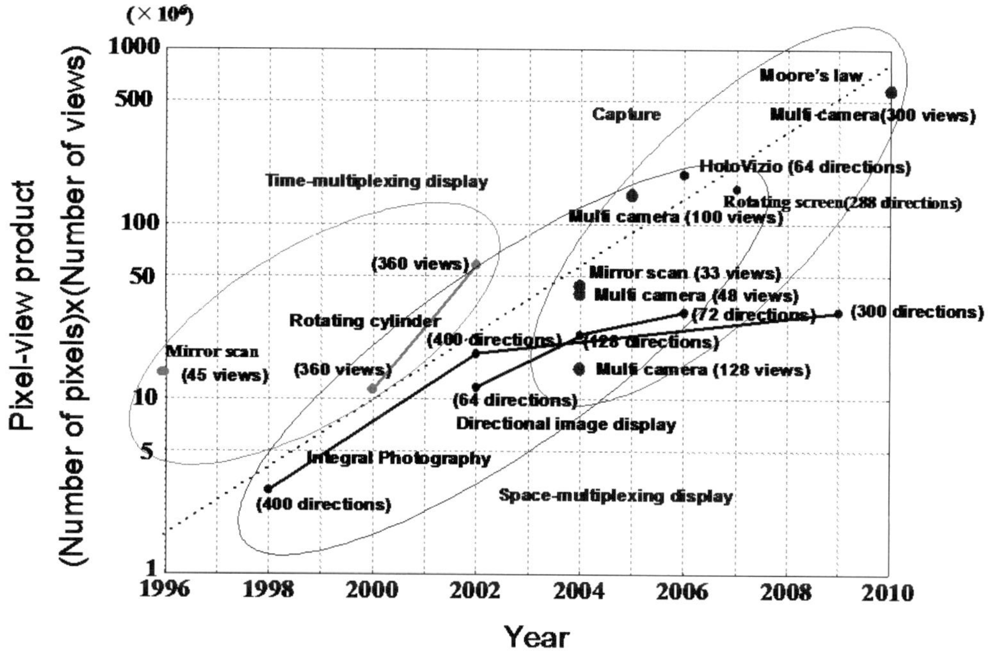

△ 그림 6-1 3차원 영상 캡처 및 디스플레이 성능 개발 흐름

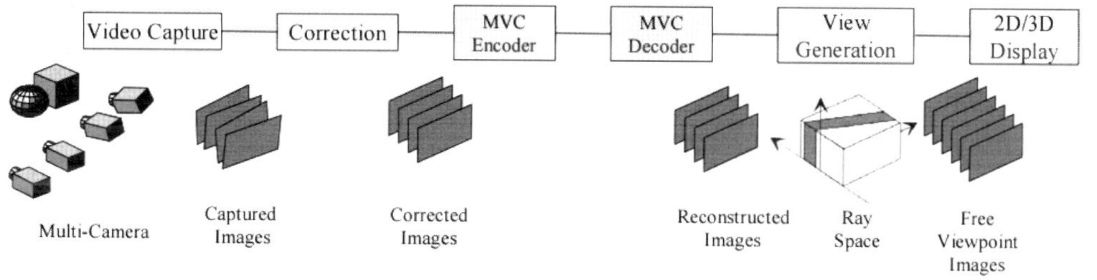

△ 그림 6-2 자유시점 영상 시스템의 기본 구조

6.1 MPEG의 3차원 비디오 표준화 동향

FTV 그룹의 활동에 대하여 단계를 분리할 수 있다. 〈그림 6-3〉은 활동 단계 역사를 나타낸다. 1단계에서는 2004년부터 다시점 비디오 부호화(Multi-view video coding, MVC)에 대한 기술을 개발하였다. 다시점 비디오 부호화에서는 시점 간 정보 참조 등의 기술로 중복성을 줄여 데이터를 전송하고 복호기에서 원래 시점의 수만큼 복호화하게 된다. 다시점 비디오 부호화는 2009년에 완료되었고 현재 시장에서는 3D 블루레이 등에서 이용되고 있다. 영상 복호화 이후에 진행하는 임의시점 영상 합성은 다시점 비디오 부호화 표준에 포함되지 않는다. 〈그림 6-4〉는 다시점 비디오 부호화 프레임워크를 설명한다.

2단계 활동에서는 3차원 비디오 부호화(3D video coding, 3DVC) 기술을 개발하였다. 3차원 비디오 부호화 기술 개발은 다시점 비디오 부호화 표준화 활동이 종료되기 전인 2007년부터 시작되었다. 3차원 비디오 부호화는 다시점 비디오 부호화의 확장인데, 두 부호화 사이의 가장 큰 차이점은 3차원 비디오 부호화에는 깊이 비디오 부호화가 추가되어 있다는 것이다. 색상 비디오에서의 객체가 카메라로부터 가까울수록 깊이 비디오에서는 밝은 값이 생성되고 멀수록 어두운 값이 생성된다. 원본 데이터에서 적은 숫자의 색상 비디오와 깊이 비디오를 부호화하여 전송을 하면 복호기에서 영상 합성을 통해 많은 수의 시점 데이터를 생성한다. 영상 합성은 깊이 정보가 존재하기 때문에 가능하다. 〈그림 6-5〉는 3차원 비디오 부호화의 프레임워크를 나타낸다. 또한 MPEG과 ITU-T 산하 VCEG(Video Coding Experts Group)은 함께 JCT3V(Joint Collaborative Team on 3D Video Coding Extension Development) 그룹을 만들어 3차원 비디오 부호화 기술 표준화를 진행하였다.

3차원 비디오 부호화에서는 선형적인 카메라 구조에서 수평 방향으로만 영상 합성이 가능하다. 따라서 30시점 이하의 디스플레이를 고려했을 때 큰 문제가 되지는 않지만 앞으로 개발될 차세대 디스플레이에 적용하기에는 3차원 비디오 부호화 기술들은 한계가 있다. 이러한 제약들을 해결할 수 있도록 기존 기술의 확장 및 신규 기술들이 개발되어 초다시점 비디오와 자유시점 비디오에 쓰일 수 있도록 3단계 활동을 2014년부터 진행하고 있다.

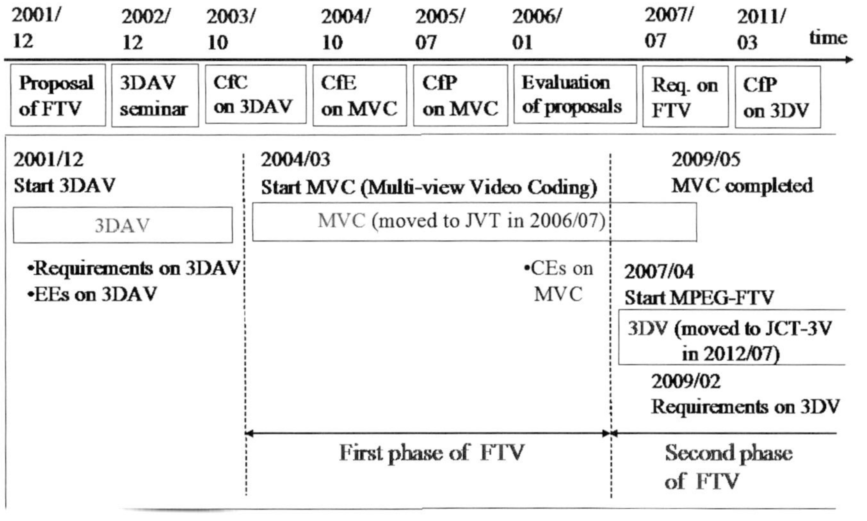

△ 그림 6-3 MPEG FTV그룹의 단계별 활동

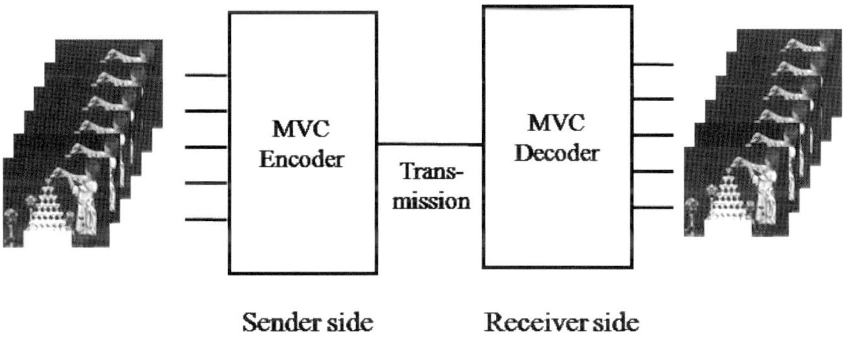

△ 그림 6-4 다시점 비디오 부호화 프레임워크

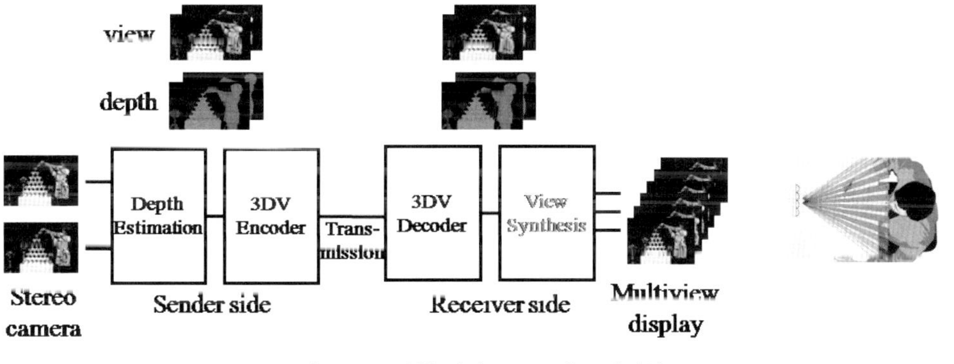

△ 그림 6-5 3차원 비디오 부호화 프레임워크

6.2 3차원 비디오의 압축

6.2.1 AVC 부호기 기반 3차원 비디오 압축

3D-AVC는 2차원 비디오 부호화 표준으로 널리 쓰이는 H.264/AVC를 다시점의 색상영상과 깊이영상의 부호화에 쓰일 수 있게 확장한 것이다 [200, 201]. 색상영상과 깊이영상의 상관관계가 부호화 때 이용되기 때문에 부호화되는 시점 순서를 아는 것이 중요하다. 색상영상을 T, 깊이영상을 D, 기준 시점을 0이라 하고 두 개의 참조 시점을 각각 1과 2라고 한다면 부호화 순서는 T0-D0-D1-D2-T1-T2가 된다. 이는 깊이 우선 부호화(depth first coding)이라고도 한다 [202].

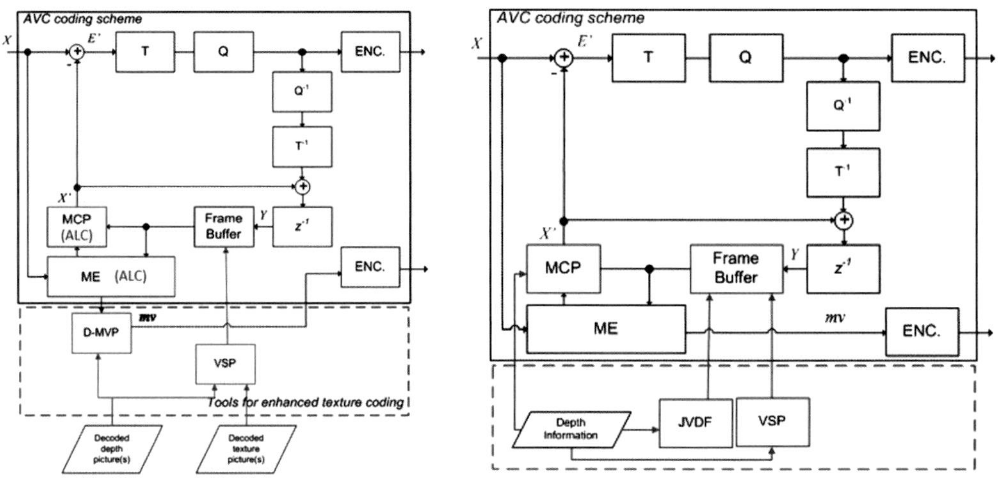

△ 그림 6-6 3D-AVC에서 색상영상 부호화(왼쪽)와 깊이영상 부호화(오른쪽)의 순서도

부호화 모델에 깊이영상은 모두 해상도가 다운샘플되어 입력된다. 이는 깊이영상이 색상영상에 비해 단순하고 부호화 중요성이 상대적으로 떨어지기 때문임을 고려한 것이다. 〈그림 6-6〉는 3D-AVC에서 색상영상과 깊이영상의 부호화 순서도를 나타낸다. 다음 절들에서는 3D-AVC에서 사용되는 기술들을 일부 소개한다.

6.2.1.1 영상 합성 예측

영상 합성 예측(VSP: view synthesis prediction)은 인접한 시점에서 복원한 깊이 영상을 이용하여 부호화할 시점의 영상을 합성하여 참조영상으로 이용하는 방법이다. 합성된 영상은 인접시점의 영상보다 부호화할 영상에 더 가깝기 때문에 더 적은 비트를 발생시킬 수 있다. 이 기술은 색상영상 부호화뿐만 아니라 깊이영상 부호화에도 사용된다.

영상 합성 예측은 그동안 많은 개선이 이어졌으며 가장 최근에 사용되는 방법은 후방투영(backward warping)이다. 참조할 합성영상을 직접 생성해내는 것이 아니라 깊이영상으로부터 얻은 변위 벡터(disparity vector)를 이용하여 이미 부호화한 색상영상의 데이터에서 예측값을 생성하는 것이다. 이 과정은 블록 별로 진행되며 〈그림 6-7〉

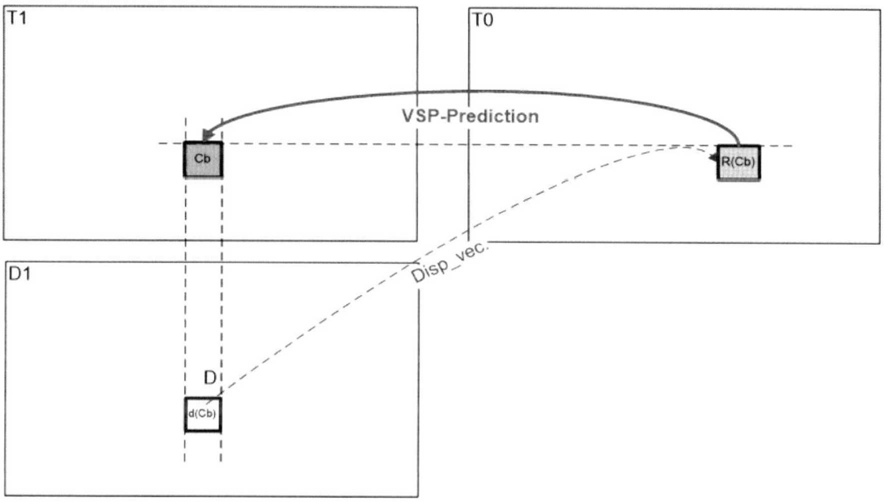

△ 그림 6-7 영상 합성 예측

은 이 구조를 나타낸다. 이 방법은 예측값 생성 과정이 깊이영상 부호화 때는 적용할 수 없으므로 색상영상 부호화에만 사용된다. 깊이영상 부호화에 사용되는 영상 합성 예측은 참조영상을 생성하는 방법이다.

6.2.1.2 색상-깊이 움직임 예측

기준시점에서 색상영상을 먼저 부호화하고 깊이영상을 부호화한다. 이 때 색상영상과 깊이영상에서의 움직임 정보는 매우 밀접하다고 할 수 있기 때문에 이를 활용한다. 깊이영상 부호화 때 색상영상에서의 매크로블록(macroblock) 종류, 움직임 벡터, 참조 인덱스 등의 움직임 정보가 그대로 사용된다. 〈그림 6-8〉은 이 기술을 나타낸다.

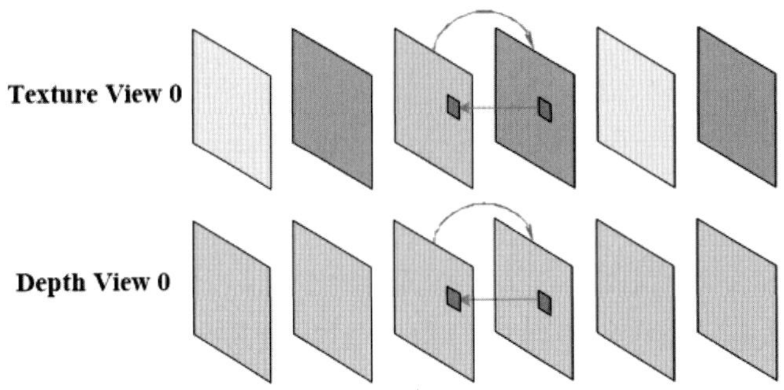

△ 그림 6-8 색상-깊이 움직임 예측

6.2.1.3 적응적 밝기 보상

다시점의 영상에서는 같은 물체를 촬영했으면 색상영상 데이터에 이상적으로 밝기값이 같아야 한다. 하지만 현실적으로 여러 오차들이 존재하기 때문에 밝기값에 차이가 발생한다. 이러한 밝기값 차이를 줄여주는 것이 적응적 밝기 보상(ALC: Adaptive luminance compensation) 방법이며 색상영상 부호화에만 사용된다. 이 기술은 움직임 벡터를 통해 참조할 공간을 먼저 색출한 뒤 무게를 계산하여 예측한 블록의 색상 밝기값을 보정한다.

6.2.1.4 시점 간 깊이 필터링

깊이영상은 오류에 민감하기 때문에 시점 간에 큰 차이를 보일 수 있다. 시점 간 깊이 필터링(JVDF: joint inter-view depth filtering)은 시점 간에 발생하는 오차를 줄이는 기술이다. 이는 깊이영상 부호화에만 사용된다. 다시점의 깊이영상을 투사시켜서 깊이값의 차이를 분석하고 이를 바탕으로 보정을 위해 평균을 취할 지 아무 작업을 안 할 지 등을 결정하게 된다. 이러한 깊이값 보정은 깊이영상의 움직임 예측/보상 과정을 더 효율적으로 하기 위해서 사용되는 것이다.

6.2.2 HEVC 부호기 기반 3차원 비디오 압축

HEVC는 H.264/AVC에 비해 고해상도 영상 부호화를 염두에 두고 약 두 배의 압축 효율성을 목표로 하였으며 2013년 1월에 1차 표준화 작업이 마무리되었다. 3D-HEVC는 3D-AVC처럼 다시점의 색상영상과 깊이영상의 부호화가 가능하게 확장한 것이며

HEVC를 바탕으로 한다 [203-207].

부호화 순서는 3D-AVC와 차이가 있다. 2장에서 3D-AVC 부호화 순서를 설명했을 때 사용한 표기를 다시 사용하면 3D-HEVC는 T0-D0-T1-D1-T2-D2로 부호화한다. 다시 말해 색상 우선 부호화(texture first coding)이다. 즉, 항상 한 시점의 색상영상과 깊이영상을 부호화한 이후에 다른 시점의 색상영상과 깊이영상을 부호화는 것이다. 색상영상이 먼저 부호화되기 때문에 색상영상 부호화에서의 정보가 깊이영상 부호화에서 사용된다. 〈그림 6-9〉는 3D-HEVC의 부호화 및 예측 구조를 나타낸다.

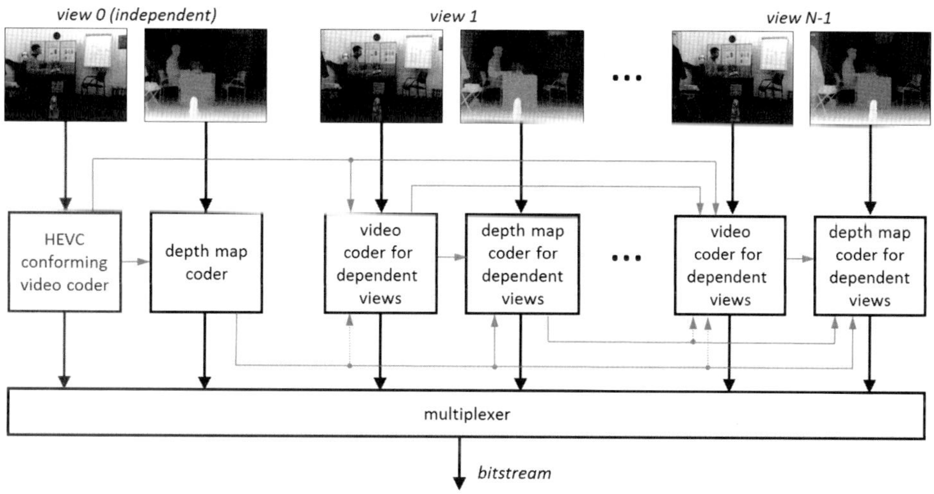

△ 그림 6-9 3D-HEVC의 부호화 및 예측 구조

3D-AVC와 또 다른 큰 차이점은 다운샘플링된 깊이영상을 사용하지 않고 원래 해상도 그대로 입력된다는 것이다. 이는 비트율을 늘어나지만 깊이영상을 더 정확하게 부호화하기 위함이다. 다음 절들에서는 3D-HEVC에서 사용되는 기술들을 일부 소개한다.

6.2.2.1 변위 보상 예측

변위 보상 예측(DCP: disparity compensated prediction)은 기존 기술인 움직임 보상 예측(MCP: motion compensated prediction)과 비슷하며 예측 모드를 추가해 주는 것이다. 움직임 보상 예측은 한 시점 내에서 시간 축으로 움직임을 예측한 것이지만 변위 보상 예측은 시점 축으로 변위를 통하여 예측한 것이다. 이 기술은 참조시점의 색상영상 부호화에만 사용된다. 〈그림 6-10〉은 변위 보상 예측을 나타낸다.

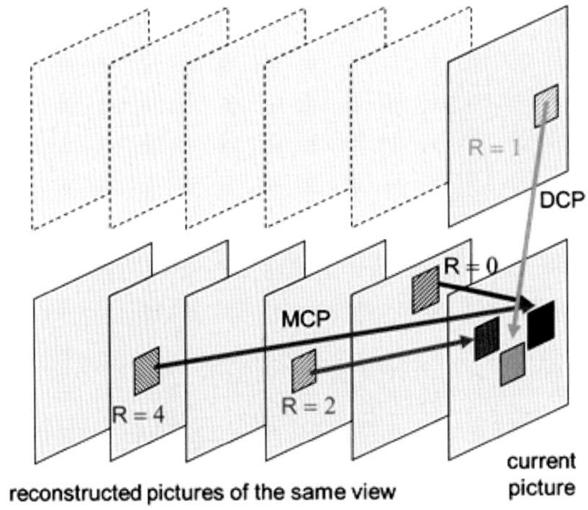

△ 그림 6-10 변위 보상 예측

6.2.2.2 깊이 쿼드트리 분할 제한

HEVC는 영상에서 블록을 H.264/AVC처럼 매크로블록이 아닌 쿼드트리(quadtree) 방식으로 분할한다. 색상영상과 깊이영상의 쿼드트리는 밀접한 관계가 있다고 할 수 있다. 깊이 쿼드트리 분할 제한(DQL: depth quadtree limitation) 기술은 〈그림 6-11〉에서 볼 수 있듯이 깊이영상이 색상영상에 비해 단순하다는 점을 이용해 깊이영상 분할을 쉽게 한다. 색상영상의 분할 구조에 기반을 두어 깊이영상의 분할 구조를 전송할 때 보내는 정보량 또한 감소시킬 수 있다.

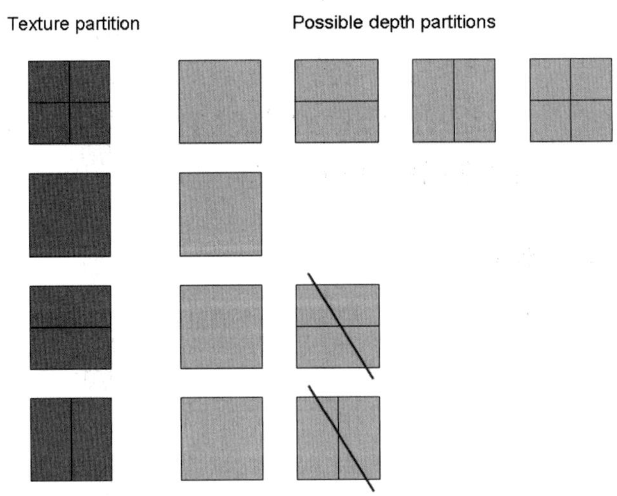

△ 그림 6-11 깊이 쿼드트리 분할 제한

6.2.2.3 깊이 모델링 모드

깊이 모델링 모드(DMM: depth modeling modes)는 깊이영상을 인트라 부호화(intra coding)할 때 사용하는 기술이다. 기존 HEVC는 35개의 인트라 모드를 사용하지만 깊이 모델링 모드는 깊이값이 급격하게 변하는 경계(edge) 영역을 더욱 효율적으로 부호화하기 위해서 네 가지 모드를 추가한다. 깊이영상에서 블록이 두 개의 영역을 포함하고 있다고 가정하면 웨지렛(wedgelet) 또는 컨투어(contour)로 분할이 된다. 웨지렛은 직선으로 분할된 것이라 할 수 있고 컨투어는 임의의 모양을 포괄하는 형태이다. 〈그림 6-12〉는 웨지렛과 컨투어의 예를 보인다.

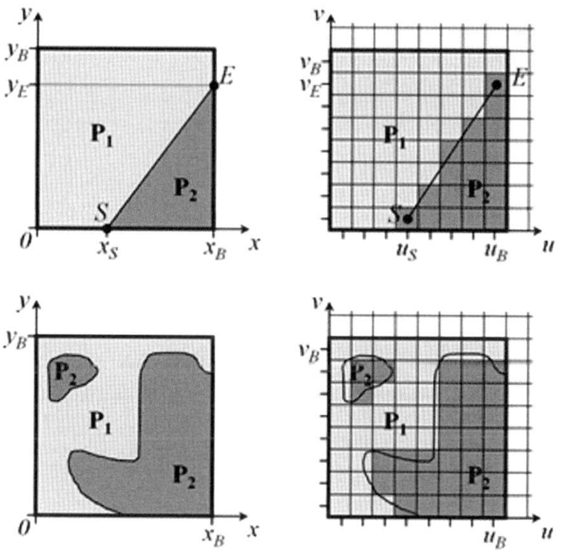

△ 그림 6-12 깊이 모델링 모드에서 웨지렛과 컨투어를 이용한 영역 분할의 예

깊이 모델링 모드는 1, 2, 3, 4가 있으며 이 중에 1, 2, 3은 웨지렛 모드이며 4는 컨투어 모드이다. 모드 1은 웨지렛을 직접 예측하며 모드 2는 인접 블록의 정보를 기반으로 웨지렛을 예측한다. 모드 3과 모드 4는 모두 동일 위치의 색상영상 블록(colocated texture luma block)을 참조하여 각각 웨지렛과 컨투어를 예측한다.

6.2.2.4 색상-깊이 움직임 예측

부호화 순서상 같은 시점에 한해서 색상영상이 항상 깊이영상보다 먼저 부호화된다. 색상영상과 깊이영상의 움직임 정보는 밀접하기 때문에 깊이영상 부호화 때 색상영상에서의 움직임 정보를 사용한다. 깊이영상 부호화 때 부합하는 색상 블록(corresponding texture block)이 합병 후보로(merge candidate) 추가된다. 〈그림 6-13〉은 색상-깊이 움직임 예측을 나타낸다.

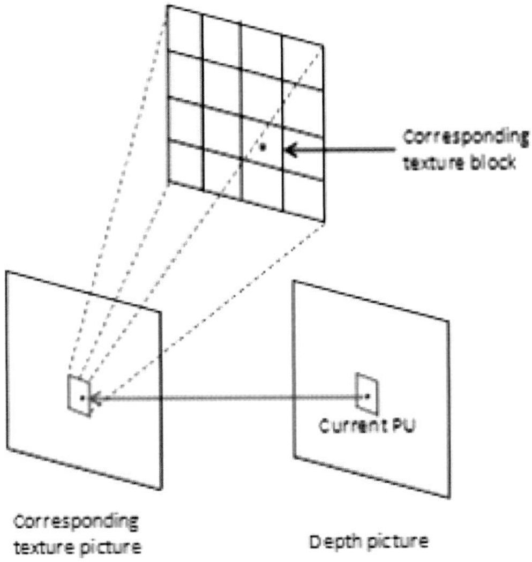

△ 그림 6-13 색상-깊이 움직임 예측

6.3 FTV 3단계 활동 - 초다시점 비디오와 자유탐색 비디오

현재 기술로는 색상카메라와 깊이카메라의 배치 구조 및 기하학적 문제 등으로 인해 정확한 깊이정보를 사용하여 3차원 영상을 생성하는 한계가 있다. 이러한 문제를 해결하기 위해 초다시점 비디오 및 자유탐색 기술을 이용한 카메라 시스템 기술이 현재 연구되고 있으며 MPEG FTV의 3단계 활동이다 [193, 194].

6.3.1 초다시점 비디오

초다시점 영상과 자유탐색 영상을 생성하기 위해서는 카메라로 촬영한 영상이나 컴퓨터 그래픽을 통해 생성된 영상을 사용한다. 시청자에게 다양한 시점의 영상을 자유롭게 시청하게 하기 위해서는 많은 수의 중간시점 영상의 화질은 깊이 맵의 정확도에 영향을 받는다. 카메라를 이용하여 촬영할 경우 각각의 색상 카메라 시점에 해당하는 깊이 카메라를 할당하는 것은 물리적으로 불가능하다. 이러한 경우 좌우 영상 기반 스테레오 정합을 사용하여 깊이 맵을 생성할 수 있다.

다시점 카메라를 이용해 촬영한 영상을 기반으로 시청자에게 다양한 시점의 영상을 제공할 수 있지만, 카메라 설치를 위한 물리적 제약과 영상 정보 전송을 위해 필요한 대역폭, 전송 시간 등의 기술적 한계가 존재한다. 초다시점 영상 시스템은 이러한 문제를 해결하기 위해 영상 정보를 효율적으로 부호화 하여 전송하는 것을 목적으로 한다. 효율적으로 영상 정보를 부호화하기 위해 영상 정보를 전송할 때 일부 영상만을 압축해서 전송하며, 수신단은 받아들인 정보를 기반으로 다른 시점의 영상을 복원하여 새로운 시점의 영상을 생성한다. 부호화된 정보를 복호화 과정을 통해 다시점 카메라로 촬영한 영상과 유사한 수의 가상 시점 영상을 생성하기 위해서는 송신단에서 가능한 많은 양의 초기 영상 정보를 보내야 한다. 이러한 이유 때문에, 현재 초다시점 영상 생성 방법에 관한 주된 연구 내용은 높은 부호화 효율을 갖는 부호기를 개발하고 이를 통해 촬영한 영상 정보의 손실을 최소화 하여 전송하는 것을 목표로 하고 있다.

초다시점 영상을 위한 다시점 카메라는 각 카메라 가격이 정렬되어 있으며 수평 시차가 일치하는 밀집된 구조를 가지고 있다. 이러한 구조적 특성 덕분에 시청자는 3차원 안경의 도움 없이 자유롭게 시점을 선택할 수 있으며, 실제 사물의 앞을 걸어 다니면서 감상하는 것 같은 'walk-around feeling'을 체험할 수 있다.

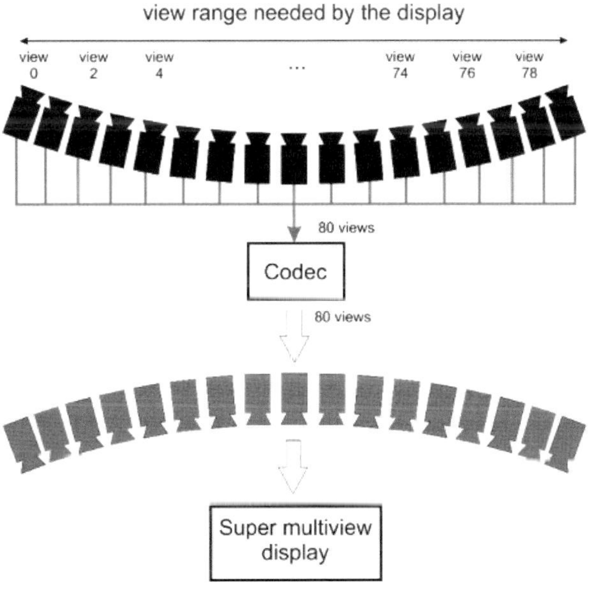

△ 그림 6-14 초다시점 영상 시스템의 구조

초다시점 영상은 일반적으로 80시점 이상의 다시점 카메라를 이용하여 촬영한 영상 정보를 의미한다. FTV는 80시점의 카메라를 이용하여 촬영한 영상을 통해 자유로운 시점의 영상을 제공하는 것을 초다시점 영상으로 정의하고 있다. 〈그림 6-14〉는 초다시점 영상에 사용되는 카메라 시스템을 나타내며, 카메라들은 선형적 또는 곡선형의 1차원 배열 구조를 사용한다.

MPEG FTV의 전문가들이 개발한 깊이 정보 추정 소프트웨어(DERS: depth estimation reference software)를 사용하여 깊이 영상을 생성할 수 있지만, 입력 매개변수 값에 따라 생성되는 깊이 지도의 정확성이 변하게 되는 문제가 있다. DERS를 사용하는 대신 스테레오 정합 방법을 사용하여 매개변수에 독립적인 깊이 지도를 생성하는 방법에 대한 논의가 이루어졌다. 스테레오 정합을 위해 Markov 랜덤 필드(MRF: Markov random field)를 통해 스테레오 영상의 정합 비용을 계산한다. MRF는 전역기반 매칭 방법이므로 최종 깊이 지도를 생성하기 위해서 신뢰 확산(BP: belief propagation) 혹은 그래프 절단(graph cut)과 같은 최적화를 수행한다. 〈그림 6-15〉는 DERS를 사용하여 생성한 깊이 지도와 MRF 기반 스테레오 정합을 수행하여 획득한 깊이 지도를 나타낸다. 깊이 지도 결과 영상에서 알 수 있듯이 기존 DERS를 통해 획득한 깊이 지도 보다 높은 정확도를 갖는 깊이 지도를 스테레오 정합을 통해 획득했다. 자연스러운 초다시점 영상을 생성하기 위해서는 MRF 뿐만 아니라 다양한 스테레오 정합 방법을 사용한 깊이 지도 획득 방법 관련 연구가 지속적으로 진행되어야 한다.

△ 그림 6-15 DERS와 MRF를 이용하여 생성한 깊이 지도 결과

6.3.2 자유탐색 비디오

가상시점 영상을 만들기 위해서는 이웃한 위치에서 촬영한 색상 영상과 이에 부합하는 깊이 영상이 필요 하다. 하지만 스포츠 중계나 광범위한 영역에서 촬영이 필요한 경우에는 초다시점 카메라 시스템을 구축하는데 많은 제약이 존재한다. 자유탐색 영상 시스템은 이러한 문제를 극복하고자 고인된 시스템으로 〈그림 6-16〉에 나타나 있다. 넓은 영역에서 촬영한 영상을 부호화 과정을 거쳐 전송하게 되면, 수신단의 복호기를 통해 생성된 가상시점 영상을 사용하여 시청자에게 자유로운 시점의 영상을 제공할 수 있게 된다. 자유탐색 영상은 서로 다른 카메라 장비를 이용하거나 다른 경로에 설치된 카메라를 통해 촬영된 영상을 통해 생성된 가상 시점의 영상을 시청자가 아무런 제약 없이 선택하여 시청하는 것을 의미한다. 자유탐색 영상을 시청하기 위해 기존 2차원 영상, 입체영상, 자동 입체영상 그리고 통합 촬영 시스템에 적용했던 디스플레이 장치를 사용한다.

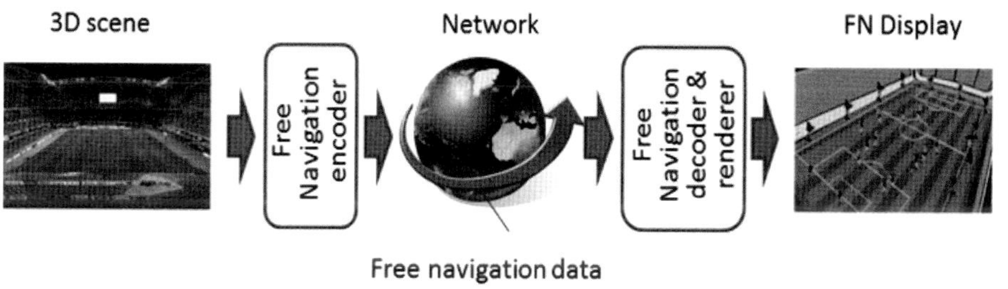

△ 그림 6-16 자유탐색 영상 시스템의 생성 과정

자유탐색 영상은 넓은 촬영범위를 기반으로 곡선 영역이나 가려진 영역에서 촬영된 것 같이 다양한 가상시점 영상을 생성하는 것이 최종적인 목표이다. 이를 위해 깊이 영상을 이용하여 실제 촬영한 영상과 인접한 영역에서의 가상시점 영상을 생성하는 방법에 대한 소프트웨어 개발도 진행되고 있다. 자유탐색 영상을 위한 카메라 시스템 구조는 〈그림 6-17〉에 나타나 있다. 자유탐색 영상 시스템은 카메라 사이의 간격을 넓게 설치할 수 있도록 6~10개 정도의 적은 수의 카메라를 사용한다. 카메라 사이의 간격은 baseline이라고 하는데 자유탐색 영상 카메라 시스템은 넓은 baseline을 이용해 촬영을 수행한다. 적은 수의 영상을 기반으로 가상시점 영상을 생성하여 시점의 자유도를 높여 시청자에게 제공하는 것이 자유탐색 영상 시스템의 목적이다.

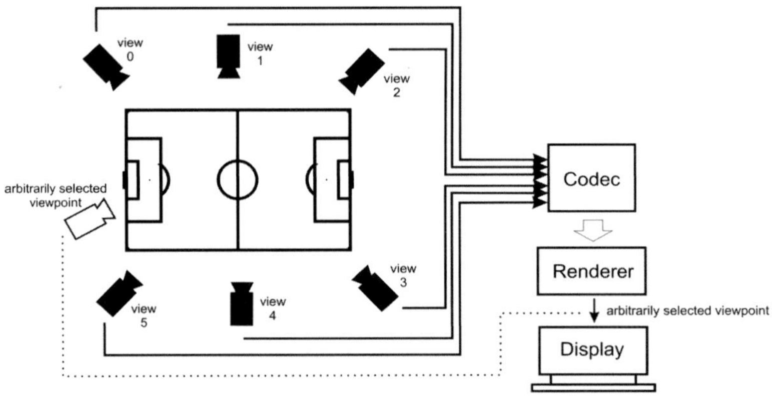

△ 그림 6-17 자유탐색 영상 시스템 구조

6.3.3 초다시점 비디오와 자유탐색 비디오의 처리 기술 평가 방법

2015년 6월 미팅에서 최종 실험 시퀀스와 3D-HEVC 실험 평가 기준 데이터가 결정될 예정이며 2015년 10월 미팅에는 FTV 참여 기관들이 기술들을 제안하고 이를 평가하게 된다. 객관적 평가로는 rate-point, PSNR 등을 비교하게 된다. 초다시점 비디오 기술과 자유시점 비디오 기술은 목적이 서로 다르기 때문에 평가 또한 구분되어 이루어진다.

초다시점 비디오 기술의 평가 경우 양안식 모니터가 준비되며 복호화된 영상들의 비디오 클립들이 합쳐져 전송된 모든 시점 영상들에 대하여 sweep을 생성하게 된다. Sweep은 같은 시간 축을 바탕으로 시점들의 영상을 연결한 시퀀스이다. 스테레오 영상 간 간격은 각 시퀀스마다 따로 미리 결정된다. Sweep의 연결 속도는 1시점 당 2 프레임이다. 〈그림 6-18〉은 초다시점 비디오 기술을 평가하기 위한 sweep 형태를 나타낸다.

자유시점 비디오 기술 평가는 2D 모니터를 이용할 예정이다. 전송된 데이터를 바탕으로 생성된 임의시점 영상들은 합쳐져 sweep을 생성하게 한다. Sweep의 시작점은 평가 좌장이 임의로 정한다. Sweep의 연결 속도는 1 시점 당 1 프레임이다. 〈그림 6-19〉는 자유시점 비디오 기술 평가 sweep 형태를 표현한다.

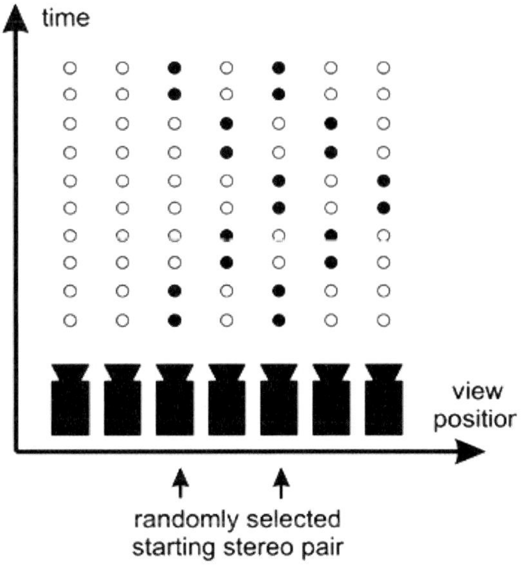

△ 그림 6-18 랜덤 스테레오 페어를 이용한 초다시점 비디오 기술 평가

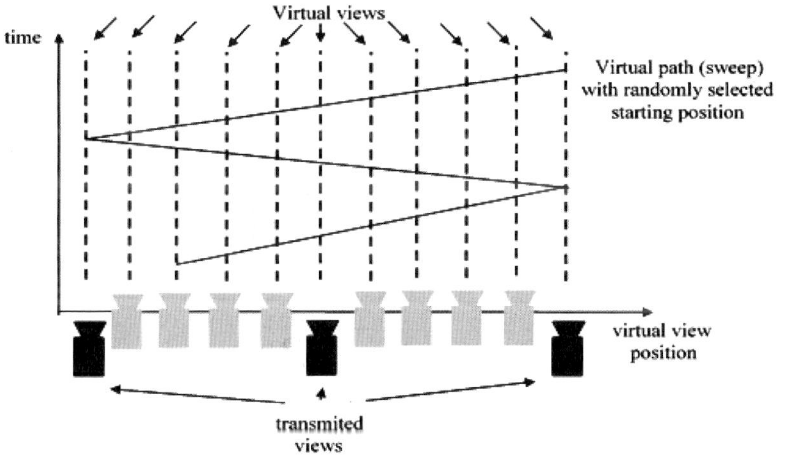

△ 그림 6-19 기술 평가를 위한 sweep 형태

07

3차원 비디오 기술을 이용한 화상회의 시선 맞춤 기술

화상회의는 여러 장소에서 화자들이 같은 장소에 있는 것처럼 대화할 수 있게 하는 기술이다. 최근 들어, 영상회의 시스템은 텔레비전, 컴퓨터, 휴대폰과 같이 일반인들의 접근이 쉬운 전자기기 기반으로 개발되고 있으며 [25], 기술의 발달로 큰 디스플레이를 기반으로 하는 화상 시스템도 제작되고 있다. 하지만 기존의 시스템에서는 카메라와 화자의 시선의 위치 차이로 인해서 상호 간의 시선 맞춤이 어려운 문제가 있다 [150]. 특히 디스플레이의 크기가 큰 경우 화자가 디스플레이의 정면을 주시하더라도 카메라에 획득된 화자는 다른 곳을 쳐다보는 것처럼 영상이 생성되는 경향이 더 강하다. 만약 상호간의 시선 맞춤을 하지 않고 대화를 하면 서로가 단절된 느낌을 받게 되고 상호 작용의 효율성 및 몰입감이 떨어진다. 따라서 화자 간의 시선 맞춤은 화상회의에서 중요하게 디루이져야 할 문제이다 [151].

7.1 시선 맞춤 관련 기술

비언어적 의사전달 방법에서 시선 맞춤은 가장 중요한 의사전달 방법 중의 하나이다. 화상회의에서의 시선불일치 문제는 〈그림 7-1〉에서 보듯이 화자 간 대화의 집중도를 떨어뜨릴 수 있다. 따라서 화상회의 시스템에서 지난 몇 십년동안 시선 맞춤을 위한 다양한 기술들이 제안되어 왔다.

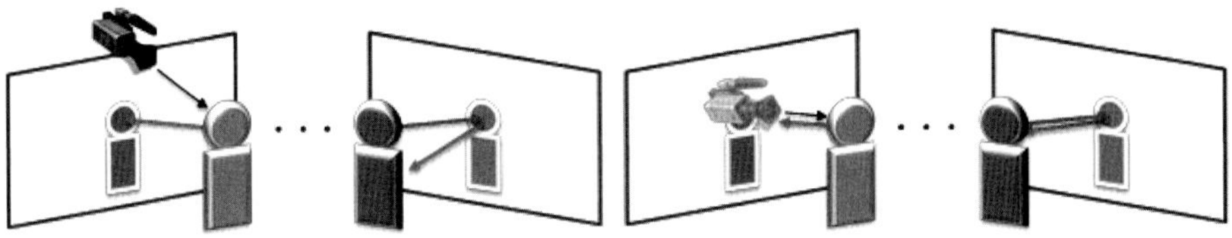

△ 그림 7-1 반투명 투과 디스플레이를 이용한 화상회의 기술

시선 맞춤 기술과 관련한 국내 기술개발을 보면 삼성전자에서 세 대의 카메라를 이용하여 획득한 영상들에 대한 영상 모델을 생성하고, 디스플레이의 제어 하에 각 회의 참가자들에게 시선 맞춤이 가능한 영상을 출력하는 기술을 개발하였다 [152]. 2007년에는 이화여자대학교에서 얼굴 영상을 타원으로 근사화시키고 이를 3차원 공간에서 타원체로 모델링하여 임의의 가상 카메라의 위치에서 영상을 합성하는 알고리즘을 개발하였다 [153].

이 외에도 광주과학기술원에서는 3차원 비디오 시스템의 핵심 기술인 깊이 추정 기술과 영상 합성 기술을 이용하여 원격 화상회의를 위한 시선 맞춤을 구현하였다 [25]. 스테레오 카메라를 TV의 좌우 양 끝에 수렴형 배열로 설정하고, 이를 통해 획득한 영상에 대해 실시간으로 깊이 영상을 탐색하고 중간시점 영상을 합성하는 알고리즘을 사용하였는데, 이러한 경우는 모든 카메라가 동일한 베이스라인에 존재하므로, 깊이 추정 및 영상 합성을 손쉽게 구현할 수 있다는 장점이 있지만, 카메라 간의 거리 차가 커서 큰 베이스라인을 가질 뿐만 아니라 수렴형 배열에 의한 서로 다른 각도에서 영상을 습득하기 때문에 두 카메라 사이의 서로 존재하지 않는 영역인 폐색 영역의 범위가 넓을 수밖에 없다. 넓은 폐색 영역은 스테레오 영상에서 깊이 생성 시 정확한 깊이 정보를 얻기에 큰 제한사항이 된다.

또한 두 색상카메라를 이용한 깊이 생성에서는 두 시점의 화소 오차 값을 기반으로 정의한 정합 함수를 이용한다. 이를 통해 두 시점 사이의 동일한 위치 화소를 탐색하기 때문에 시선 맞춤에서 가장 중요한 얼굴 부분의 깊이를 정확히 구분할 수 없다는 단점이 있다. 〈그림 7-2〉와 〈그림 7-3〉은 광주과학기술원에서 제안한 시선 맞춤 구조 및 전체 과정을 보여준다.

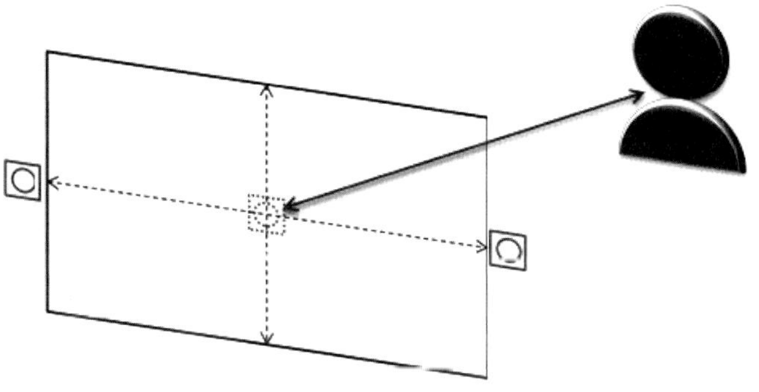

△ 그림 7-2 광주과학기술원에서 제안한 눈맞춤 시스템 구조

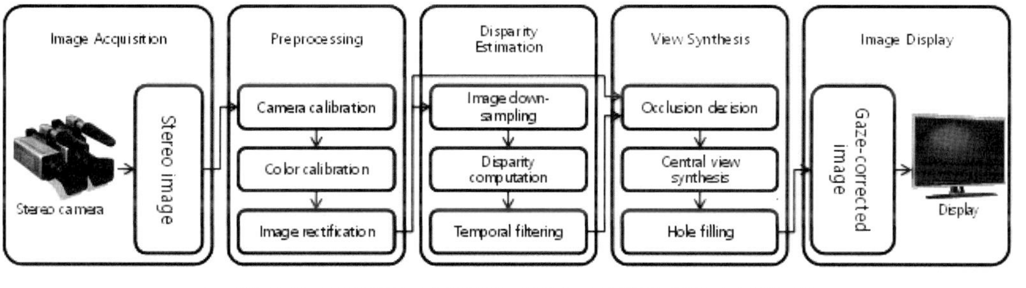

△ 그림 7-3 광주과학기술원에서 제안한 시스템의 블록 다이어그램

해외에서는 저명 연구기관들을 중심으로 시선 맞춤 기술에 관한 연구가 활발히 진행되고 있다. 그 중 한 시스템은 반투명 투과 디스플레이를 기반으로 한 원격 화상회의를 제안하였다 [154]. 〈그림 7-4〉는 이 시스템의 구조 및 촬영된 영상을 보여준다. 하지만 이 시스템을 구축하기 위해서는 많은 비용이 요구되기 때문에 쉽게 사용되기 어렵다. 또 다른 방법은 광필드 렌더링(light field rendering) 기법을 사용한 방법이다 [155]. 이 방법에서 시선 맞춤 영상은 위치와 방향 정보를 알고 있기 때문에 쉽게 생성할 수 있지만 시스템 구성이 어렵고 많은 수의 카메라가 필요하다.

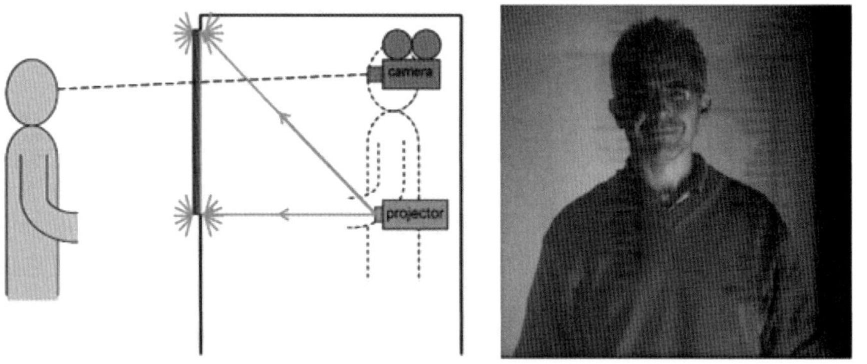

△ 그림 7-4 반투명 투과 디스플레이를 이용한 화상회의 기술

깊이 기반 렌더링의 3차원 비디오 시스템은 시선 맞춤 영상으로 합성하기에 효과적이다. 깊이 정보 예측을 위해서 두 대 이상의 다수의 카메라가 세팅되고, 3차원 투영 변환에 의해서 영상 합성을 할 수 있다 [156]. Microsoft Research는 개인화된 얼굴 모델(personalized face model)과 얼굴 부분을 중심으로 촬영된 스테레오 영상을 이용하여 중간시점 영상을 합성하는 시선 맞춤 기술을 개발하였다 [157]. 〈그림 7-5〉는 Microsoft Research에서 제안한 시선 조정 시스템의 블록 다이어그램을 나타낸다. 해당 기술의 세부 공정은 배경 모델 획득, 얼굴 추적기 초기화, 배경 분리, 시간적 특성 추적, 머리 위치 추적, 스테레오 특징점 정합, 스테레오 실루엣 정합, 하드웨어 가속화된 시점 합성으로 나눌 수 있다.

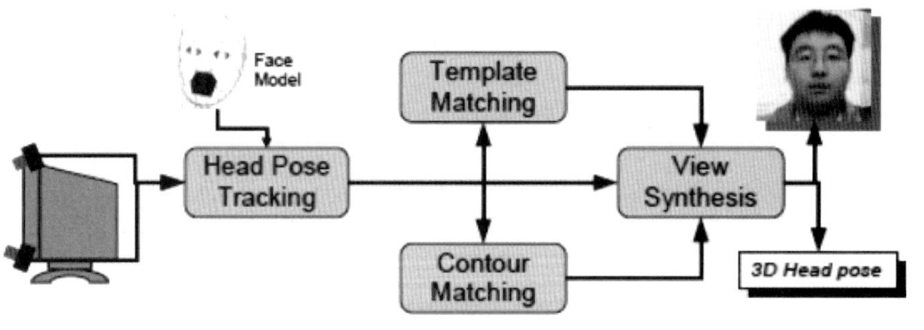

△ 그림 7-5 Microsoft Research에서 제안한 시선 조정 시스템의 블록 다이어그램

HHI는 세 대의 L 프레임 카메라와 디스플레이 하단의 한 대 카메라로부터 얻은 영상으로부터 스테레오 정합 및 visual hull 알고리즘을 동시에 사용하여 영상을 합성하는 시선 조정 기술을 개발하였고, 최근에는 네 대의 카메라를 이용하여 실시간으로 사용자가 바라보

는 위치를 합성하였다 [158]. 〈그림 7-6〉과 〈그림 7-7〉은 각각 HHI에서 제안한 다시점 카메라 구성도와 시점 조정 기술의 블록 다이어그램을 나타낸다. 해당 기술의 세부 공정은 다음과 같다. 먼저 입력 영상을 분리하고, 영상 내의 배경을 분리한다. 가까운 카메라 간격에 대해 각 시점 별로 깊이를 탐색한 후, 각 시점에서 얻은 깊이 영상의 상관도를 체크하고, 먼 카메라 간격에 대해 각 시점별로 깊이를 탐색한 후 깊이 영상을 업데이트 한다.

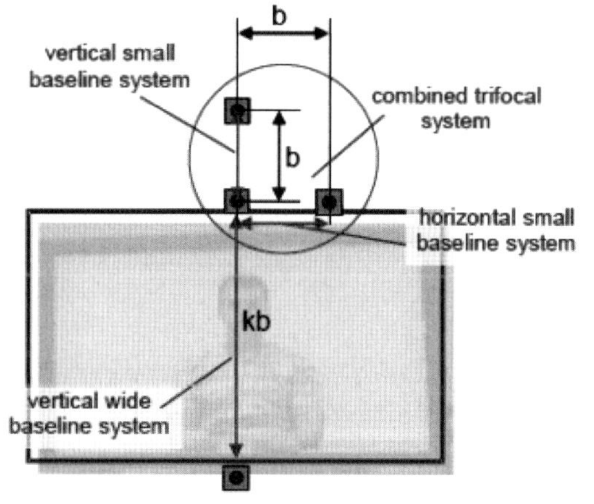

△ **그림 7-6** HHI에서 제안한 다시점 카메라 구성도

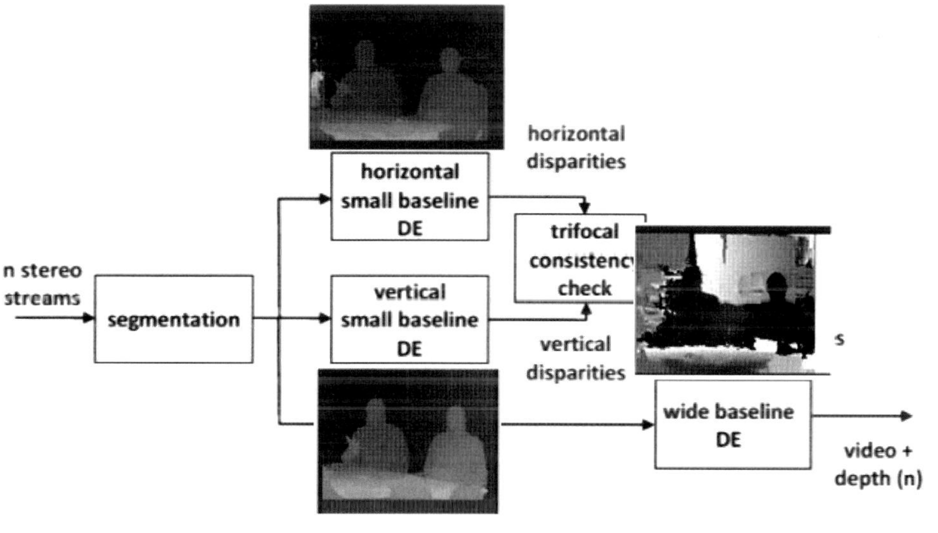

△ **그림 7-7** HHI에서 제안한 시점 조정 기술의 블록 다이어그램

최근 HHI에서 제안한 시점 조정 기술은 네 대의 "ㅗ"자 형태로 배열된 카메라로부터 얻은 영상을 이용해서 실시간으로 깊이 영상을 탐색하고, 화자의 시선을 추적해서 사용자가 바라보는 위치에서 임의의 시점의 영상을 합성한다. 〈그림 7-8〉은 이 기술의 카메라 구성도와 실제 시연 결과를 나타낸다.

△ 그림 7-8 HHI에서 새롭게 제안한 카메라 구성도 및 결과물

3차원 비디오 시스템을 이용하는 방법 중에서 Time-of-Flight(TOF) 깊이 카메라와 다수의 색상 카메라를 이용한 혼합형 시스템을 구축한 방법들이 있다 [151, 159]. 〈그림 7-9〉는 혼합형 시스템을 구축한 눈맞춤 시스템의 예를 보여준다. 이들 중 한 방법은 모든 카메라를 디스플레이의 위에 장착한다. 그 결과, 중간 시점에 대한 모든 텍스처 정보가 존재하지 않아서 정확한 중간 시점을 생성하는데 어려움이 따른다 [159]. 또 다른 방법에서는 디스플레이의 위, 아래에 카메라를 설치한다 [151]. 이 경우에는 디스플레이의 크기가 커지면, 위, 아래 카메라 간의 일치점을 찾기가 어려워진다. 더구나 TOF 깊이 카메라는 매우 고가이다. 경제적인 세팅을 위해서 구조광 패턴 방식의 깊이 카메라가 사용될 수 있다. Kinect 깊이 카메라가 대표적인 예다 [160]. 그러나 Kinect 깊이 카메라는 센서 잡음, 폐색 영역에 취약해 성능이 좋지 않고, 반짝이고 어두운 표면의 깊이 정보를 잃는 단점도 있다. 또한 Kinect 카메라만 사용해서는 고해상도의 영상을 생성하기도 어렵다.

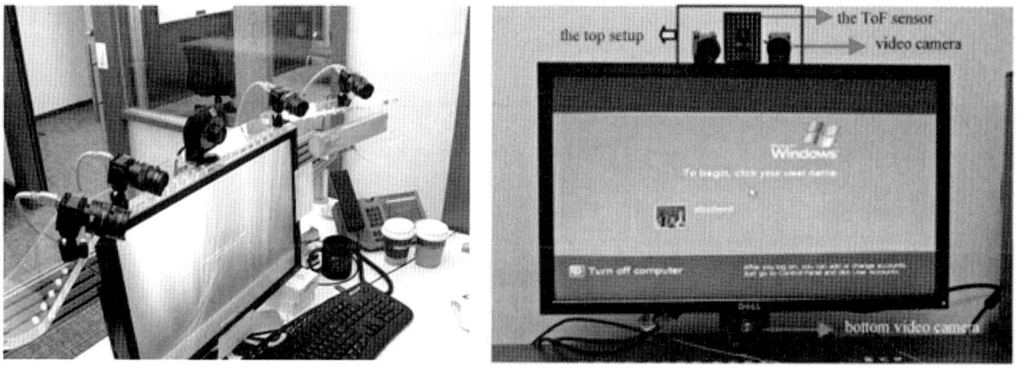

△ 그림 7-9 TOF 깊이 카메라와 색상 카메라를 이용한 혼합형 시스템

ETH Zurich에서는 Kinect 깊이 카메라를 이용하여 사람의 얼굴을 3차원 모델링하고, 만들어진 모델을 이용하여 정면을 응시하게 특징점을 변형시켜 시선을 조정하는 방법을 이용하였다 [150]. 〈그림 7-10〉은 ETH Zurich에서 제안한 시선 조정 시스템의 전체 과정을 보여준다. 입력으로 Kinect 깊이 카메라로부터 색상과 깊이 영상을 얻고, 타원형 얼굴 모델의 3차원 변환을 수행함으로써 시선이 조정된 대상의 영상을 원래의 영상에 덮어 씌운다. 이 때, 발생하는 seam artifact를 제거하고 최종적으로 seam의 가장자리를 따라서 영상을 혼합하여 시선이 조정된 영상을 얻는다. Microsoft Research, Fraunhofer HHI, ETH Zurich와 같은 연구기관의 시선 조정 기술은 이미 연구가 진행 중이거나 완료된 상황이지만 원천 기술이 해당 연구기관에 있기 때문에 기술료 수준이 상당할 것으로 예상된다.

△ 그림 7-10 ETH Zurich에 제안한 시스템

University of North Carolina에서는 깊이 카메라를 이용해서 3차원 공간을 복원한 다음, 화자 간 양방향 통신을 통한 화상회의를 구현했다 [161]. 〈그림 7-11〉은 University of North Carolina에서 개발한 원격 화상회의 시스템의 구조도를 도식화 한 것이다. 해당 기술은 다수의 깊이 카메라를 이용해서 3차원 공간 상의 화자와 배경을 3차원 모델로 복원한다. 모든 화자를 3차원 모델로 구성하기 때문에, 많은 계산량을 필요로 하는 연산 부분은 GPU 기반의 프로그래밍으로 실시간으로 처리되도록 한다. 이렇게 구성된 3차원 배경 및 화자는 3차원 디스플레이를 통해 상대방에게 보여진다.

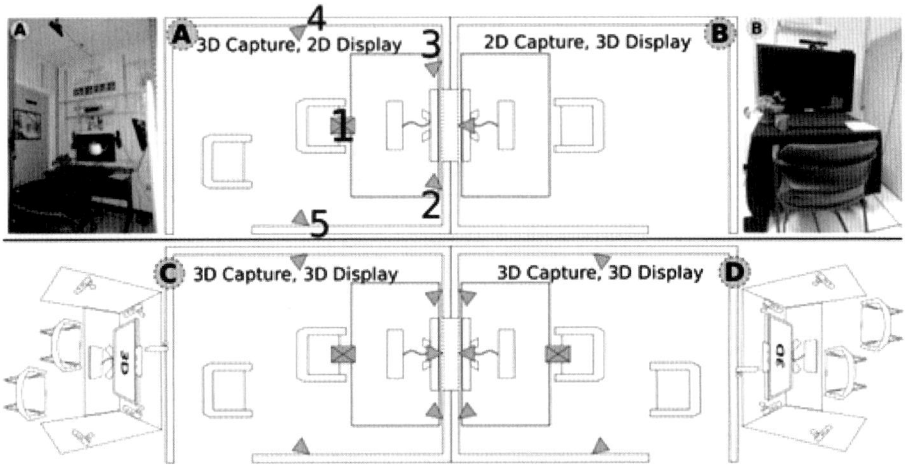

△ 그림 7-11 University of North Carolina에서 개발한 원격 화상회의 시스템의 구조도

〈그림 7-12〉는 Kinect를 기반으로 한 University of North Carolina에서 개발한 시스템의 전체 알고리즘 흐름도를 보여준다. University of North Carolina의 화상회의 시스템은 상용화가 되기에는 화질이 양호하지 못하다.

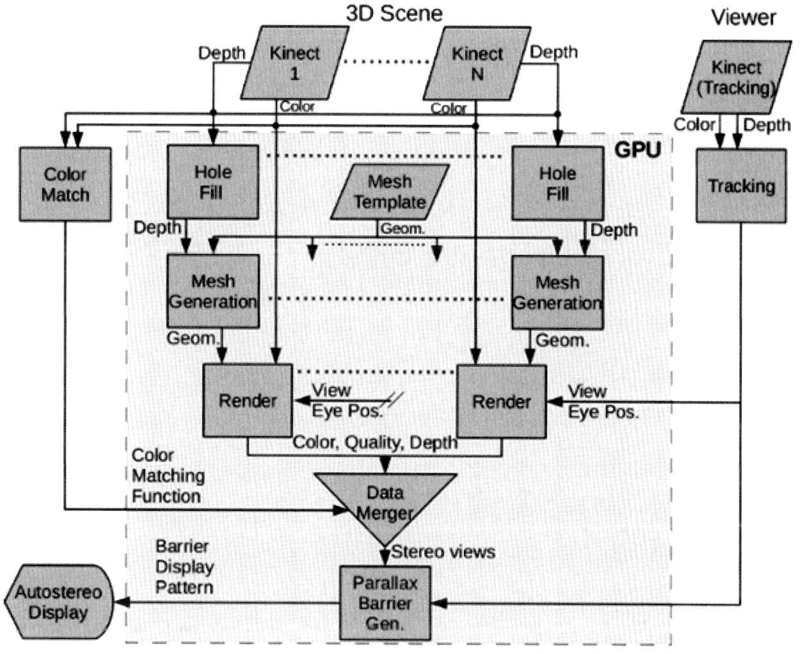

△ 그림 7-12 University of North Carolina에서 개발한 원격 화상회의 알고리즘 흐름도

7.2 시선 맞춤 기술

7.2.1 화상회의 시스템 구성

최근 디스플레이의 크기가 점차 대형화됨에 따라 대형 화면에 적용 가능한 화상회의 시스템이 필요하다. 본 절에서는 대형 화면에서 간단한 카메라 구성으로도 시선 맞춤이 가능한 시스템을 소개하려고 한다.

〈그림 7-13〉은 일반적인 대형 TV 환경과 카메라 배치를 나타낸다. 본 기술은 깊이 추정 및 영상 합성 방법을 통한 정면시점 시선 맞춤을 위해서 두 대의 카메라와 깊이 카메라를 사용한다. 가상의 중간시점에서 효율적으로 객체를 합성하기 위하여 두 대의 색상 카메라는 각각 디스플레이의 중간 시점에 수평한 높이의 좌우에 부착한다. 중간 시점에 합성할 때, 눈맞춤에서 가장 중요한 부분인 텍스처가 없는 영역은 스테레오 정합으로는 정확한 깊이 정보를 얻기 어렵다. 게다가 두 대의 카메라의 시차로 인한 폐색영역의 발생 또한 문제이다.

Kinect 깊이 카메라는 이러한 문제점을 보완한다. 깊이 카메라는 스테레오 정합에서 일치점을 찾기 어려운 객체 영역의 정확도를 향상시킨다. 또한 새로운 카메라 구성은 시선 맞춤 영상을 생성하는 방향과 깊이 정보를 구하는 방향이 모두 수평라인이라서 새로운 영상 생성의 정확도를 높일 수 있다. 양 끝 두 대의 색상 카메라를 이용하여 객체의 윤곽을 구하고, 중간 시점 생성의 정확도를 위해서 중앙에 위치한 깊이 카메라의 도움을 받을 수 있는 구조이다. 색상 카메라 두 대만을 사용하여 발생하는 정보의 부족은 정제 알고리즘을 사용하여 보완할 수 있다.

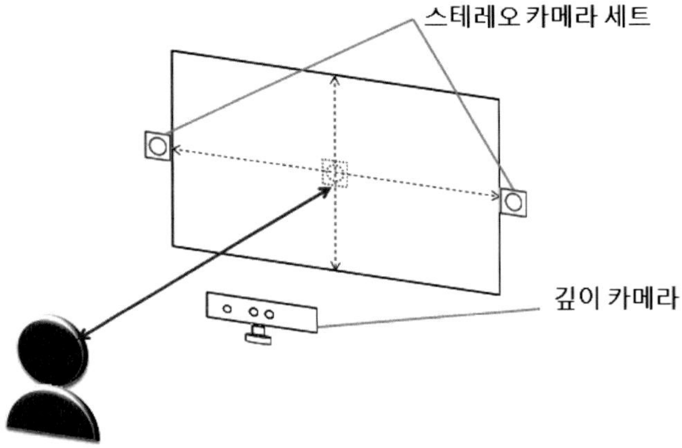

△ 그림 7-13 대형 디스플레이에서의 시선 맞춤 기술 개발을 위한 시스템 구성 환경

〈그림 7-14〉는 시선 맞춤 기술을 개발하기 위한 알고리즘의 전체 블록 다이어그램을 나타낸다. 이 시스템의 기술적인 특징은 다음과 같다. 전체 알고리즘은 일반적인 스테레오 정합에서 사용하는 변위 기반이 아닌 깊이 기반 방식으로 구성된다. 변위 기반 방식은 가장 간단하게 시선 맞춤 영상을 생성할 수 있는 방법으로, 좌우 영상의 중간 영상은 쉽게 생성할 수 있지만, 원하는 위치를 지정하기가 어렵고 조절이 어렵다. 또한 동일한 수평 라인에서 모든 과정이 처리되기 때문에 정확하지 않은 변위 정보로도 시선 맞춤 성능을 보존할 가능성이 있지만, 변위 기반 방식을 위해 전제되는 영상 정렬 과정이 카메라 배열이 수렴형인 경우에는 많은 왜곡 및 영상 정보 손실을 가져올 수 있다. 반면에 깊이 기반 방식은 정확하지 않은 깊이 정보는 눈맞춤 성능을 확실히 떨어뜨리지만, 사용자가 원하는 위치에 시선 맞춤 영상을 생성할 수 있고, 조절이 용이하여 확장성이 뛰어나다.

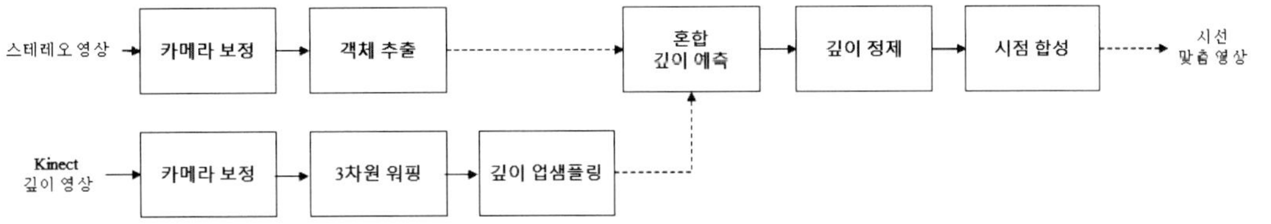

△ 그림 7-14 시선 맞춤 기술 개발을 위한 전체 블록 다이어그램

시선 맞춤 기술의 흐름을 간략하게 다음과 같이 요약할 수 있다. 스테레오 카메라와 깊이 카메라는 각각 입력된 영상으로부터 카메라의 특성에 따른 카메라 매개변수를 추출하고, 이들에 대한 교정 작업이 전처리 작업으로 진행된다. 스테레오 영상 속 객체가 추출되고, Kinect에서 얻어진 깊이 정보는 3차원 워핑을 통하여 좌우 카메라 위치로 투영된다. 투영된 Kinect 깊이 정보는 스테레오 카메라의 영상 크기에 맞춰서 업샘플링된다. 업샘플링된 깊이 정보는 좌우 카메라의 정확한 깊이를 얻는데 도움을 준다. 좌우 카메라의 깊이 정보는 더욱 정확하게 경계 영역의 정보를 위해서 불연속 보존 필터를 사용하여 정제된다. 최종 얻어진 좌우 깊이 영상은 정면 시점의 영상을 생성하기 위해서 사용된다.

7.2.2 객체 추출

영상 분할이란 디지털 영상을 여러 개의 화소 집합으로 나누는 것을 말한다. 영상 분할의 목적은 영상을 해석하기 쉽게 단순화하거나 영상의 표현을 의미 있게 하는 것이다. 이렇게 분할된 화소 집합이나 객체는 영상을 해석하는데 매우 큰 영향을 준다. 응용분야로는 객체 기반 동영상 압축, 비디오 감시 시스템, 자동 목표 검출 및 추적, 의료 영상 분석 그리고 멀티미디어 콘텐츠 제작이 있다. 하지만 영상 분할은 높은 정확성이 요구되는데 반해 영상을 분할하는데 많은 문제점을 가지고 있다. 이러한 문제를 해결하기 우해 다양한 기술이 개발되고 있다. 이 절에서는 현재까지 만들어진 영상 분할을 위한 기술과 알고리즘의 특성을 소개하고 시선 맞춤 시스템에서 사용되는 객체 추출 방법에 대해 소개한다.

7.2.2.1 그랩컷

그랩컷(GrabCut)은 그래프컷(graph cuts) 방법을 이용한 이진영상 분할 방법이다 [162]. 이 방법은 사용자가 객체를 포함하는 영역을 지정하여, 배경에서 객체를 분리한다. 그랩컷 알고리즘은 사용자가 객체를 포함하는 영역을 지정하여 트라이 맵(trimap)을 얻고 영상의 객체와 배경영역의 분포를 나타내기 위해 GMM(Gaussian mixture model)을 구성한다. 〈그림 7-15〉는 그랩컷과 트라이 맵을 나타낸다. 트라이 맵은 객체 영역, 배경 영역, 객체와 배경이 불분명한 영역으로 구성된다. GMM을 갱신한 후 Markov Random Field (MRF) 기반의 에너지 함수를 구성한다 [106]. 에너지 함수는 그래프 컷을 활용하여 최적화되어 그래프 가중치를 구하게 되는데 가중치에 따라 분류되지 않은 화소들에 대해서 양방향 상태전이를 수행한다 [163]. 위의 과정을 반복적으로 수행하여 트라이 맵의 부분을 원하는 객체 부분과 유사한 모양으로 만들어서 객체와 배경으로 분류한다.

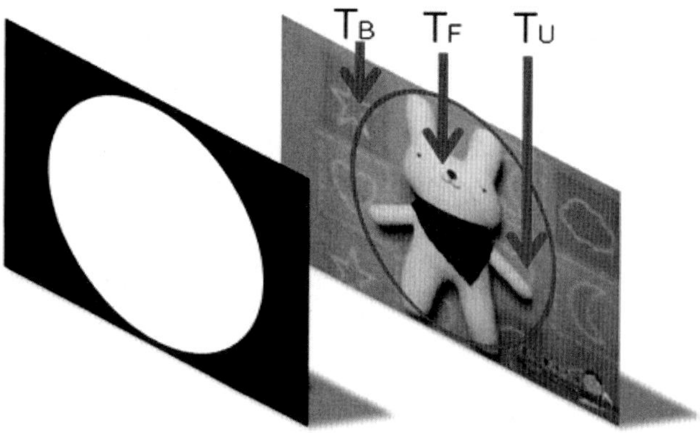

△ 그림 7-15 그랩컷의 트라이맵

그랩컷 알고리즘을 간단하게 설명하면 〈그림 7-15〉에 나타난 T_U와 T_B를 각각 객체가 속해 있는 영역과 확실한 배경 영역으로 간주하여 GMM을 추정한다. GMM이 추정되면 분할의 결과가 수렴할 때까지 알고리즘을 반복하여 수행한다. 알고리즘의 순서는 다음과 같다. a) 각 화소에 대해 GMM을 추정하여 T_U의 각 화소에 대해 가우시안 요소 중 소속 확률이 가장 높은 곳에 화소를 할당한다. b) 할당된 화소들을 이용해서 GMM 파라미터를 갱신한다. c) 에너지 함수를 최소화하는 분할을 추정한다. d) 값이 수렴할 때까지 반복한다. 〈그림 7-16〉은 그랩컷 알고리즘을 사용하여 영상을 추출한 결과를 보여준다. 〈그림 7-16〉을 보면 결과가 좋지만, 그랩컷 알고리즘은 사용자가 임의로 영역을 지정해 줘야하는 대화식 알고리즘이고 MRF 기반 에너지 함수를 최소화하는 분할 방법이라 시간이 오래 걸리는 단점이 있다. 따라서 시선 맞춤 시스템에 실시간으로 사용되기에는 아직 어렵다.

△ 그림 7-16 그랩컷 결과

7.2.2.2 배경 차분 분리를 사용한 객체 추출

배경 차분이란 저장된 배경 영상과 새로 들어온 영상의 차를 통하여 움직이는 객체를 찾는 방법이다 [164].

$$I_i(x, y) - B_i(x, y) > T \qquad (7-1)$$

식 (7-1)에서 $I_i(x, y)$는 현재 영상의 화소, $B_i(x, y)$는 배경 영상의 화소이다. T는 임계값을 의미한다. 즉 배경 영상의 화소에서 현재 영상의 화소값을 뺀 것이 임계값보다 크면, 그 화소는 전경에 속한다고 간주한다. 환경의 변화가 적어서 이미 생성한 배경 영상이 현재의 환경을 잘 나타내고 있다면 배경 차분 방법은 매우 효과적인 방법이다. 만약 환경이 변하여 배경 영상이 실제 환경을 정확히 표현하지 못한다면 배경 차분 방법으로는 객체를 올바르게 검출할 수 없다. 따라서 배경 차분 방법의 정확도는 생성한 배경 모델이 현재 배경을 얼마나 정확하게 나타내는 지에 달려 있다. 그 때문에, 이 알고리즘에 배경 차분 방법의 정확도를 높이기 위하여 크로마키 배경을 사용한 환경에서 객체 추출을 한다.

크로마키(Chroma key)는 두 개의 영상을 합성하는 기술을 의미하는데, 한 영상으로부터 좁은 범위의 색을 제거하거나 투명하게 만들어서 다른 영상이 비치게 할 수 있다. 보통 영

△ 그림 7-17 크로마키 배경에서의 촬영

화나 기상 예보 방송에서 많이 쓰이는데, 예보자가 큰 지도 앞에서 서있는 것처럼 보이지만 실제로는 블루스크린이나 그린스크린 배경의 스튜디오 안에서 촬영하는 것이다 [165]. 〈그림 7-17〉은 크로마키 배경과 촬영되는 장면을 보여준다.

블루스크린이나 그린스크린을 배경으로 촬영된 영상에서 배경을 추출하는 것은 그리 어려운 일이 아니다. 하지만 단순한 화면 차이를 이용한 전경 추출할 때 몇 가지 제약사항이 따른다. 첫째, 조명은 45도의 각으로 모든 배경 영상에 같은 세 개의 빛을 내야한다. 빛의 세기는 중간 밝기를 사용하여 전경의 본래의 색상을 유지하는 것이 중요하다. 둘째, 모든 배경은 같은 색을 유지하는 것이 좋다. 셋째, 카메라의 초점을 전경에 맞추어 전경은 선명하게 배경은 흐리게 촬영한다. 위의 절차를 따라가지 않으면 추출된 정보의 손실과 오류가 발생할 수도 있다.

하지만 일반적인 작업 환경에서 이상적인 크로마키 배경을 얻는 것은 장소와 비용의 한계에 부딪힌다. 따라서 배경과 조명에 어느 정도 강인하면서도 빠른 알고리즘을 얻기 위하여 전경 객체 영역의 후보를 줄이는 알고리즘을 사용할 수 있다. 우선 조명에 강인한 객체 영역을 대략적으로 얻기 위하여 RGB 색상 공간에서 HSV 색상 공간으로 변환하여 객체 후보 영역을 얻는다. 아래 식은 변환 식을 보여준다.

$$\begin{cases} R' = R/255 \\ G' = G/255 \\ B' = B/255 \end{cases} \tag{7-2}$$

$$\begin{aligned} C_{max} &= \max(R', G', B') \\ C_{min} &= \min(R', G', B') \\ \Delta &= C_{max} - C_{min} \end{aligned} \tag{7-3}$$

$$H = \begin{cases} 60^{\circ} \times \left(\dfrac{G' - B'}{\Delta} \mathrm{mod} 6 \right), & C_{max} = R' \\ 60^{\circ} \times \left(\dfrac{B' - R'}{\Delta} + 2 \right), & C_{max} = G' \\ 60^{\circ} \times \left(\dfrac{R' - G'}{\Delta} + 4 \right), & C_{max} = B' \end{cases} \tag{7-4}$$

식 (7-4)는 HSV 색상 공간에서 색조(hue) 값을 얻는 식인데, 이 식을 사용하여 배경 영상과 전경 영상의 색조를 각각 얻을 수 있다.

$$\begin{cases} I_{mask} = 255 & |H_{back} - H_{fore}| > \lambda \\ I_{mask} = 0 & |H_{back} - H_{fore}| \le \lambda \end{cases} \tag{7-5}$$

식 (7-5)는 배경 영상과 전경 영상의 색조 차이가 임계 값 λ보다 크면 전경 영상 후보 영역이고, 임계값보다 작으면 배경 영상 영역이라고 생각한다. 식 (7-5)로 얻은 전경 영상 후보 영역에 RGB 색상 영상에서의 절대 거리 차를 구한다. 식 (7-6)은 RGB 색상 공간에서의 절대 거리 차를 구하는 식을 나타낸다.

$$|R_{back} - R_{fore}| + |G_{back} - G_{fore}| + |B_{back} - B_{fore}| > \overline{w} \tag{7-6}$$

전경 객체는 식 (7-6)을 이용하여 얻는다. 〈그림 7-18〉은 객체 추출 결과를 보여준다. 첫 번째 열은 원본 영상, 두 번째 열은 객체 추출 결과를 보여준다.

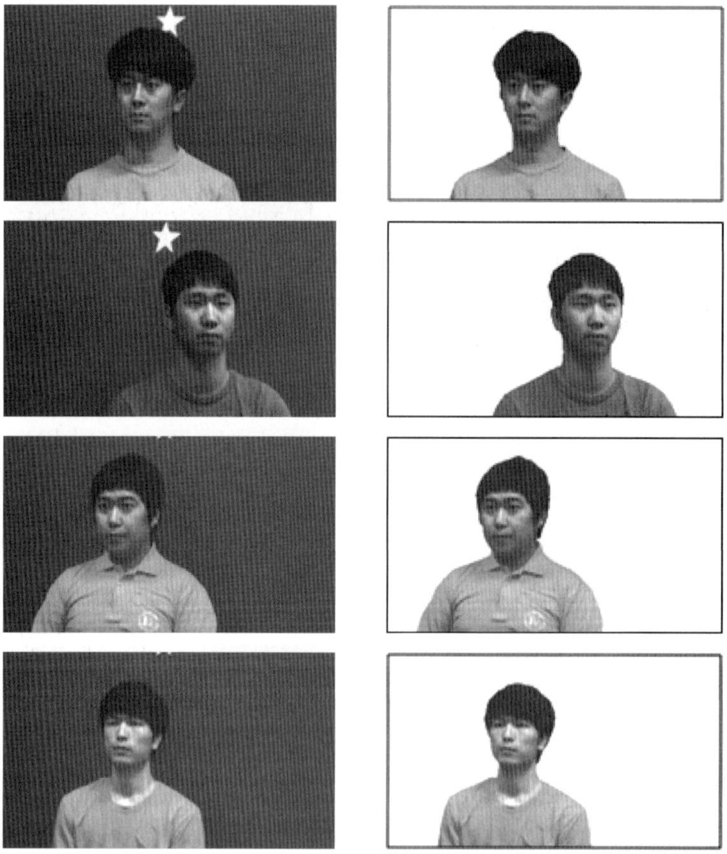

△ 그림 7-18 크로마키 환경에서의 객체 추출 결과

7.3.3 시선 맞춤 알고리즘을 위한 깊이 정보 획득

7.3.3.1 깊이 센서 처리

최근 Time-of-Flight(TOF), 구조광(structured light) 기술을 이용한 깊이 기술을 이용한 깊이 카메라가 저렴한 가격대로 상용화됨에 따라 이를 이용한 연구가 활발히 진행되고 있다. 깊이 카메라는 깊이 영상을 실시간으로 획득할 수 있지만, 촬영 가능한 깊이 영상의 해상도가 고해상도 색상 영상에 비해 크게 떨어진다는 문제점을 갖는다. 따라서 깊이 영상의 해상도를 향상시키는 업샘플링 기술이 필수적이다. 본 절에서는 구조광 기술을 이용한 깊이 카메라인 Kinect 깊이 카메라를 사용한 깊이 센서 처리 기술에 대해서 소개한다. 〈그림 7-19〉에서 보듯이 Kinect 카메라는 센서 잡음 및 폐색 영역에 의해서 정확성이 떨어진다.

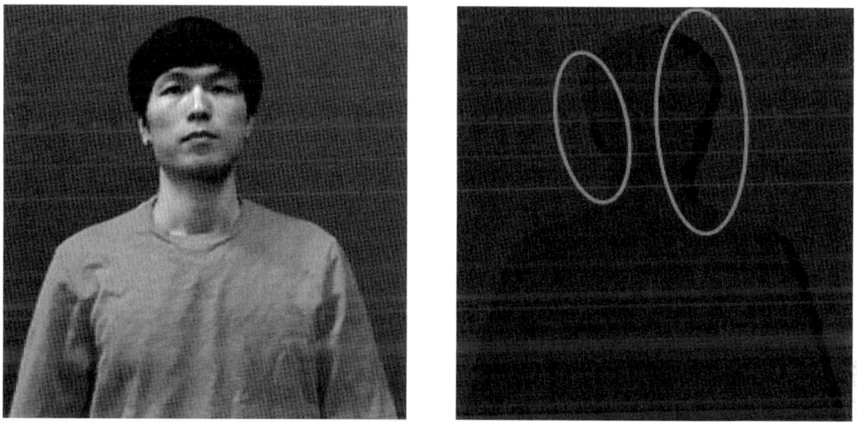

△ 그림 7-19 Kinect 카메라의 문제점

깊이 카메라에서 획득한 깊이 정보를 스테레오 카메라와 동일한 시점으로 이동시키기 위해서 3차원 워핑 기술을 사용한다. 깊이 카메라로부터 획득한 깊이 영상의 시점을 이동하는 과정은 다음과 같다. 첫 번째로, 깊이 카메라 매개변수와 깊이 정보를 이용해서 모든 화소를 3차원 세계좌표계로 이동시킨다. 두 번째로, 색상 카메라의 매개변수를 이용해서 모든 화소를 색상 카메라의 영상 평면에 사상시킨다. 이 과정을 거치게 되면 고해상도의 영상에 깊이 카메라의 깊이 정보가 산발적으로 분포하는 영상을 얻게 된다. 〈그림 7-20〉은 Kinect 카메라의 깊이 정보의 스테레오 영상 위치로의 3차원 워핑을 설명한다.

△ 그림 7-20 Kinect 카메라 깊이 정보의 스테레오 영상 위치로의 투영

〈그림 7-21〉은 깊이 카메라의 해상도가 색상 카메라의 그것보다 현저히 떨어지는 것을 보여준다. 이 때문에 고해상도의 깊이 영상을 획득하기 위해서는 깊이 영상 업샘플링 기술이 필요하다.

△ 그림 7-21 색상 카메라와 깊이 카메라 사이의 해상도 차이 및 업샘플링

깊이 업샘플링 기술은 크게 필터 기반 방법과 마르코프 랜덤 필드 기반 방법으로 나눌 수 있다. 시선 맞춤 알고리즘에서는 잡음에는 상대적으로 취약할 수 있지만, 계산량 및 메모리 사용량이 훨씬 적은 필터 기반 업샘플링 방법을 사용한다. 이 방법은 고해상도의 색상 영상을 보조 영상으로 사용하여 색상 영상의 경계 정보, 색상 혹은 밝기 정보를 바탕으로 저해상도의 깊이 정보를 확장해서 〈그림 7-22〉와 같이 깊이 영상을 업샘플링한다 [132].

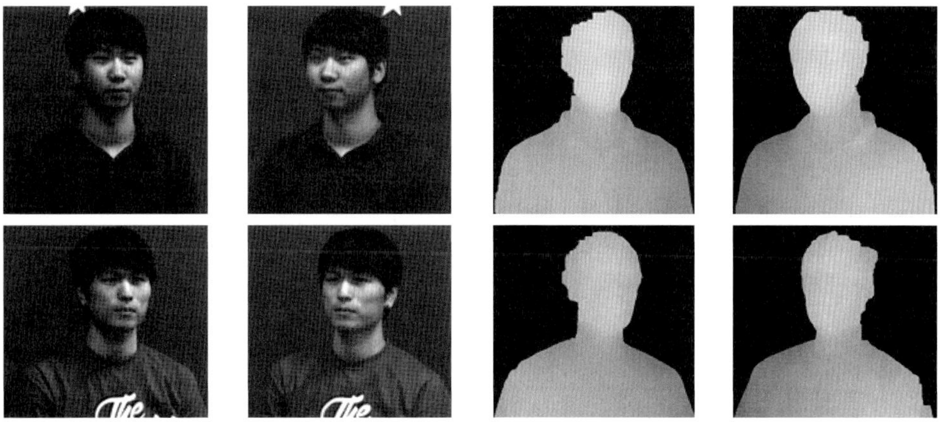

(a) 좌영상 (b) 우영상 (c) 처리된 좌영상 (d) 처리된 우영상

△ 그림 7-22 색상 카메라와 깊이 카메라 사이의 해상도 차이 및 업샘플링

앞에서 언급했듯이 깊이 카메라는 해상도가 색상 카메라에 비해서 낮기 때문에 깊이 영상 업샘플링 과정을 반드시 거쳐야만 한다. 대신에 깊이 카메라는 스테레오 정합에서 얻기 어려운 객체에서의 정밀한 깊이 정보를 얻을 수 있다. 이는 시선 맞춤 영상 합성에서 가장 중요한 화자의 얼굴 부분의 깊이 정확도를 높이는 데 기여한다.

〈그림 7-22〉에서 얻은 깊이 영상을 보면 화자의 대부분의 영역에 대해서 깊이 값이 채워진 것을 확인할 수 있지만, 객체의 경계가 색상 영상의 그것과 일치하지 않는 문제점을 가진다. 이는 영상 업샘플링을 적용할 때, 상대적으로 큰 필터 커널을 사용하기 때문이다. 따라서 객체 경계가 깔끔한 깊이 영상을 획득하기 위해서는 스테레오 정합과의 혼합이 필요하다.

7.3.3.2 이기종 깊이 센서 혼합

깊이 카메라 및 스테레오 정합 깊이 정보의 혼합은 상수공간 신뢰전파 방법에 기반한다 [81]. 4장에 언급했듯이 이 방법은 전역적 방식으로 식 (7-7)에 의해서 에너지 함수가 정의된다. 식 (7-7)의 E_{data}에 해당하는 데이터 항은 색상의 유사성을 구하는데, 깊이 혼합을 위해서는 Kinect에서 얻어진 깊이 정보를 데이터 항에 추가하여 정확도를 향상시킨다.

$$E_{data}(x, y, d) = (\alpha + 0.2(1-\lambda)) \times |I_L(x, y) - I_R(x', y', d)| + (\beta + 0.2\lambda) \times |d - d_{SLP}| \quad (7-7)$$

$I_L(x, y)$는 좌영상에서의 (x, y) 좌표의 화소 값을 나타낸다. $I_R(x', y', d)$는 좌영상의 (x, y) 좌표에서 주어진 깊이 값 d에 의해 매칭되는 우영상의 화소이다. d_{SLP}는 이전 과정

에서 얻어진 업샘플링된 Kinect 깊이 정보이다. 영상 정렬 과정에서 왜곡이 생길 가능성이 있으므로 I_L에 대응하는 I_R은 에피폴라 제약사항에 의해서 계산된다.

에피폴라 제약사항에 의한 매칭점 검색은 화소 기반으로 3차원 워핑을 진행하는 방법이 일반적인데, 이는 모든 깊이 후보에 대해서 모든 화소를 워핑해야 하기 때문에 상당한 복잡도를 갖는다. 이를 극복하기 위해서 homography 변환을 이용하여 화소 단위의 매칭을 평면 단위의 매칭으로 바꿀 수 있다. 이 방식의 장점은 똑같은 카메라 배열에서는 똑같은 homography 변환이 적용될 수 있기 때문에 본 프로그램이 아닌 전처리로 변환을 처리하여, 전체 복잡도를 줄일 수 있다는 점이다. 또한 결과도 화소 단위의 결과와 별반 차이가 없다. 〈그림 7-23〉과 〈그림 7-24〉는 각각 화소 단위의 3차원 워핑과 homography 변환을 통한 좌우 영상 사이의 대응점을 찾는 방법을 보여준다.

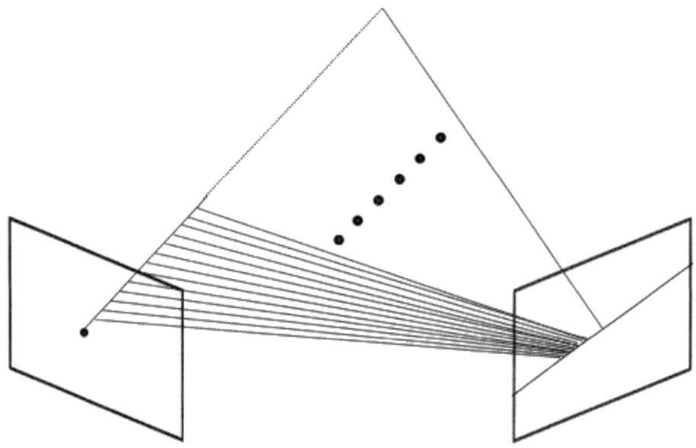

△ 그림 7-23 화소 단위 워핑을 통한 좌우영상 대응점 탐색

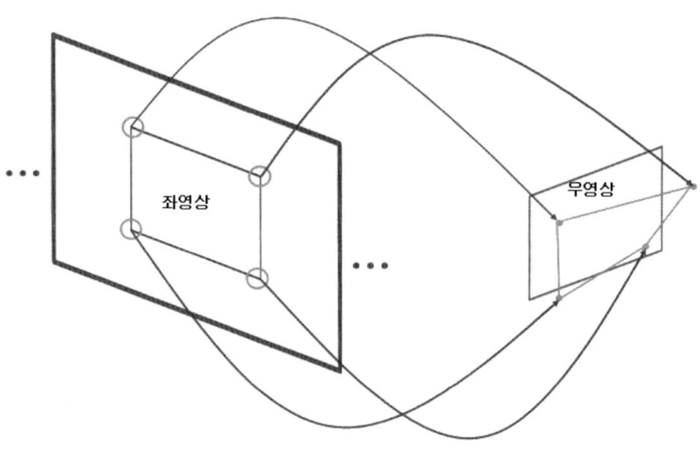

△ 그림 7-24 Homography 변환을 이용한 좌우영상 대응점 탐색

〈그림 7-24〉에서 보듯이 homography 변환 행렬은 네 개의 점을 우영상에 투영하여 대응점을 찾고 이를 이용하여 평면의 변환 행렬을 구하는 방식이다. 이러한 방식으로 homography 변환 행렬은 모든 깊이 값에 대해서 구해진다. 〈그림 7-25〉는 모든 깊이에 따라 homography 행렬이 구해지는 과정을 설명한다. 〈그림 7-26〉은 화소 단위의 워핑과 homography 변환에 따른 차이를 보여준다. 〈그림 7-26〉에서 녹색으로 표시된 영역은 y축으로 '0.5' 화소 이상 차이가 나는 부분을 나타내고, 파란 부분은 x축으로 '0.5' 화소 이상 차이가 나는 부분을 나타낸다. 영상의 전 범위에서 모든 화소는 두 방식 사이에서 '1' 화소 이하로 차이가 난다.

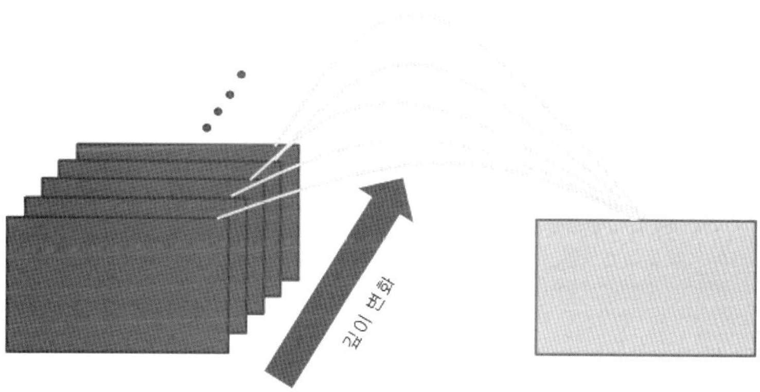

△ 그림 7-25 모든 깊이에 따른 homography 변환 행렬 생성

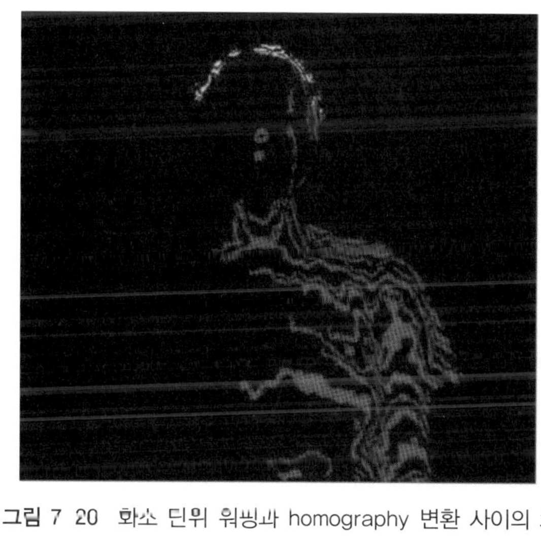

△ 그림 7-26 화소 단위 워핑과 homography 변환 사이의 차이

식 (7-7)에서 좌우 대응점은 앞에서 언급했듯이 homography 변환에 의해서 구해진다. 좌우 대응점과 Kinect 항 간의 가중치 요소는 거리 변환을 통해서 정해진다. 거리 변환에 관해서는 4장에서 언급하였다 [99]. 거리 변환을 이용하여 식 (7-7)의 λ값을 정하였다. 식 (7-8)은 거리 변환을 이용한 λ값을 나타낸다.

$$\lambda = \frac{I_{DT}}{255} \tag{7-8}$$

〈그림 7-27〉은 거리 변환을 이용하여 구한 파라미터의 값을 그림으로 표현한 것이다.

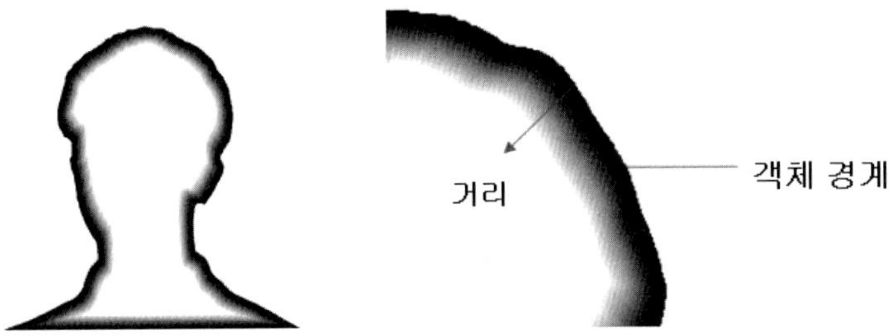

△ 그림 7-27 거리 변환의 적용

〈그림 7-28〉은 거리 변환을 적용할 때와 그렇지 않을 때의 깊이 정보의 차이를 보여준다. 거리 변환을 제외하고 단순히 좌우 대응점과 Kinect 정보에 의해서만 획득한 깊이 정보는 객체의 경계 영역에서 오류가 존재함을 알 수 있다. 하지만 거리 변환을 적용한 결과는 그렇지 않을 때보다 좀 더 부드럽고 자연스러운 깊이 정보를 획득함을 알 수 있다.

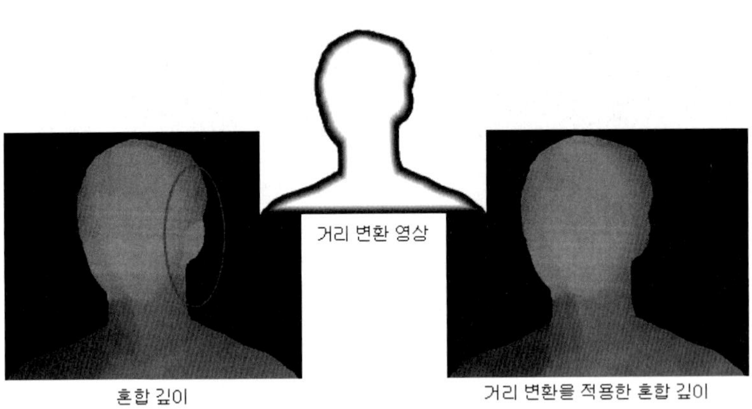

△ 그림 7-28 거리 변환 적용 유무에 따른 깊이 정보 차이

지금까지 언급한 조건들을 이용하여 식 (7-7)의 혼합 깊이 획득 에너지 함수는 정의되고, 이는 상수 공간 신뢰 함수를 통하여 최적화되어, 적합한 깊이 정보가 획득된다.

지금까지의 과정을 통하여 3차원 장면의 깊이 정보를 획득할 수 있지만, 〈그림 7-29(a)〉에서 알 수 있듯이 색상 영상과 깊이 영상의 객체 경계가 맞지 않는 문제점이 발생한다. 이러한 문제점은 영상 합성 과정에서 오차를 발생시킬 뿐만 아니라, 다양한 3차원 응용 분야에 깊이 정보를 사용할 수 없게 한다. 이를 극복하고 정확한 객체 경계의 깊이 정보를 구하는 작업은 사용자에게 현실감을 주기 위해서 필수적이다.

최근, 이와 같은 문제점을 해결하기 위해서 획득한 깊이 영상에 대해 후처리 필터링을 적용하는 방법들이 제안되었다 [166]. 후처리 필터링은 기본적으로 양방향 필터로부터 출발한다. 기존의 양방향 필터는 한 장의 색상 영상에 적용되는 저역 필터로써, 인접 화소와의 거리 차, 색상 차 각각에 대한 두 개의 가우시안(Gaussian) 함수를 사용한다. 새롭게 제안된 결합형 양방향 필터에서는 두 개의 가우시안 함수에 추가적으로 인접 화소와의 깊이 차에 대한 항을 사용한다. 〈그림 7-28〉은 깊이 영상에 후처리 필터링을 적용한 결과를 나타낸다. 〈그림 7-29(b)〉에서 알 수 있듯이 필터링을 적용하기 전 깊이 영상에 비해 객체의 경계가 상당 부분 일치하는 것을 확인할 수 있다.

(a) 후처리 필터 적용 전

(b) 후처리 필터 적용

△ 그림 7-29 불연속 영역 경계 맞춤 결과

7.3.4 시선 맞춤 영상 생성을 위한 영상 합성

혼합형 깊이 획득 방법으로 얻어진 깊이 정보는 영상 합성을 위해 사용된다. 영상 합성을 사용하여 시선 맞춤이 된 영상을 얻게 된다. 이를 위해서 먼저 시선 맞춤 위치의 카메라 매개변수를 계산한다. 방법은 다음과 같다. 1) 내부 매개변수는 좌우 카메라의 초점 거리와 주축의 평균을 계산함으로써 조정된다. 2) 중간 회전 매개변수는 두 시점의 회전 변환 행렬에서 추출된 오일러 각(Euler angles)을 사용하여 계산되나. 3) 이동 매개변수는 두 시점의 카메라 중심과 중간 회전 매개변수에 의해서 결정된다. 시선 맞춤 위치의 카메라 중심과 회전 행렬은 다음과 같이 계산된다.

$$C_{center} = (1-\lambda)C_{top} + \lambda C_{bottom} \tag{7-9}$$

$$t_{center} = -R_{center} \cdot C_{center} \tag{7-10}$$

여기서 C_{center}, C_{top}, C_{bottom}는 눈맞춤 위치 및 좌우 카메라 중심의 위치이고 일반적으로 식 (7-9)에서 λ는 0.5로 세팅된다. t_{center}와 R_{center}는 각각 중간 시점의 이동과 회전 매개변수를 나타낸다 [58]. 중간 회전 매개변수를 만드는 오일러 각의 추출은 다음과 같은 과정을 다른다 [167]. θ_1을 x축을 기준으로 회전한 각, θ_2을 y축을 기준으로 회전한 각 그리고 θ_3을 z축을 기준으로 회전한 각이라고 할 때 회전에 관한 행렬은 다음과 같다.

$$\begin{aligned} &R_x(\theta_1)R_y(\theta_2)R_z(\theta_3) \\ &= \begin{pmatrix} 1 & 0 & 0 \\ 0 & c_1 & s_1 \\ 0 & -s_1 & c_1 \end{pmatrix} \begin{pmatrix} 1 & 0 & 0 \\ 0 & c_1 & s_1 \\ 0 & -s_1 & c_1 \end{pmatrix} \begin{pmatrix} 1 & 0 & 0 \\ 0 & c_1 & s_1 \\ 0 & -s_1 & c_1 \end{pmatrix} \end{aligned} \tag{7-11}$$

여기서 $c_1 = \cos\theta_1$, $c_2 = \cos\theta_2$, $c_3 = \cos\theta_3$, $s_1 = \sin\theta_1$, $s_2 = \sin\theta_2$, $s_3 = \sin\theta_3$ 이고, θ는 다음과 같이 계산된다.

$$\theta_1 = atan2(s_1c_{2,}\ c_1c_2) \tag{7-12}$$

$$\theta_2 = atan2(s_2,\ c_2) \tag{7-13}$$

$$\theta_3 = atan2(c_2s_{3,}\ c_2c_3) \tag{7-14}$$

정면시점의 회전 매개변수는 좌우 시점으로부터 추출된 각의 중간 값을 취하여 결정된다. 위의 과정을 통해서 얻어진 정면시점의 위치를 기반으로 좌우 시점을 정면시점 위치로 homography 행렬로 투영하면 시선 맞춤 위치의 영상을 만들 수 있다. 하지만 투영하는 과정에서 좌우 시점의 영상들이 다른 조명 환경 때문에 서로 색상이 불일치하는 문제가 생길 수 있다. 〈그림 7 30〉은 좌우 영상 사이에서의 색상 불일치 문제가 발생함을 보여준다. 색상이 일치하지 않은 두 시점의 영상을 가지고 중간 영상을 생성한다면 서로 간의 잘못된 색이 섞여서 사용자에게 불편함을 줄 수 있다. 따라서 색상 불일치 문제를 해결해야 한다.

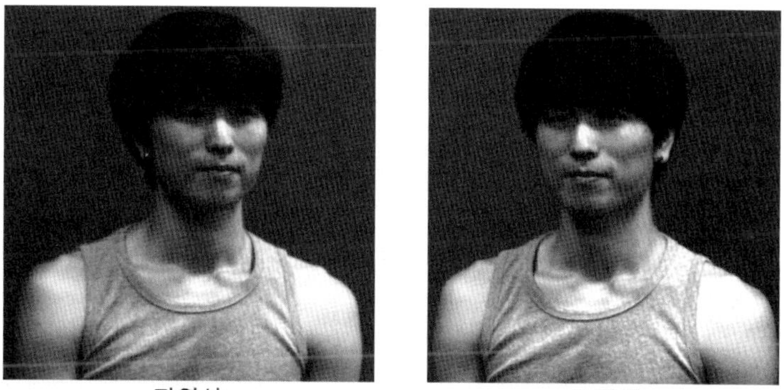

좌영상 우영상

△ 그림 7 30 색상 불일치 문제

색상 불일치를 해결하기 위해서 일단 좌우 영상의 객체가 있는 영역의 마스크를 생성하고 이를 이전 과정에서 구해진 깊이 정보와 정면시점 매개변수를 이용하여 정면시점 위치로 투영한다. 정면시점 위치로 투영된 두 마스크에 AND 연산을 적용하고, 서로 대응되는 화소들을 찾는다. 서로 대응되는 화소들이 색상 불일치를 해결하는 키가 되고, 이들의 색상을 일치시키고, 이에 따라 다른 화소들의 색상도 서로 일치하도록 변환한다. 〈그림 7-31〉은 좌우 시점 영상에서의 마스크를 생성한 영상을 보여준다.

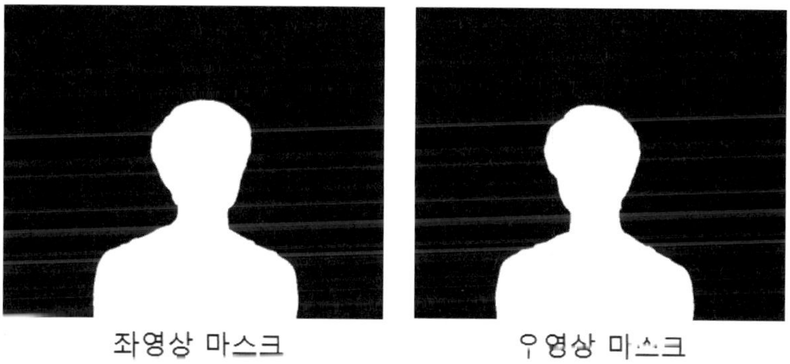

좌영상 마스크 우영상 마스크

△ 그림 7-31 좌우 영상으로부터 추출된 객체 마스크

좌우 시점에서 정면시점으로 투영된 마스크 및 이들의 AND 연산의 좌우 시점 간의 대응점이 찾아지면 이들의 보정을 진행하는데, 이를 위해서 다항 회귀 방식(polynomial regression)을 이용할 수 있다. 이를 위해 대응점들로부터 각각의 RGB 관계를 계산하고 다항 회귀를 위한 X_R을 구성한다.

$$X_R = [1\ r\ r^2\ r^3\ r^4] \tag{7-15}$$

표준 방정식을 사용하여 변환 행렬 A_R을 계산한다.

$$A_R = (X_R^T X_R)^{-1} X_R^T Y_R \tag{7-16}$$

이렇게 구해진 변환 행렬을 목표 영상인 우영상에 적용하면 좌우 영상 간의 색상 일치 그래프가 얻어진다. 구해진 그래프에 따라서 우영상의 색상을 모두 변환한다. 〈그림 7-32〉는 좌우 영상간의 색상 관계를 나타내는 그래프의 예시이다.

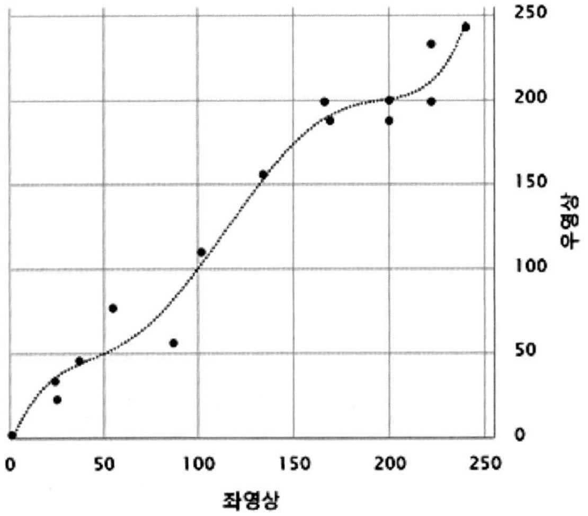

△ 그림 7-32 다항 회귀 분석에 따른 좌우 영상의 색상 관계

〈그림 7-33〉은 투영된 좌우 영상과 투영된 영상에 기반하여 얻어진 색상 보정 영상의 결과를 보여준다. 보정된 결과를 보면 우영상이 좌영상의 조명 환경과 비슷해졌음을 알 수 있다.

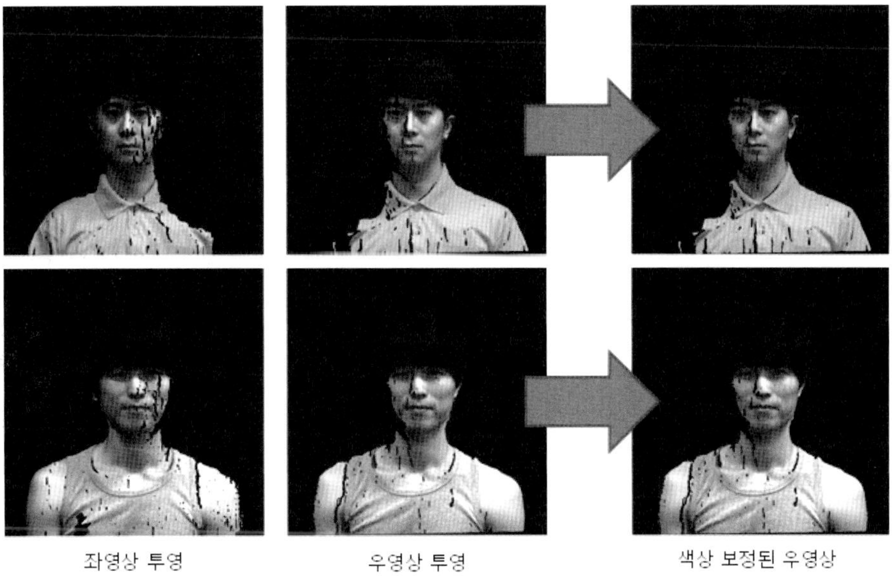

△ 그림 7-33 색상 보정 결과

기본적인 합성 과정을 살펴보면 〈그림 7-34〉와 같다. 앞에서 언급했듯이 좌우 깊이 정보는 정면시점으로 투영된다. 투영된 후 생긴 작은 홀들은 실제 깊이 값들을 화소 단위로 양자화하여 발생하는 오류이다. 참조시점과 가상시점의 매핑이 제대로 이루어지지 않아 발생한 것이다. 이러한 경우 간단한 필터링을 통해서 작은 홀들을 없앨 수 있다. 이후 색상을 투영된 깊이 위치에 입히고, 두 영상의 색상 값들을 정면시점으로 옮겨서 혼합한다. 혼합

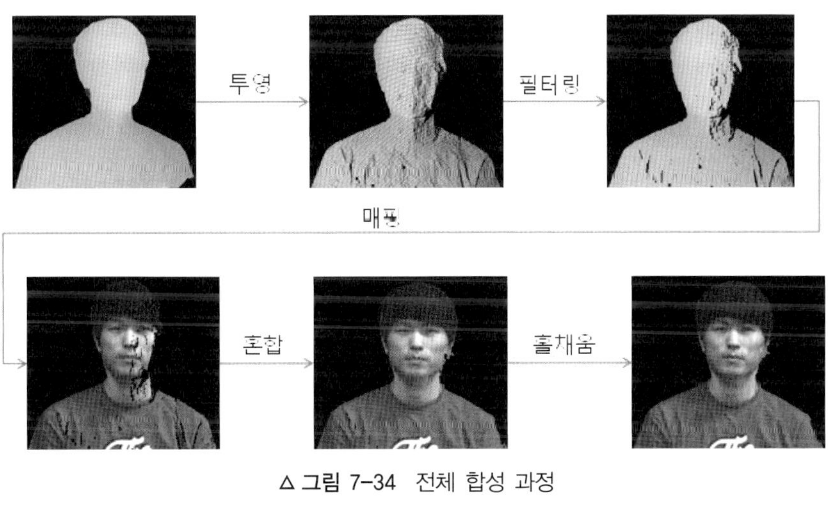

△ 그림 7-34 전체 합성 과정

과정은 중심이 되는 시점의 정보를 모두 정면시점으로 옮기고, 중심이 되는 시점에서 없는 정보만 다른 시점의 정보를 이용하여 채우는 방식을 이용한다. 이후 나머지 남은 홀들을 모두 채움으로써 합성 과정을 마무리한다.

남은 홀들을 채우는 방법은 객체의 전체적인 정보를 반영한 전역 방식과 홀들의 주변 정보만을 고려한 지역적 방식이 있다. 전역적 방식은 전체적으로 자연스러운 홀 채움이 가능하지만 객체의 얼굴을 블러(blur)시킬 수 있다는 단점이 있다. 뚜렷한 객체의 얼굴 표현이 중요하므로 지역적 홀 채움 방식을 이용한다.

〈그림 7-35〉는 지역적 홀 채움 방식의 과정을 보여준다. 그림에서 보듯이 먼저 목적 시점 위치로의 투영된 마스크를 결합하고 모폴로지(morphology) 과정을 통하여 마스크의 윤곽을 생성한다. 이렇게 생성된 마스크 윤곽과 원래 투영된 마스크 사이의 차를 통하여 홀 채움할 영역을 구하고, 이는 주변 화소와의 조화를 위하여 약간 크기를 키운 후 인페인팅(inpainting)을 수행하여 홀을 채운다.

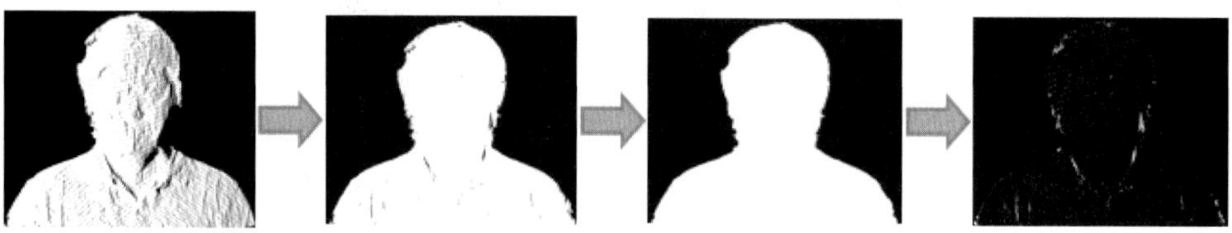

△ 그림 7-35 지역적 홀 채움 과정

〈그림 7-36〉은 좌우 촬영된 영상 및 지금까지의 과정을 통하여 얻어진 시선 맞춤 영상을 보여준다. 결과로부터 시선 맞춤 영상이 자연스러움을 확인할 수 있다.

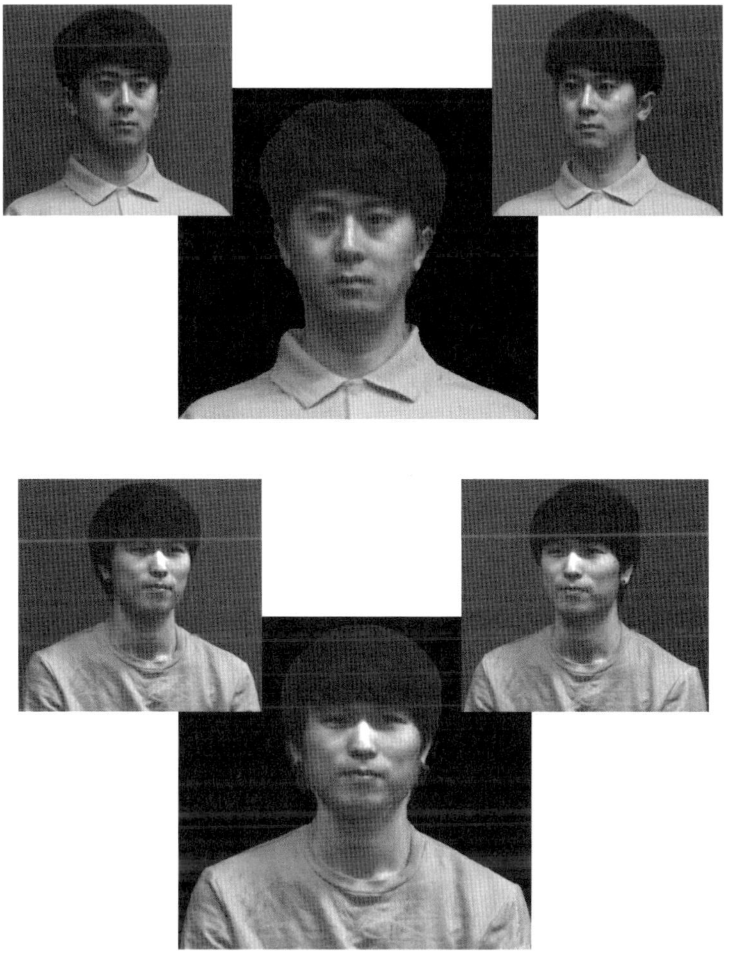

△ 그림 7-36 시선 맞춤 영상 생성

08

3차원 입체 영상의 품질과 시각 피로

지금까지 설명한 과정을 기반으로 제작된 3차원 입체 영상은 시청자에게 전달되어 생생하고 몰입감 있는 영상 서비스를 제공할 수 있을 것이다. 하지만 3차원 입체 영상의 제작 이후에도 고려해야 할 것이 있다. 바로 제작된 입체 영상의 품질(화질) 평가와, 입체 영상을 시청하는 시청자의 시각 피로(visual fatigue)를 고려하는 것이다. 이와 관련된 연구는 3차원 입체 영상을 시청한 후 어지럼과 구토 증상 등이 보고된 비교적 최근부터 진행되기 시작하였다. 개발 측면에서의 효율 뿐 아니라 이제는 시청자 측면에서의 편안함과 안정감까지도 고려해야 되는 것이다. 따라서 이 장에서는 3차원 입체 영상의 품질을 측정하는 방법을 소개하고, 시청자가 느끼는 시각피로의 요인과 측정 방법, 그리고 시각피로를 고려한 3차원 입체 영상의 후처리 방법을 간단히 소개한다.

8.1 3차원 입체 영상의 품질 측정

3차원 입체 영상의 품질은 주관적 방법과 객관적 방법으로 측정할 수 있다. 객관적 품질 평가를 위해서는 대표적으로 단일 시점 영상의 부호화나 복원에 주로 사용되던 PSNR(peak signal-to-noise ratio) 방법이 중간 시점 영상의 합성 품질을 평가하는데 사용된다 [168]. 그러나 PSNR과 같이 화소 기반의 객관적 평가 방법들은 입체감을 느끼는 3차원 영상의 품질 측정에 적용하기에 적합하지 않은 경우가 발생하기도 한다. 그 이유는 수치적으로 우수하지만, 사람의 시각 특성을 고려하지 않은 화소 기반의 방법이기 때문에 시청자의 입장에서는 불편할 수도 있기 때문이다.

객관적 측정 방법 중에서도 VQM(video quality measure), SSIM(structural similarity), PDM(perceptual distortion metric), DVQ(digital video quality), JND(just-noticeable distortion) 등과 같이 인간의 시각 특성을 고려하여 평가할 수 있는 많은 방법들이 개발되어 사용되고 있다 [169-173]. 하지만 이러한 객관적 품질 측정 방법들은 시청자가 3차원 입체 영상을 시청할 때 느끼는 체감 품질(quality of experience, QoE)을 완벽히 표현하기에는 한계가 있다.

따라서 3차원 입체 영상의 품질 측정에는 주관적 방법이 많이 이용된다. 대표적으로 MOS(mean opinion score) 방법은 시청자들이 원본 영상을 이용하여 생성된 입체 영상과, 부호화 된 영상으로 생성된 입체 영상을 각각 시청한 후 직접 점수를 주어서 평가하는 방법이다 [174]. 국제전기통신연합(ITU)의 전파통신부문 권고(ITU-R recommendation)에서는 다음과 같은 주관적 화질 평가 방법을 설명하고 있다 [175].

- DSIS (Double Stimulus Impairment Scale Method)
- DSCQS (Double Stimulus Continuous Quality Scale Method)
- SS (Single Stimulus Method)
- SSCQE (Single Stimulus Continuous Quality Evaluation Method)
- SDSCE (Simultaneous Double Stimulus for Continuous Evaluation Method)

위 방법들은 크게 이중 자극(double stimulus) 기반과 단일 자극(single stimulus) 기반의 두 가지 형태로 나뉜다. 이중 자극은 원본 영상과 처리를 거친 영상과의 비교 평가이고, 단일 자극은 원본 영상이 없이 진행되는 평가 방법이다. MOS 방법의 응용인 DSCQS는 가장 일반적인 방법으로 시청자에게 한 쌍의 영상을 보여주고, 이것을 본 시청자는 〈그림 8-1〉과 같이 다섯 단계의 점수 중 하나로 평가를 한다.

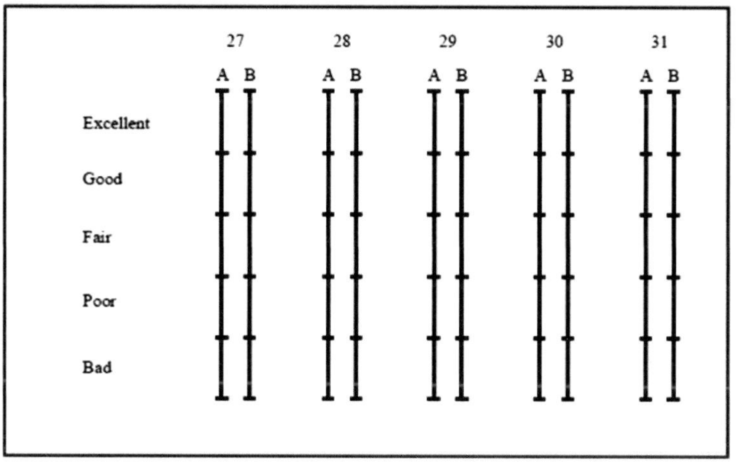

△ 그림 8-1 DSCQS 평가표

잠시 시간을 가진 뒤 다시 다른 쌍의 영상을 보고 평가하는 방식으로 진행되며, 한 쌍의 영상 중 하나는 원본 영상, 나머지 하나는 처리를 거친 영상이 된다. 〈그림 8-2〉는 DSCQS의 진행 과정을 보여준다 [176]. DSCQS 품질 평가를 수행하는 평가자자는 원본 영상과 비교 대상이 되는 영상의 순서를 알 수 없으며, 평가가 끝난 후에 모든 점수가 통합되어 원본 영상과 처리를 거친 영상 사이의 상대적 품질을 나타낸다. 이와 같은 주관적 품질 평가의 결과가 너무 주관적이지 않고 나름대로의 객관성을 유지하기 위해서는 될 수 있으면 많은 참가자가 필요하며, 평가의 참가 대상도 해당 영상의 특징이나 수행된 알고리즘의 내용을 알고 있는 사람보다는 일반적인 시청자를 대상으로 하는 것이 필요하다.

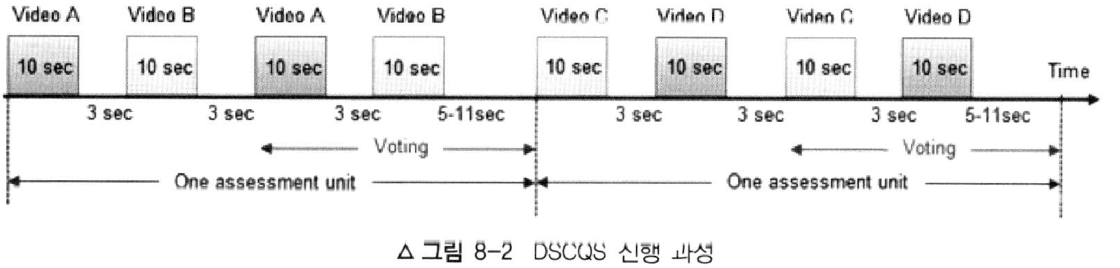

△ 그림 8-2 DSCQS 진행 과정

SSCQE는 DSCQS와 달리 시청자가 평가에 사용되는 표준 영상이 아닌 일반적인 영상을 시청하고 평가할 수 있는 방법이다. 즉, 평가의 기준이 되는 원본 영상이 필요 없는 방법이다. SSCQE 방법으로 품질 평가를 수행하기 위해서는 5분 이상의 콘텐츠가 필요하며, 시청하는 도중 지정된 시간마다 품질에 대한 점수를 매긴다. 한 번의 평가 시간은 최소 30분에서 최대 60분까지이며, 최종 결과는 모든 점수들을 합산하여 나오게 된다. SSCQE의 실험자들은 DSCQS와는 달리 품질 평가에 익숙한 전문가들이 참여하는 것이 더 안정적인 결과를 획득하는 데 도움이 된다. 〈그림 8-3〉은 SSCQE의 진행 과정을 보여준다 [177].

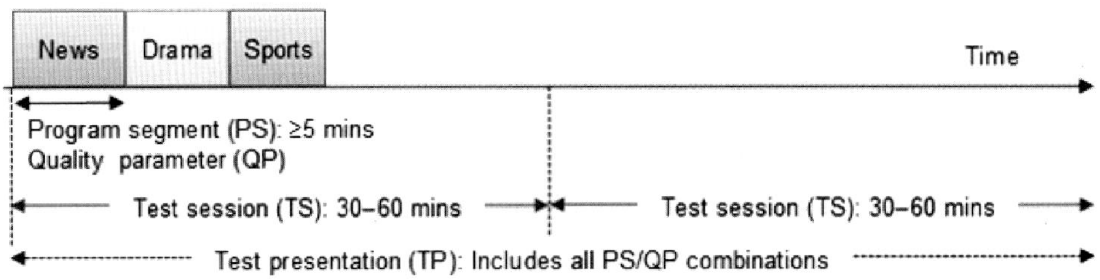

△ 그림 8-3 SSCQE 진행 과정

8.2 3차원 입체 영상의 시각 피로

여러 가지 요인에 의해 발생할 수 있는 3차원 입체 영상의 시각 피로는 시청자에게 불편함을 주는 것은 물론 3차원 입체 영상 시장과 관련 산업의 발전에 큰 걸림돌이 될 수 있다. 따라서 3차원 입체 영상의 시각 피로에 관한 연구와 시각 피로를 줄이기 위한 많은 방법들이 개발되고 있다. 이 절에서는 시각피로가 무엇인지, 어떤 이유로 발생하는지, 시각피로를 측정하는 방법에는 어떤 것들이 있는지, 그리고 측정된 시각 피로를 영상에 반영할 수 있는 방법을 간단히 소개한다.

8.2.1 시각 피로의 원인

3차원 입체 영상의 시각 피로는 다양한 증상으로 나타난다. 시청자가 영상 시청 후에 느끼는 두통, 안구의 피로감, 구토, 어지러움, 눈의 초점이 흐려지는 증상 등이 가장 많이 보고되었다. 특히, 이러한 증상으로 인한 2차 피해도 종종 발생하는데, 3차원 영화를 보고 나오던 중 어지럼증으로 넘어지면서 다치는 경우나, 영화 감상 중 어지럼증에 이은 뇌출혈로 사망한 사례까지 보고되었다. 이렇게 시청자의 건강과 안전을 위협할 수 있는 시각 피로의 주된 원인은 인간의 3차원 정보처리 기능장애라고 할 수 있는 수렴-조절(vergence-accommodation) 거리의 불일치이며, 〈표 8-1〉에 정리된 것과 같이 시각 피로의 정도를 변화시키는 다양한 원인도 존재한다 [178].

▼ 표 8-1 시각 피로의 원인과 극복방안

분류	원인	극복방안
영상 왜곡	크로스톡, 키스톤 왜곡, 평면심도 왜곡, 전단 왜곡, 카드보드 효과, 미니어처 효과, 피켓 펜스 효과, 플립핑 등	하드웨어 개선
시청 환경	시청거리, 디스플레이의 크기, 개인의 동공 간 거리	안전 가이드라인 제시
콘텐츠	과도한 양안시차, 양안시차의 빠른 변화율, 양안 특징 불일치	후처리 및 보정

8.2.1.1 수렴-조절 거리의 불일치

수렴과 조절은 3차원 정보의 획득과 인지를 위한 사람의 눈의 중요한 기능이다. 먼저 수렴이란 가까운 객체를 응시할 때 두 눈의 시선이 수렴(convergence)하고 먼 곳을 바라볼 땐 시선이 평행하게 발산(divergence)하는 것을 말한다. 조절은 응시점이 정해지면 초점을 맞추고 상을 맺는 과정이다. 수렴과 조절은 거의 동시에 발생하며 밀접하게 연결되어 있다. 실생활에서는 응시하는 객체가 실제로 존재하기 때문에 〈그림 8-4(a)〉와 같이 수렴 거리와 조절 거리가 항상 같다. 하지만 디스플레이를 통해 3차원 입체 영상을 보는 경우는 〈그림

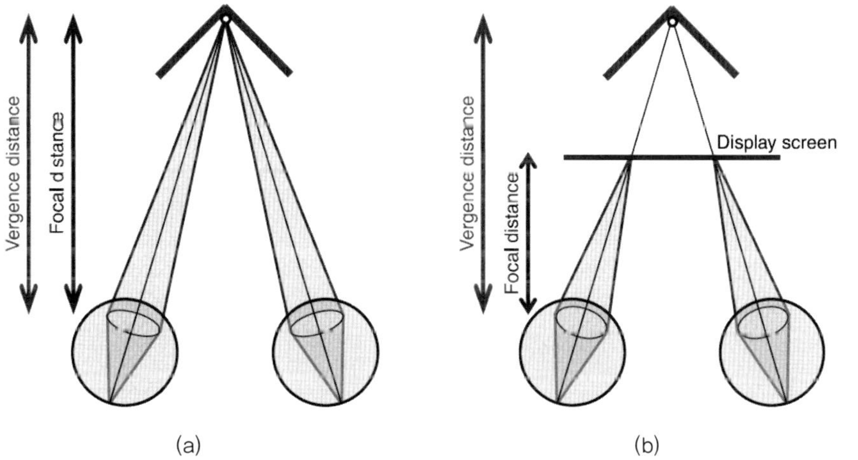

△ 그림 8-4 수렴-조절 거리의 불일치

8-4(b)〉와 같이 수렴거리와 조절거리가 달라진다. 이때의 조절거리는 시청자의 눈으로부터 디스플레이까지의 거리로 일정하게 유지되지만, 수렴거리는 객체가 가지는 변위, 즉 양안시차에 의해 계속해서 변화하기 때문이다. 이것이 인간의 3차원 정보처리 기능 장애로 인해 시각 피로가 발생하는 주된 원인이다 [179].

8.2.1.2 영상 왜곡

영상 왜곡은 말 그대로 3차원 입체 영상 생성에 사용되는 양안식 혹은 다시점 영상에 왜곡이 발생하거나 신호의 간섭이 일어나서 시각 피로로 이어지는 것이다. 이러한 경우에는 촬영 및 편집 하드웨어의 개선을 통해서 그 원인을 제거할 수 있다.

크로스톡(cross talk)은 시분할 방식의 3차원 디스플레이에서 주로 발생하는 것으로, 왼쪽 눈에만 보여야 할 영상이 오른쪽 눈에도 보일 때 깜빡임이나 객체가 중복으로 나타나기 때문에 고스트(ghost) 현상이라고도 한다. 이 현상은 편광 방식의 디스플레이에서도 간혹 발생하기도 한다. 이러한 현상을 해결하기 위해서는 먼저 입체 안경과 디스플레이의 동기를 확인해야 하며, 시분할 간격 조절도 필요하다. 편광 방식에서는 보통 시청 자세 때문에 이런 현상이 발생하므로 바른 자세로 시청하거나, 혹은 최근 대부분의 입체 안경에서 사용중인 원형 편광(circular polarization) 기술을 사용할 경우, 좌영상과 우영상이 완벽하게 분리된다.

〈그림 8-5〉에 나타난 키스톤 왜곡(keystone distortion)은 수렴형 카메라 배열로 영상을 촬영했을 때 영상의 가장자리에 주로 발생하는 왜곡으로써, 동일한 물체가 두 시점에서 서로 다른 방향으로 기울어진 것처럼 보이는 것을 의미한다 [180]. 키스톤 왜곡이 발생한

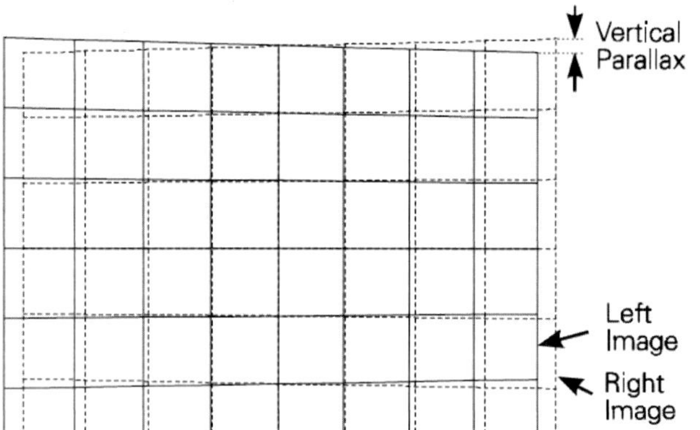

△ 그림 8-5 키스톤 왜곡

영상에서는 평면 심도 왜곡(depth plane distortion)도 함께 발생하는데, 이는 동일한 깊이를 가지는 객체도 영상의 가장자리에 있는 것이 더 멀리 있는 것처럼 보이는 왜곡이다. 이는 카메라의 간격 및 수렴각 조절이나 렌즈 교체 등을 통해 완화할 수 있다.

〈그림 8-6〉에 나타난 전단 왜곡(shear distortion)은 시청자가 디스플레이의 정면이 아닌 측면에서 3차원 입체 영상을 시청할 때 발생하는 왜곡이다 [180]. 〈그림 8-6(a)〉처럼 정면에서 보았을 때는 이런 현상이 발생하지 않지만, 측면에서 시청할 경우 〈그림 8-6(b)〉와 같이 디스플레이의 측면 쪽 영상에 왜곡이 발생한다. 전단 왜곡으로 인해 객체 간 상대적 거리와 객체의 움직임도 잘못 인식될 수 있다. 양안식이 아닌 다시점 디스플레이를 사용한다면 여러 개의 시점을 통해 이러한 현상을 줄일 수 있다.

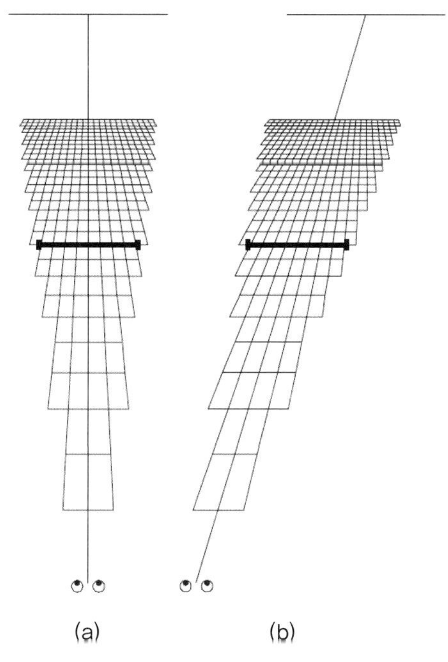

△ 그림 8-6 전단 왜곡

카드보드 효과(cardborad effect)와 미니어처 효과(puppet theatre effect)는 디스플레이를 통해 보는 3차원 객체의 크기와 형태에 관한 왜곡이다 [181]. 카드보드 효과는 객체들이 볼륨감을 잃고 편평하게 보여지는 왜곡이고, 미니어처 효과는 입체 영상 속의 사람이 마치 인형처럼 작게 보여지는 왜곡이다. 이 두 효과 역시 촬영과 재현단의 하드웨어 개선을 통해 완화할 수 있다.

피켓 펜스 효과(picket fence effect)와 영상 플리핑(flipping)은 무안경식 다시점 디스플레이에서 발생하는 왜곡이다. 피켓 펜스 효과는 시청자가 디스플레이 앞에서 움직일 때 영상이 수직 방향으로 잘려나간 것처럼 보이는 현상이고, 영상 플리핑도 역시 시청자가 움직일 때 시점과 시점 사이가 부드럽지 않고 뚝뚝 끊기듯 넘어가는 현상이다. 이 현상들을 완화하기 위해서는 무안경식 디스플레이 기술의 개선이 필요하다.

8.2.1.3 시청 환경

3차원 입체 영상의 시청 환경도 시각 피로와 매우 깊은 연관이 있다. 앞 절에서 소개한 피켓 펜스 효과와 플립핑, 전단 왜곡 등은 시청자의 위치와 움직임에 관련이 있는데, 시청자의 입장에서 보면 이것은 시청 환경에 의해서 발생하는 왜곡으로도 볼 수 있다. 또한 디스플레이의 크기와 기능에 따른 적정 시청 거리 및 시청 각도를 벗어나면 시각적 피로가 더해질 수밖에 없다.

이와 같은 문제의 예방과 해결을 위해서 한국정보통신기술협회에서는 '3DTV 방송 안전 가이드라인 표준'을 제정하여 발표하였다. 이 표준에는 시청 환경과 관련된 내용은 물론, 시각 피로와 안전에 대한 내용, 콘텐츠 제작의 유의사항과 디스플레이 기술까지 언급하고 있다. 시청 환경과 주요 관련된 내용이 〈표 8-2〉에 정리되어 있다 [182]. 또한 영화진흥위원회에서도 '3D 입체영화 제작 및 관람 가이드라인'이라는 책을 출판하여 시청자의 시각 피

▼ 표 8-2 입체 영상 시청 환경 관련 안전 가이드라인

항목	내용
시청시간	1시간 시청 후 5~15분 휴식
시청거리	디스플레이의 세로 길이의 3배 이상 거리에서 시청
시청자세	디스플레이의 중앙 정면에서 수평 유지 시청
기타환경	조명, 음향, 시청높이, 공기 순환, 디스플레이의 밝기, 색상, 초점 등
시청중단	두통, 안구통증, 어지러움, 울렁거림, 두근거림, 상 흐림, 불쾌감, 시각적 불편함, 이중상 등의 증상 발생시 시청 중단
시청연령	(1) 10세 이하 - 시청 통제 (2) 청소년기 - 과도한 시청 자제 (3) 40대 이후 - 조절기능의 노화로 더 많은 시각 피로 발생 가능
개인 특성 및 질환	(1) 수면 부족, 과로, 멀미감수성, 짧은 동공 간 거리 등이 입체 영상 시청에 있어 더 많은 시각적 피로를 줄 수 있음 (2) 간질, 심장질환, 혈압 관련 질환 등이 있을 경우 입체 영상 시청시 특별한 주의가 필요 (3) 사시, 난시, 약시, 입체를 느끼지 못하는 경우 등에는 입체 영상 시청 자제

로와 입체감을 동시에 고려할 수 있는 촬영, 연출, 편집, 상영 기술과 같은 내용을 다루고 있다 [183].

8.2.1.4 콘텐츠

콘텐츠로부터 발생하는 시각 피로는 영상의 왜곡과 달리 양안식 혹은 다시점 영상의 시차 및 영상 간 불일치 등이 원인이다. 좀 더 세부적으로 살펴보면 절대적 및 상대적 양안 시차의 과도한 크기, 시차의 시간적 및 공간적인 빠른 변화, 인접 시점 영상 간 비대칭(줌, 초점, 밝기, 색상, 영상 구조, 영상 가장자리에서 물체의 잘림 등), 그리고 양안/단안 깊이 단서의 불일치 등이 있다 [184]. 콘텐츠에서 발생한 이러한 문제들은 영상의 후처리 및 보정 기술을 통해 바로잡아서 시각 피로를 줄일 수 있다.

8.2.2 시각 피로의 측정 및 적용

지금까지 3차원 입체 영상 시청에서 시각 피로를 유발하는 여러 원인들을 살펴보았다. 이제 이러한 시각 피로가 어느 부분에서 어느 정도로 발생하는지 측정하고 그 원인을 찾아 제거하여 더 편안한 시청이 될 수 있도록 해야 한다. 이 절에서는 시각 피로의 다양한 측정 방법과 이를 어떻게 적용하는지를 소개한다.

8.2.2.1 콘텐츠 및 시청환경 기반 시각 피로 측정

앞서 〈그림 8-4〉에서 설명했듯이, 디스플레이 장치를 통해 3차원 입체 영상을 시청할 때 조절거리는 고정되어 있으며 수렴거리는 객체의 양안시차에 의해서 달라진다. 그러나 콘텐츠 제작 단계에서는 양안시차뿐 아니라 양안시차의 변화율과 영상의 시간 및 공간상의 복잡도까지 함께 고려해서 시각 피로를 측정해야 한다. 객체의 시차가 바뀌면서, 또 주변 영상이 복잡할수록 계속해서 시각 피로가 발생하기 때문이다. 식 (8-1)은 이러한 상황을 모두 고려하여 시각 피로도 F를 측정하는 수식을 보여준다 [178].

$$F = \alpha D_{spatial} + \beta D_{temporal} + \chi C_{spatial} + \delta C_{temporal} \tag{8-1}$$

식 (8-1)에서 $D_{spatial}$, $D_{temporal}$, $C_{spatial}$, $C_{temporal}$은 각각 양안시차, 양안시차의 변화율, 그리고 영상의 공간 및 시간상의 복잡도를 의미한다. 다만 식에서 한 가지 더 고려해야 할 것은 시청환경이다. 즉 시청자와 디스플레이의 거리, 시청자의 두 눈 사이의 거리 등이 수렴-조절 거리에 영향을 주기 때문이다. 이와 같은 콘텐츠 및 시청환경 기반의 시각 피로 측정 모델은 SSCQE와 같은 영상의 주관적 품질 평가 방법과 함께 사용된다.

8.2.2.2 생체신호 기반 시각 피로 측정

생체신호 기반의 시각 피로 평가는 시청자의 눈이나 뇌에서 발생하는 생체신호를 기반으로 시각 피로를 측정하기 때문에, 시청자의 주관적 상태에 따라 영향을 받는 콘텐츠 및 시청환경 기반의 시각 피로 측정보다 조금 더 신뢰할 만한 결과를 얻을 수 있다. 눈에서 발생하는 생체신호를 측정할 수 있는 방법으로는 안구의 위치추적, 망막(retina)세포의 휴지막전위(resting membrane potential) 측정, 눈 주위 골격근의 전기적 활동 측정, 눈 주위의 온도, 안구의 신경 메커니즘의 활동을 측정하는 것 등이 있다.

뇌에서 발생하는 생체신호를 측정하는 방법은 크게 침습적(invasive) 방법과 비침습적(noninvasive) 방법으로 나눌 수 있다. 침습적 방법은 두개골을 열어 뇌의 신경세포들의 활동 전위를 측정하는 방법으로 사람에게 직접 실험하기는 어렵고 주로 원숭이와 같은 동물 실험으로 이루어진다. 반면 비침습적 방법은 바깥에서 뇌의 활동을 측정하는 방법으로 시각 피로 측정과 관련하서 주로 이용되는 방법이며, 두피에 전극을 부착하고 전자기 유도 현상을 이용하는 뇌전도(electroencephalogram, EEG) 방법, 자기장을 이용하여 뇌 신호를 측정하는 자기 뇌도 측정법(magnetoencephalography, MEG), 그리고 자기공명영상(magnetic resonance imaging, MRI)을 이용하여 뇌의 반응이 있는 곳의 산소 공급량이 달라짐에서 발생하는 신호를 측정하는 기능성 자기공명영상(functional MRI, fMRI)과 같은 방법들이 있다 [184].

8.2.2.3 측정된 시각 피로의 적용

측정된 시각 피로는 3차원 입체 영상의 제작, 부호화 및 전송, 재현 단계에 피드백되어 시청자의 시각 피로를 줄이고 품질을 향상시키는 역할을 할 수 있다. 먼저 제작단에서는 과도한 양안시차와 같이 시각 피로를 유발하는 콘텐츠 요인들을 보정함으로써 시각 피로를 줄일 수 있다. 부호화 및 전송 단계에서는 수신단에서 합성되는 시점 영상의 위치를 조절할 수 있도록 하는 시스템을 생각할 수 있다. 기존 색상 영상들과 함께 깊이 정보가 함께 전송되어 시각 피로를 최소화하는 양안시차를 가지는 위치에 영상을 합성하여 재현할 수 있도록 한다 [185]. 또한 입체 영상의 재현단에서는 거리 측정 장비 등을 이용하여 디스플레이와 시청자 간 거리 혹은 시청자의 두 눈 사이의 거리 등을 측정하여 시각 피로도를 최소로 줄일 수 있는 양안시차를 가지는 영상을 제공할 수 있다.

참고문헌

[1] N. Qian, "Binocular Disparity and the Perception of Depth," Neuron, vol. 18, 359-368, 1997.

[2] B.R. Brown and A.W. Lohmann, "Complex Spatial Filtering with Binary Masks," Applied Optics, vol. 5, pp. 967-969, 1966.

[3] 호요성, 오관정, "다시점 비디오 기반의 3차원 실감방송," 방송과기술, vol. 173, pp. 130-135, 2010.

[4] C. Wheatstone, "On Some Remarkable, and Hitherto Unobeserved, Phenomena of Binocular Vision," Philosophical Transactions of the Royal Society, vol. 54, pp. 196-199, 1838.

[5] ICT 표준화전략맵 Ver. 2015.

[6] http://www.gkf.kr/

[7] Y.S. Song, D.W. Shin, E.S. Ko, and Y.S. Ho, "Real-time Depth Generation Using Hybrid Multi-view Cameras," accepted in Asia-Pacific Signal and Information Processing Association, 2014.

[8] 이광순, 정광희, 정원식, 허남호, 표경수, "듀얼스트림 방식에 기반한 고화질 3DTV 실험 방송 시스템 개발", 방송공학회논문지, 제16권, 제3호, pp. 471-482, 2011.

[9] http://www.skylife.co.kr/channel/sky3d/sky3d.do

[10] W. Matusic and H. Pfister, "3D TV: A Scalable System for Real-time Acquisition, Transmission and Autostereoscopic Display of Dynamic Scenes," ACM Transactions on Graphics, vol 23. no. 3, pp. 814-824, 2004.

[11] C.L. Zitnick, S.B. Kang, M. Uyttendaele, S. Winder, and R. Szeliski, "High-quality Video View Interpolation using a Layered Depth Representation," ACM Transactions on Graphics, vol. 23, no. 3, pp. 600-608, 2004.

[12] http://www.media.mit.edu/spi/holoVideoAll.htm

[13] http://www.3dathome.org/webpage.aspx?webpage=4260

[14] 호요성, 허진, "3차원 TV와 실감방송 - 일본의 3차원 TV," 방송과기술, vol. 150, pp. 134-144, 2008.

[15] http://www.bs11.jp/enjoy-3D/

[16] M. Ziegler, "Digital Stereoscopic Imaging and Application. A Way towards New Dimensions. The Race II Project DISTIMA," Proc. of IEE Colloquium on Stereoscopic Television, pp. 611-614, 1992.

[17] ACTS Project AC092 PANORAMA, "Package for New Operational Autostereoscopic Multiview Systems and Applications," Technical Annex, 1995.

[18] A. Redert, M.O. de Beeck, C. Fehn, W. Ijsselsteijn, M. Pollefeys, L. Van Gool, E. Ofek, I. Sexton, and P. Surman, "ATTEST: Advanced Three-dimensional Television System Technologies," Proc. of International Symposium on 3D Data Processing Visualization and Transmission, pp. 313-319, 2002.

[19] http://www.3dtv-research.org

[20] http://www.3d4you.eu/index.php

[21] http://corporate.sky.com/

[22] http://www.dstrict.com/projects/4dart.php

[23] http://www.klive.co.kr/

[24] http://news.donga.com/3/all/20100917/31258059/1

[25] S.B. Lee, I.Y. Shin, and Y.S. Ho, "Gaze-corrected View Generation using Stereo Camera System for Immersive Videoconferencing," IEEE Transactions on Consumer Electronics, vol. 57, no. 3, pp. 1033-1040, 2010.

[26] http://h71028.www7.hp.com/enterprise/cache/570006-0-0-31-338.html.

[27] http://www.cisco.com/c/en/us/products/video/healthpresence/index.html.

[28] ISO/IEC JTC1/SC29/WG11, "Introduction to 3D Video," N10357, 2008.

[29] ISO/IEC JTC1/SC29/WG11, "Applications and Requirements on 3D Video Coding," N11829, 2011.

[30] ISO/IEC JTC1/SC29/WG11, "Call for Proposals on 3D Video Coding Technology," N12036, 2011.

[31] ISO/IEC JTC1/SC29/WG11, "Description of Core Experiments in 3D Video Coding," N12561, 2012.

[32] ISO/IEC JTC1/SC29/WG11, "Common Test Conditions for AVC and HEVC-based 3DV," N12560, 2012.

[33] 호요성, "3차원 비디오 압축 표준기술의 기술동향," IDEC Newsletter, vol. 195, pp. 4-7, 2013.

[34] 호요성, 최정아, "UHD 고화질 영상 압축 기술: HEVC 알고리즘 이해와 프로그램 분석," 진샘미디어, 2013.

[35] K.J. Oh, M. Kim, J.S. Yoon, J. Kim, I. Park, S. Lee, C. Lee, J. Heo, S.B. Lee, P.K. Park, S.T. Na, J. Kim, H. Byun, H.K. Kim, Y.S. Ho, "Multi-view Video and Multi-channel Audio Broadcasting System," Proc. of 3DTV Conference, pp. 001-004, 2007.

[36] Y. Liu, Q. Dai, and W. Xu, "A Point Cloud based Multi-view Stereo Algorithm for Free-viewpoint Video", IEEE Transactions on Visualization and Computer Graphics, vol. 16, no. 3, pp. 407-418, 2010.

[37] http://media.au.tsinghua.edu.cn/dome.jsp

[38] http://graphics.stanford.edu/projects/gantry.

[39] http://vision.middlebury.edu/mview/data.

[40] http://graphics.stanford.edu/projects/array

[41] ISO/IEC JTC1/SC29/WG11, "Test Sequences with Different Camera Arrangements for Call for Proposals on Multi-view Video Coding," M12338, 2005.

[42] ISO/IEC JTC1/SC29/WG11, "KDDI Multiview Video Sequences for MPEG 3DAV Use," M10533, 2004.

[43] J.H. Kim and B.K. Koo, "Convenient Calibration Method for Unsynchronized Camera Networks using an Inaccurate Small Reference Object," Optics Express, vol. 20, no. 23, pp. 25292-25310, 2012.

[44] T. Svoboda, D. Martinec, and T. Pajdla, "A Convenient Multi-camera Selfcalibration for virtual environments," PRESENCE: Teleoperators and Virtual Environments, vol. 14, no. 4, pp. 407-422, 2005.

[45] S.N. Sinha and M. Pollefeys, "Camera Network Calibration and Synchronization from Silhouettes in Archived Video," International Journal of Computer Vision, vol. 87, no. 3, pp. 266-283, 2010.

[46] Y. Furukawa and J. Ponce, "Accurate Camera Calibration from Multi-view Stereo and Bundle Adjustment," International Journal of Computer Vision, vol. 84, no. 3, pp. 257-268, 2009.

[47] 호요성, 김성열, "3차원 입체 영상 정보처리," 두양사, 2010. 04.

[48] 이형철, "3DTV 기술 도약의 발판: 3D 휴먼팩터," 방송공학회지 vol. 13, no 1, pp. 65 71, 2008. 03.

[49] http://www.3d-image.net/.

[50] http://www.3d-forums.com/autostereoscopic-displays-t1.html.

[51] T. Annen, W. Matusik, H. Pfister, H. Seidel, and M. Zwicker, "Distributed renderig for multiview parallax displays," SPIE Stereoscopic Displays and Virtual Reality Systems, pp. 5962P-1--5962P-10 2006.

[52] http://www.3dtvtechnology.org.uk/parallax-barrier.

[53] 최현준, 서영호, 김동욱, "디지털 홀로그래픽 디스플레이 연구개발 동향,"주간 기술동향 통권 1406호 pp. 14-24, 2009. 07.

[54] 손정영, "홀로그래픽의 원리와 응용," 봉명, 2004.

[55] 이승현, "3D 디스플레이 기술 및 시장 동향," Semiconductor Insights, pp. 6-10, 2010. 03.

[56] Z. Zhang, "A Flexible New Technique for Camera Calibration," IEEE Transactions on Pattern Analysis and Machine Intelligence, vol. 22, no. 11, pp. 1330-1334, 2000.

[57] Q.T. Luong and O.D. Faugeras, "Self-calibration of a Moving Camera from Point Correspondences and Fundamental Matrices," International Journal of Computer Vision, vol. 22, no. 3, pp. 261-289, 1997.

[58] R. Hartley and A. Zisserman, "Multiple View Geometry in Computer Vision," Cambridge University Press, 2003.

[59] http://www.vision.caltech.edu/bouguetj/calib_doc

[60] http://opencv.org

[61] http://docs.opencv.org/trunk/doc/tutorials/calib3d/camera_calibration/camera_calibration.html.

[62] A. Fusiello, E. Trucco, and A. Verri, "A Compact Algorithm for Rectification of Stereo Pairs," Machine Vision and Application, vol. 12, no.1, pp. 16-22, 2000.

[63] R. Hartley, "Theory and Practice of Projective Rectification," International Journal of Computer Vision, vol. 35, no. 12, pp. 115-127, 1999.

[64] Y.S. Kang, Y.S. Ho, "Efficient Stereo Image Rectification Method using Horizontal Baseline," Lecture Notes in Computer Science (LNCS), vol. 7087, pp. 301-310, 2011.

[65] C. Loop and Z. Zhang, "Computing Rectifying Homographies for Stereo Vision," Proc. of IEEE Computer Society Conference on Computer Vision and Pattern Recognition, pp. 125-131, 1999.

[66] 강윤석, 호요성, "기하학적 오차 보정을 이용한 다시점 영상의 개선 방법," Telecommunications Review, 제20권, 제3호, pp. 507-518, 2010.

[67] Y.S. Kang and Y.S. Ho, "An Efficient Image Rectification Method for Parallel Multi-Camera Arrangement," IEEE Transactions on Consumer Electronics, vol. 57, no. 3, pp. 1041-1048, 2011.

[68] M. Lambooij, M. Fortuin, I. Heynderickx, and W. IJsselsteijn, "Visual Discomfort and Visual Fatigue of Stereoscopic Displays: A Review," Journal of Imaging Science, vol. 53, no. 3, pp. 30201-30201, 2009.

[69] 호요성, "다시점 카메라의 색상 특성 및 교정 기술," 방송과 기술, vol. 214, pp. 160-165, 2013.

[70] U. Fecker, M. Barkowsky, and A. Kaup, "Histogram-Based Prefiltering for Luminance and Chrominance Compensation of Multiview Video," IEEE Transactions on Circuits and Systems for Video Technology, vol. 18, no. 9, pp. 1258-1267, 2008.

[71] http://www.gretagmacbeth.com

[72] N. Joshi, B. Wilburn, V. Vaish, M. Levoy, and M. Howoritz, "Automatic Color Calibration for Large Camera Arrays," UCSD CSE Tech Report CS2005-0821, pp. 1-4, 2005.

[73] A. Ilie and G. Welch, "Ensuring Color Consistency across Multiple Cameras," Proc. of IEEE International Conference on Computer Vision, pp. 1268-1275, 2005.

[74] K. Yamamoto, M. Kitahara, H. Kimata, T. Yendo, T. Fujii, M. Tanimoto, S. Shimizu, K. Kamikura, and Y. Yashima, "Multiview Video Coding Using View Interpolation and Color Correction," IEEE Transactions on Circuits and Systems for Video Technology, vol. 17, no. 11, pp. 1436-1449, 2007.

[75] G. Jiang, F. Shao, M. Yu, K. Chen, and X. Chen, "New Color Correction Approach to Multi-view Images with Region Correspondence," Lecture Notes in Computer Science, vol. 4113, pp. 1224-1228, 2006.

[76] 정재일, 호요성, "다시점 카메라 시스템을 위한 상대적 특성 기반 색상 보정법," Telecommunications Review, 제20권, 제6호, pp. 1004-1010, 2010.

[77] A. Bjdrck, "Numerical Methods for Least Squares Problem," SIAM, Philadolpia, 1996.

[78] C. Fehn, "Depth-image-based Rendering (DIBR), Compression, and Transmission for a New Approach on 3D-TV," Proc. of SPIE Conference on Stereoscopic Displays and Virtual Reality Systems, vol. 5291, pp. 93-104, 2004.

[79] J. Sun, N.N. Zheng, and H.Y. Shum, "Stereo Matching using Belief Propagation," IEEE Transactions on Pattern Analysis and Machine Intelligence, vol. 25, no. 7, pp. 787-800, 2003.

[80] P.F. Felzenszwalb and D.P. Huttenlocher, "Efficient Belief Propagation for Early Vision," International Journal of Computer Vision, vol. 70, no. 1, pp. 41–54, 2006.

[81] Q. Yang, L. Wang, and N. Ahuja, "A Constant-space Belief Propagation Algorithm for Stereo Matching," Proc. of IEEE Conference on Computer Vision and Pattern Recognition, pp. 1458–1465, 2010.

[82] Y. Boykov, O. Veksler, and R. Zabih, "Fast Approximate Energy Minimization via Graph Cuts," IEEE Transactions on Pattern Analysis and Machine Intelligence, vol. 23, no. 11, pp. 1222–1239, 2001.

[83] W.S. Jang and Y.S. Ho, "Occlusion Detection using Warping and Cross-checking Constraints for Stereo Matching," The Era of Interactive Media, pp. 363–372, 2012.

[84] G.M. Um, K.Y. Kim, C. Ahn, and K.H. Lee, "Three-dimensional Scene Reconstruction using Multi-view Images and Depth Camera," Stereoscopic Displays and Virtual Reality Systems XII, vol. 5664, pp. 271–280, 2005.

[85] E.K. Lee and Y.S. Ho, "Generation of High-Quality Depth Maps Using Hybrid Camera System for 3-D Video," Journal of Visual Communication and Image Representation, vol. 22, no. 1, pp. 73–84, 2011.

[86] J. Zhu, L. Wang, R. Yang, and J. Davis, "Fusion of Time-of-Flight Depth and Stereo for High Accuracy Depth Maps," Proc. of IEEE Conference on Computer Vision and Pattern Recognition, pp. 1–8, 2008.

[87] Q. Yang, K.H. Tan, B. Culbertson, and J. Apostolopoulos, "Fusion of Active and Passive Sensors for Fast 3D Capture," Proc. of International Workshop on Multimedia Signal Processing, pp. 69–74, 2010.

[88] http://en.wikipedia.org/wiki/Time-of-flight.

[89] G. Iddan and G. Yahav, "3D Imaging in the Studio and Elsewhere," Proc. of SPIE Vidometrics and Optical Methods for 3D Shape Measurements, pp. 48 - 55, 2001.

[90] M. Kawakita, T. Kurita, H. Kikuchi, and S. Inoue, "HDTV Axi-vision Camera," in Proc. of International Broadcasting Conference, pp. 397 - 404, 2002.

[91] http://www.mesa-imaging.ch

[92] http://www.pmdtec.com

[93] P. Fechteler, P. Eisert, and J. Rurainsky, "Fast and High Resolution 3D Face Scanning," Proc. of IEEE International Conference on Image Processing, vol. 3, pp. 81–84, 2007.

[94] P. Fechteler and P. Eisert, "Adaptive Colour Classification for Structured Light Systems," IET Image Processing, vol. 3, no. 2, pp. 49-59, 2009.

[95] http://www.microsoft.com/en-us/kinectforwindows/develop

[96] D. Marr and T. Poggio, "Cooperative Computation of Stereo Disparity," Science, vol. 194, no. 4262, pp. 209-236, 1976.

[97] A.S. Ogale and Y. Aloimonos, "Stereo Correspondence with Slanted Surfaces: Critical Implications of Horizontal Slant," Proc. of IEEE Conference on Computer Vision and Pattern Recognition, pp. 568-573, 2004.

[98] W.S. Jang and Y.S. Ho, "Discontinuity Preserving Disparity Estimation with Occlusion Handling," Journal of Visual Communication and Image Representation, vol. 25, paper issue 7, pp. 1595-1603, 2014.

[99] G. Borgefors, "Distance transformations in digital images," Comput. Vision Graph. Image Process, vol. 34, no. 3, pp. 344-371, 1986.

[100] J. Ram Rajesh, D. Nagarjunan, R.M. Arunachalam, and R. Aarthi, Distance Transform Based Hand Gestures Recognition for Power Point Presentation Navigation. Advanced Computing: An International Journal 3 (2012) 41-48.

[101] B. Stenger, A. Thayananthan, P.H.S. Torr, and R. Cipolla, Model-based hand tracking using a hierarchical Bayesian filter. IEEE Transactions on Pattern Analysis and Machine Intelligence 28 (2006) 1372-1384.

[102] J. Canny, "A Computational Approach to Edge Detection," IEEE Transactions on Pattern Analysis and Machine Intelligence, vol. 8, no. 6, pp. 679-698, 1986.

[103] S.-Y. Kim, M. Kim, and Y.-S. Ho, Depth image filter for mixed and noisy pixel removal in RGB-D camera systems. IEEE Transactions on Consumer Electronics 59 (2013) 681-689.

[104] G. Egnal and R. Wildes, "Detecting binocular halfocclusions: empirical comparisons of five approaches," IEEE Transactions on Pattern Analysis and Machine Intelligence, vol. 24, no. 8, pp. 1127-1133, Aug. 2002.

[105] V. Kolmogorov and R. Zabih, "Computing visual correspondence with occlusions using graph cuts," IEEE International Conference on Computer Vision, pp. 508-515, 2001.

[106] S.Z. Li, Markov Random Field Modeling in Image Analyysis, 2nd ed. New York: Springer-Verlag, 2001.

[107] C. Lee and Y.S. Ho, "Boundary filtering on synthesized views of 3D video," International Symposium on Signal Processing, Image Processing and Pattern Recognition, pp. 15-18, 2008.

[108] W.S. Jang, Y.S. Ho, "Efficient Disparity Map Estimation Using Occlusion Handling for Various 3D Multimedia Applications," IEEE Transactions on Consumer Electronics, vol. 57, no. 4, pp. 1937-1943, Nov. 2011.

[109] Q. Yang, C. Engels, and A. Akbarzadeh. "Near real-time stereo for weakly-textured scenes," British Machine Vision Conference, pp. 80 - 87, 2008.

[110] M. F. Tappen and W. T. Freeman, "Comparison of Graph Cuts with Belief Propagation for Stereo, Using Identical MRF Parameters", Proc. IEEE International Conference on Computer Vision, Nice, France, Oct. 13-16 2003, pp. 900-906.

[111] B. Cavoto and R. Cook, "The Contribution of Monocular Depth Cues to Scene Perception by Pigeons," Psychological Science, vol. 17, no. 7, pp. 628-634, 2006.

[112] Q. Wei, "Converting 2D to 3D: A Survey," Research Assignment, Delft University of Technology, 2005.

[113] G. Surya and M. Subbaro, "Depth from Defocus by Changing Camera Aperture: a Spatial Domain Approach," Proc. of IEEE International Conference of Computer Vision and Pattern Recognition, pp. 61-67, 1993.

[114] E. Emmert, "Gr ßenverh ltnisse der Nachbilder," Klinische Monatsbl tter für Augenheilkunde und für augen rztliche Fortbildung, vol. 19, pp. 443-450, 1881.

[115] W. Middleton, "Vision through the Atmosphere," Handbuch der Physik / Encyclopedia of Physics, vol. 10/48, pp. 254-287, 1957.

[116] P. Tasi and M. Shah, "Shape from Shading using Linear Approximation," Image and Vision Computing, vol. 19, issue 12, pp. 487-498, 1994.

[117] S. Battiato, A. Capra, S. Curti, and M. La Cascia, "3D Stereoscopic Image Pairs by Depth-map Generation," Proc. of International Symposium on 3D Data Processing, pp. 124-131, 2004.

[118] 한효정, 변혜란, "2차원 동영상으로부터 객체 기반의 3차원 입체 변환 기법," 한국컴퓨터 종합학술대회 논문집, vol. 33, no. 1(b), pp. 361-363, 2006.

[119] http://www.ddd.com

[120] D. Hoiem, A. Efros, and M. Hevert, "Automatic Photo Pop-up," ACM Transactions on Graphics, vol. 24, no. 3, pp. 577-584, 2005.

[121] A. Saxena, M. Sun, and A. Ng, "Make 3D: Learning 3D Scene Structure from a Single Still Image," IEEE Transactions on Pattern Analysis and Machine Intelligence, vol. 31, no. 5, pp. 824-840, 2009.

[122] 정새일, 호요성, "2차원 영상의 3차원 변환을 위한 소실선 기반 객체 분류법," 대한전자공학회 추계학술대회 논문집, 제31권, 제2호, pp. 697-698, 2008.

[123] J.I. Jung, Y.S. Ho, "3-D Model Generation from Single-view Image using Object Classification," Proc. of International Conference on Embedded Systems and Intelligent Technology, pp. 1-6, 2009.

[124] J. Illingworth and J. Kittler, "A Survey of the Hough Transform," Computer Vision Graphics and Image Processing, vol 44, pp.87-116, 1988.

[125] 김성열, 호요성, "복합형 카메라 시스템에서 관심영역이 향상된 고해상도 깊이 맵 생성 방법," 한국방송공학회논문지, 제13권, 제5호, pp. 596-601, 2008.

[126] Y.S. Kang, E.K. Lee, and Y.S. Ho, "Multi-Depth Camera System for 3D Video Generation," Proc. of International Workshop on Advanced Image Technology, pp. 44(1-6), 2010.

[127] A. Wang, T. Qiu, and L. Shao, "A Simple Method of Radial Distortion Correction with Centre of Distortion Estimation," Journal of Mathematical Imaging and Vision, vol. 35, no. 3, pp. 165-172, 2009.

[128] D. Comaniciu and P. Meer, "Mean Shift: A Robust Approach toward Feature Space Analysis," IEEE Transactions on Pattern Analysis and Machine Intelligence, vol. 24, no. 5, pp. 603-619, 2002.

[129] 이은경, 호요성, "복합형 카메라 시스템을 이용한 고화질 3차원 비디오 생성 방법," Telecommunications Review, 제22권, 제1호, pp. 124-138, 2012.

[130] Y.S. Kang and Y.S. Ho, "High-quality Multi-view Depth Generation using Multiple Color and Depth Cameras," Proc. of International Workshop on Hot Topics in 3D, pp. 1405-1408, 2010.

[131] K.J. Oh, A, Vetro, and Y.S. Ho, "Depth Coding using a Boundary Reconstruction Filter for 3D Video Systems," IEEE Transactions on Circuits and Systems for Video Technology, vol. 21, no. 3, pp. 350-359, 2011.

[132] J. Kopf, M.F. Cohen, D. Lischinski, and M. Uyttendaele, "Joint Bilateral Upsampling," ACM Transactions on Graphics, vol. 26, no. 3, pp. 1-5, 2007.

[133] D.Y. Kim, S.Y. Kim, and Y.S. Ho, "Edge Refinement of Up-sampled Depth Images Using Joint Bilateral Filtering," Proc. of Smart Media and Application, pp. 290-291, 2012.

[134] S.B. Lee and Y.S. Ho, "Temporally Consistent Depth Map Estimation using Motion Estimation for 3DTV," Proc. of International Workshop on Advanced Image Technology, pp. 149(1-6), 2010.

[135] ISO/IEC JTC1/SC29/WG11, "Depth Estimation Reference Software," M16923, 2009.

[136] ISO/IEC JTC1/SC29/WG11, "Reference Softwares for Depth Estimation and View Synthesis," M15377, 2008.

[137] ISO/IEC JTC1/SC29/WG11, "Simple View Synthesis," M15696, 2008.

[138] 이천, 호요성, "3차원 비디오의 중간시점 영상합성을 위한 공통 빈공간 채움 방법," 영상처리 및 이해에 관한 워크샵, pp. 463-466, 2011.

[139] A. Telea, "An Image Inpainting Technique based on the Fast Marching Method," Journal of Graphics Tools, vol. 9, no.1, pp. 25-36, 2004.

[140] 이상범, 이천, 호요성, "3차원 영상 생성을 위한 깊이맵 추정 및 중간시점 영상 합성 방법," 한국통신학회논문지, 제34권, 제10호, pp. 1070-1075, 2009.

[141] S.M. Seitz, B. Curless, J. Diebel, D. Scharstein, and R. Szeliski, "A Comparison and Evaluation of Multi-View Stereo Reconstruction Algorithms," Proc. of IEEE Conference on Computer Vision and Pattern Recognition, vol. 1, pp. 519-528, 2006.

[142] A. Laurentini, "The Visual Hull Concept for Silhouette-Based Image Understanding," IEEE Transactions on Pattern Analysis and Machine Intelligence, vol. 15, no. 2, pp. 150-162, 1994.

[143] Y. Hwang, J. Kim, and I. Kweon, "Silhouette Extraction for Visual Hull Reconstruction," IAPR Conference on Machine Vision Applications, pp.39-42, 2005.

[144] 장우석, 호요성, "다수의 2차원 영상으로 3차원 물체 복원 방법," 한국멀티미디어학회지, 제13권, 제4호, pp. 10-17, 2009.

[145] K.M. Cheung, T. Kanade, J. Bouguet, and M. Holler, "A Real Time System for Robust 3D Voxel Reconstruction of Human Motions," Proc. of IEEE International Conference on Computer Vision and Pattern Recognition, vol. 2, pp. 714-720, 2000.

[146] S. Seitz, and C. Dyer, "Photorealistic Scene Reconstruction by Voxel Coloring," International Journal of Computer Vision, vol. 35, no. 2, pp. 151–173, 1999.

[147] M. Habbecke and L. Kobbelt, "Iterative Multi-View Plane Fitting," Proc. of International Workshop on Vision, Modeling, and Visualization, pp. 73–80, 2006.

[148] C. Harris and M.J. Stephens, "A Combined Corner and Edge Detector," Proc. of Alvey Vision Conference, pp. 147–152, 1988.

[149] Y. Furukawa and J. Ponce, "Accurate, Dense, and Robust Multiview Stereopsis," IEEE Transactions on Pattern Analysis and Machine Intelligence, vol. 32, no. 8, pp. 1362–1376, 2010.

[150] C. Kuster, T. Popa, J. C. Bazin et al., "Gaze correction for home video conferencing," ACM Transaction on Graphics, vol. 31, no. 6, pp. 1–6, 2012.

[151] J. Zhu, R. Yang, and X. Xiang, "Eye contact in video conference via fusion of time-of-flight depth sensor and stereo," 3D Research, vol. 2, no. 3, pp. 1–10, 2011.

[152] 이재석, 김종탁, "참가자간의 아이-콘텍(eye-contact)을 고려한 3차원 화상회의시스템," KR-A-1997-0057779, 1997.

[153] 윤나리, 이병욱, "타원체 MODEL을 사용한 얼굴 영상의 시점합성에 관한 연구," 한국통신학회논문지, Vol.32, No.6, 2007.

[154] K.-H. Tan, I. N. Robinson, B. Culbertson et al., "ConnectBoard: Enabling Genuine Eye Contact and Accurate Gaze in Remote Collaboration," IEEE Transactions on Multimedia, vol. 13, no. 3, pp. 466–473, 2011.

[155] R. Yang, C. S. Kurashima, H. Towles et al., "Immersive Video Teleconferencing with User-Steerable Views," Presence: Teleoperators and Virtual Environments, vol. 16, no. 2, pp. 188–205, 2007.

[156] Y.S. Kang, and Y.S. Ho, "Disparity map generation for color image using TOF depth camera," 3DTV conference, pp. 1–4, 2011.

[157] R. Yang, and Z. Zhang, "Eye Gaze Correction with Stereovision for Video-Teleconferencing," IEEE Trans. Pattern Analysis and Machine Intelligence, vol. 26, no. 7, pp. 956–960, 2004.

[158] O. Schreer, N. Atzapadin, I. Feldmann, "Multi-baseline Disparity Fusion for Immersive Videoconferencing," 2nd Int. Conference on Immersive Telecommunications (IMMERSCOM 2009), University of California, Berkeley, CA, USA, pp. 27–29 2009.

[159] E. Tola, C. Zhang, Q. Cai et al., Virtual View Generation with A Hybrid Camera Array, Tech. report, CVLAB-REPORT, 2009.

[160] S.B. Lee, and Y.S. Ho, Generation of eye contact image using depth camera for realistic telepresence, Asia-Pacific Signal and Information Processing Association Annual Summit and Conference, pp. 1-4, 2013.

[161] http://www.cs.unc.edu/~maimone/KinectPaper/kinect.html.

[162] C. Rother, V. Kolomogorov, and A. Blake, "Grabcut- interactive foreground extraction using iterated graph cuts," in Proc. ACM SIGGRAPH, 2004.

[163] V. Kolmogorov and R. Zabih, "What Energy Functions Can Be Minimized via Graph Cuts?" IEEE Transactions on Pattern Analysis and Machine Intelligence, vol. 26, no. 2, pp. 147-159, 2004.

[164] V. Mahadevan and N.V asconcelos "Background Subtraction in Highly Dynamic Scenes" Computer Vision and Pattern Recognition, 2008.

[165] http://ko.wikipedia.org/wiki/%ED%81%AC%EB%A1%9C%EB%A7%88_%ED%82%A4.

[166] P. Lai, D. Tian, and P. Lopez, "Depth map processing with iterative joint multilateral filtering," Proceedings of Picture Coding Symposium, pp. 9-12, 2010.

[167] M. Day, Extracting Euler Angles from a Rotation Matrix, Insomniac Games.

[168] http://en.wikipedia.org/wiki/Peak_signal-to-noise_ratio.

[169] M. Pinson and S. Wolf. "A New Standardized Method for Objectively Measuring Video Quality," IEEE Transactions on Broadcasting, vol. 50, no.3, pp. 312-322, 2004.

[170] Z. Wang, L. Lu, and A.C. Bovic. "Video Quality Assessment based on Structural Distortion Measurement," Signal and Image Processing: Image Communication, vol. 19, no. 1, pp. 1-9, 2004.

[171] S. Winkler, "Perceptual Distortion Metric for Digital Color Video," SPIE Optical Engineering, vol. 3644, pp. 175-184, 1999.

[172] A.B. Watson, J. Hu, and J.F. McGowan III, "Digital Video Quality Metric based on Human Vision," Journal of Electronic Imaging, vol. 10, no. 1, pp. 20-29, 2001.

[173] W. Zhenyu and K.N. Ngan, "Spatio-Temporal Just Noticeable Distortion Profile for Grey Scale Image/Video in DCT Domain," IEEE Transactions on Circuits and Systems for Video Technology, vol. 19, no. 3, pp. 337-346, 2009.

[174] http://en.wikipedia.org/wiki/Mean_opinion_score

[175] ITU-R, "Methodology for the Subjective Assesement of the Quality of Television Pictures," BT.500-10, 2012.

[176] http://www.ntt.co.jp/qos/qoe/eng/technology/visual/01_5_5.html

[177] http://www.ntt.co.jp/qos/qoe/eng/technology/visual/01_5_6.html

[178] 강민구, 조호현, 전성찬, 윤국진, "3D비디오 시스템과 시각피로도 연구," 영상처리 및 이해에 관한 워크샵, pp. O-41(1-5), 2012.

[179] D.M. Hoffman, A.R. Girshick, K. Akeley, and M.S. Banks, "Vergence-accommodation Conflicts Hinder Visual Performance and Cause Visual Fatigue," Journal of Vision, vol. 8, no. 3, pp. 1-30, 2008.

[180] A. Woods, T. Docherty, and R. Koch, "Image Distortions in Stereoscopic Video Systems," Proceedings of the SPIE, vol. 1915, Stereoscopic Displays and Applications IV, 1993.

[181] H. Yamanoue, M. Okui, and F. Okano, "Geometrical Analysis of Puppet-theater and Cardboard Effects in Stereoscopic HDTV Images," IEEE Transactions on Circuits and Systems for Video Technology, vol. 16, no. 6, pp. 744-752, 2006.

[182] 한국정보통신기술협회, "3DTV 방송 안전 가이드라인 표준," TTAK.KO-07.0086/R2, 2012.

[183] 영화진흥위원회 기술지원부, "3D 입체영화 제작 및 관람 가이드라인," 영화진흥위원회, 2013.

[184] 정용주, 손호식, 이성일, 김동찬, 박현욱, 노용만, "스테레오스코픽 3D 비디오의 시각 피로 평가 기술 및 연구 동향," Telecommunications Review, 제21권, 제4호, pp. 621-638, 2011.

[185] 이천, 호요성, "편안한 3차원 비디오를 위한 깊이감이 조정된 중간시점 영상 생성방법," 한국통신학회 하계종합학술발표회, pp. 358-359, 2012.

[186] 호요성, 강윤석, "3차원 입체 영상 처리 기술: 입체 영상 제작을 위한 다시점 색상 및 깊이 정보 처리 기술 분석," 진샘미디어, 2014.

[187] http://www.tta.or.kr/index.jsp

[188] G. Papadopoulos, A. Axenopoulos, and P. Daras, "Real-time skeleton-tracking-based human action recognition using kinect data," Lecture Notes in Computer Science, vol. 8325, pp. 473-483, 2014.

[189] K-ICT 표준화전략맵 Ver. 2016.

[190] A. Jones, J. Unger, K. Nagano, J. Busch, and X. Yu, "An Automultiscopic Projector Array for Interactive Digital Humans," SIGRAPH, 2015.

[191] A. Kubota, A. Smolic, M. Magnor, T. Chen, and M. Tanimoto, "Multi-View Imaging and 3DTV – Special Issue Overview and Introduction," IEEE Signal Processing Magazine, vol.24(6), 2007.

[192] M. Tanimoto, "Overview of Free Viewpoint Televison," Signal Processing: Image Communication, vol. 21, no. 6, pp. 454-461, July 2006.

[193] G. Lafruit, K. Wegner, T. Grajek, T. Senoh, K. P. Tamas, P. Goorts, L. Jorissen, B. Ceuemans, P. Carballeira, S. G. Lobo, Q. Wang, J. Jung and M. Tanimoto, "FTV software framework," ISO/IEC JTC1/SC29/WG11, N15349, 2015.

[194] M. Tanimoto, "New Framework of FTV," ISO/IEC JTC1/SC29/WG11, M38547, 2016.

[195] Y.S. Ho and Y. Song, "MPEG Activities for 3D Video Coding," Proc. of Asia-Pacific Signal and Information Processing Association (APSIPA), Plenary 2.3(1-4), 2014.

[196] Y. Song, C. Lee, and Y.S. Ho, "View Similarity of Multi-view Depth Sequences", ISO/IEC JTC1/SC29/WG11, M22670, 2011.

[197] C. Lee, J.I. Jung, and Y.S. Ho, "Inter-view Depth Pre-processing for 3D Video Coding", ISO/IEC JTC1/SC29/WG11, M22669, 2011.

[198] "Introduction to Multi-view Video Coding," ISO/IEC JTC1/SC29/WG11, N7328, 2005.

[199] "Introduction to 3D Video," ISO/IEC JTC1/SC29/WG11, N9784, 2008.

[200] D. Rusanovskyy, F.C. Chen, L. Zhang, and T. Suzuki, "3D-AVC Test Model 9," JCT3V-G1003, 2014.

[201] M. Hannuksela and D. Rusanovskyy, "Extension of existing 3DV test set toward synthetic 3D video content", ISO/IEC JTC1/SC29/WG11, M19221, 2011.

[202] http://mpeg3dv.research.nokia.com/svn/mpeg3dv

[203] Y. Song, Y.S. Ho, "Unified Depth Intra Coding for 3D Video Extension of HEVC," Signal, Image and Video Processing, Vol. 8, paper Issue 6, pp. 1031-1037, 2014.

[204] Y. Chen, G. Tech, K. Wegner, and S. Yea, "Test Model 10 of 3D-HEVC and MV-HEVC", JCT3V-J1003, 2014.

[205] G. Tech, H. Liu, Y.W. Chen, "3D-HEVC Software Draft 2", JCT3V-L1012, 2015.

[206] G. Tech, K. Wegner, Y. Chen, and S. Yea, "3D-HEVC Test Model 3," JCT3V-C1005, 2013.

[207] https://hevc.hhi.fraunhofer.de/svn/svn_3DVCSoftware

찾아보기

저자 소개

호요성

- 서울대학교 공과대학 전자공학과 (학사)
- 서울대학교 대학원 전자공학과 (석사)
- University of California, Santa Barbara
  Dept. of Electrical & Computer Engineering (박사)
- 한국전자통신연구소, 선임연구원
- 미국 Philips 연구소, Senior Research Member
- 미국 Polytechnic University, Adjunct Professor
- MPEG-Korea 의장 역임

  현) 광주과학기술원, 전기전자컴퓨터공학부 교수
  광주과학기술원, 실감방송연구센터 센터장

강윤석

- 한국항공대학교 공과대학 전자 및 항공전자공학과 (학사)
- 광주과학기술원 전기전자컴퓨터공학부 영상통신연구실 (석사)
- 광주과학기술원 전기전자컴퓨터공학부 영상통신연구실 (박사)

  현) LG전자 선임연구원

장우석

- 전남대학교 전자컴퓨터정보통신공학부 (학사)
- 광주과학기술원 전기전자컴퓨터공학부 영상통신연구실 (석사)
- 광주과학기술원 전기전자컴퓨터공학부 영상통신연구실 (박사)

  현) 한국과학기술연구원 영상미디어연구단

송윤석

- Illinois Institute of Technology, Electrical Engineering (학사)
- University of Southern California, Electrical Engineering (석사)

  현) 광주과학기술원 전기전자컴퓨터공학부 영상통신연구실 (박사과정)

실감형 다시점 3차원 영상의 획득 및 처리 기술

발 행 일 • 2016년 10월 31일

저 자 • 호요성 · 강윤석 · 장우석 · 송윤석

발 행 사 • 최 봉 조
발 행 처 • 진샘미디어
주 소 • 서울시 은평구 연서로 5길 28 부호아파드 102동 상가5호
전 화 • 02)353-4421 / FAX 02)353-4431
홈 페 이 지 • www.jinsaem.co.kr

신 고 번 호 • 제311-2005 000025호
I S B N • 979-11-85504-67-4 93560

정가 19,000원